风情寻根

大连民俗

王万涛/著

品讀大連

大连出版社
DALIAN PUBLISHING HOUSE

图书在版编目（CIP）数据

风情寻根·大连民俗 / 王万涛著. — 大连：大连出版社，2020.1
（品读大连）
ISBN 978-7-5505-1499-7

Ⅰ. ①风… Ⅱ. ①王… Ⅲ. ①风俗习惯—介绍—大连
Ⅳ. ①K892.431.3

中国版本图书馆CIP数据核字(2019)第266228号

FENGQING XUN GEN • DALIAN MINSU
风情寻根·大连民俗

出 版 人：刘明辉
策划编辑：刘明辉　代剑萍　卢　锋
责任编辑：金　琦
封面设计：汪安琪
版式设计：对岸书影
责任校对：李玉芝
责任印制：孙德彦

出版发行者：大连出版社
地址：大连市高新园区亿阳路6号三丰大厦A座18层
邮编：116023
电话：0411-83620490 / 83621075
传真：0411-83610391
网址：http://www.dlmpm.com
邮箱：1024460963@qq.com
印 刷 者：深圳市国际彩印有限公司
经 销 者：各地新华书店

幅面尺寸：170mm × 240mm
印　　张：20
字　　数：350千字
出版时间：2020年1月第1版
印刷时间：2020年1月第1次印刷
书　　号：ISBN 978-7-5505-1499-7
定　　价：158.00元

目录

概述

十里不同风　百里不同俗

汉代龙的形象

风俗是一种社会现象，又是一种文化现象。风俗的早期形态源于先民对大自然的敬畏。当人类的祖先开始了直立行走并学会制作工具以后，这种两条腿的生灵便逐渐成为地球上的主宰。但在早期，人类仍然受到陆地和水中猛兽的伤害。就个体而言，古人类远远不是猛兽的对手，但人类的优势是大脑发达，他们通过制作各种工具将猛兽击败或驯服。根据弱肉强食、适者生存的法则，古人类认识到组织起来的威力，他们结成一个个或大或小的群体。当人类将个体的智慧汇聚在一起，就形成了巨大的威力，地球上的其他动物在人类集体力量的攻击下，只能甘拜下风。从这个意义上说，风俗原始成因的基础，是早期人类的群居生活。

人类可以从动物界脱颖而出成为地球霸主，但在大自然面前仍显得十分渺小。日月星辰、风雨雷电、日暮潮汐、洪水瘟疫，古人类的有限智慧无法认识且难以抵御来自大自然的伤害，于是由敬畏而发展到对大自然的崇拜，原始的风俗也便从人类生活的各个领域中萌生并融入人们的生产和生活中，人类自愿遵守，世代传承。由此可见，风俗从人类诞生之初就如影相随陪伴人类一路走来。随着社会的演进，尽管人们对一些自然现象已经能够做出科学解释，但由于数千年的惯性动力和传承，风俗已经成为人类的一种生活方

灵芝与龙纹瓶

寿星

布艺《猪》

式，亦即思想观念内核，深深地融入人类的血液之中，无法与人类的躯体分开，从而形成一种文化形态，成为人类不断走向进步的巨大动力。当今世界，无论何种肤色的人群，都毫无例外有着各自的风俗习惯，表现出各自不同的价值取向和行为方式。这是为什么呢？这是因为风俗的形成主要受到社会环境和自然条件两个方面的制约。东汉史学家班固对风俗下的定义是：由于自然条件的不同而形成的习尚叫“风”，由于社会环境的不同而形成的习尚称“俗”。谚语中“十里不同风，百里不同俗”是对上述定义的形象解释。一般情况下，相距十里自然环境就会出现差异，以饮食起居为主要表现形式的“风”就会产生变化；在古代，一般相距百里就设一个县，各县的地方政令不尽相同，以生产方式、思想观念、人际交往、游艺杂技为主要表现形式的“俗”，各不相同甚至大相径庭也就不难理解了。在一般情况下，自然条件可以保持相对稳定性，几百年甚至上千年不变，而社会环境往往伴随改朝换代而变化。因而“风”的变化相对缓慢，而“俗”的演变则更强烈一些。由于“风”与“俗”伴随人群的流动或不断向外扩散，或吸收融合，“风”与“俗”在内涵与外延方面的界线渐而变得模糊，后来人们便将这样长期形成的相对稳定又不断发展的风尚和习惯合称为“风俗”，并形成地方文化，一代一代流传下来。由于风俗的表现形式主要体现在民众的生活当中，故风俗又称“民俗”。

说到底，民俗是人民群众创造的，它源于生活，又在群众的生产、生活和交往中不断完善、充实、进化，从而更加丰富多彩，呈现出千姿百态的绚丽风景。民俗构成中华民族传统文化的基础和源泉，成为全民族共同的心理取向和行为准则，如伦理道德、重大民俗节日、信仰、礼仪等都具有广泛的共性特征。这些历经千锤百炼而传承不息的鲜明特征，共同组成了中华民族的文化符号，是建立国家的基石。

民俗的内容十分广泛，可分为心理、行为和语言三类。心理民俗以信仰为核心，主要指各种禁忌、自然崇拜、祖先崇拜等；行为民俗指祭礼、婚仪、人际关系、岁时节日、纪念及游艺活动等；语言民俗指谚语、歌谣、神话、传说、故事、戏曲及语音、词汇等。

大连地区在历史上一直是沟通中原与东北腹地的桥梁和联系齐鲁文化与草原牧猎文化的纽带。由于明末清初的战乱，大连地区居民四处逃亡。清初实行招民垦荒政策后，南部的山东、河北、江浙一带及北方的黑龙江、吉林、内蒙古东部地区居民大批移来大连地区定居，形成了一个新型的独特的居民群体。各地移来之民杂居在城镇和乡村屯落，经过交融，在新的自然条件和社会环境中，民俗不可避免地发生相应的变化。因大连地区的移民以山东胶东汉民族为主流，又有一批满族、蒙古族、锡伯族、回族等少数民族加入，便形成了以山东居民风俗为主体，融合了其他地区、其他民族风尚的居民群体风俗特征，这种特征既与中原文化一脉相承，又具有鲜明的地方特色。

民俗作为一个地区社会演进的轨迹和缩影，伴随着自然条件和社会环境的变化，也在潜移默化地改变着。民俗从几千年前的古代一路走到现代，难免精糟杂糅、良莠并蓄，往往是“良俗”与“陋习”相伴而生，相偕共存。如在清代，今旅顺北路以南地区居民有猎鸟的习惯，每年秋末候鸟迁徙这段时间里，居民张网捕鸟、玩鸟、卖鸟习以为常。改革开放以后，国家设立辽宁蛇岛老铁山国家级自然保护区，对候鸟进行保护，猎鸟之俗亦随之作为陋俗而淡出居民生活，这反映了社会的进步和居民素质的提升。总之，随着社会的进步，优秀的民俗文化得到科学传承，属于封建糟粕的民俗逐渐被摒弃，代之以各行各业、各个领域出现的健康的、积极向上的新风俗，使中华民族先进的历史文化不断发扬光大。

民俗实际上是动态的，这些动态的地方民俗活动是中华民族传统民俗文化大河中一条条涓涓支流，不断地向传统大河中倾注，从而使中华民族的传统民俗文化始终保持青春和活力，在世界大家庭中独树一帜。数千年来，中华儿女创造出璀璨的华夏文明，并不断赋予民俗活动深邃的民族特质和内涵，使之绵延数千年而弥久不衰，传承并推动国家文明的进程，成为凝聚全民族向心力和实现中华民族伟大复兴的动力。

民俗是民族精神的家园，是民族情怀的依托，是一个国家和民族的文化符号，编写与出版民俗相关书籍，意在弘扬中华民族的传统文化，通过对各类民俗现象的由来、表象、传承和演变内容的叙述，使市民能够更加深入地了解民俗的来龙去脉，辨明哪些民俗习惯是优良的文化传承，哪些是封建糟粕，从而自觉地光大和传承良风优俗，净化社会环境，将市民社会生活中的民俗文化纳入科学发展的轨道上来，为建设文明大连、美丽大连、富庶大连提供精神食粮。

岁时习俗

一辈子忘不掉

中国是一个古老的农业国，在数千年漫长的生产活动中，我们的祖先利用农闲季节举行祭祀天地神灵的仪式，以祈求丰衣足食。后来，这些祭祀活动便演化成一年（即一个生产周期）中几个固定的庆典，渐而形成具有不同内容和不同形式的节日。这些节日与农事活动紧密相关，又具有很强的普遍性，从而形成以岁时为载体的文化传统，不仅成为华夏文化的重要组成部分，也是中华民族五千年文明一脉相承的重要标志。这些传统节日，通过各种形式将中华民族的传统文化淋漓尽致地展示出来，无论在什么社会背景下，都表现出旺盛的生命力。在大连城乡，最看重的传统节日是春节（过年）、元宵节（灯节）、清明节、端午节、中秋节、重阳节、腊八等。

春节（过年）

农历岁首称“春节”，是中华民族最隆重盛大的传统节日。旧时，城乡居民要把一年中最美味的食品、最华丽的服装留待春节享用，家家户户张灯结彩并举行一系列家祭和庆典：贴春联、挂年画、放鞭炮、穿新衣、吃年糕、请宗谱、祭祖先。亲属邻里互相拜望、问好祝福，气氛浓烈，喜气洋洋，是举家一年中最美好的时光。

起源

春节俗称“过年”。据古文献记载，春节起源于原始社会的“腊祭”。古时，人们经过一年的辛劳，在岁尾年初之际，用农产品和猎获物祭祀众神和祖先，以感谢大自然的恩典和祖先的生命传承，渐而形成庆祝岁首之俗。

在远古时代，春节的日期并不一致。夏朝以元月为正月；商朝以腊月为正月；春秋战国时期，各国春节并不相同；秦始皇统一中国后，以十月为正月；至西汉汉武帝时，刘彻感到历纪过乱，严重影响生产与国家政令的颁行，于是命邓平、落下闳等创制《太初历》，规定以孟春正月为一岁之首。

纳西族东巴文中“年”的象形字

地球绕太阳一周，历法上叫一年（也称“一回归年”），往复循环，永无止境。农历（旧称“夏历”）纪年兼顾朔、望月和回归年及历月和历年的关系。每年农历十二月三十日（小月二十九日）半夜子时（12点）过后，春节就算是正式来到了。

关于“年”的称呼，古代各朝代也不尽相同。夏朝叫“岁”，表示新年已至，春天就要来了；商朝叫“祀”，表示四时已尽，是该编事入史册的时候了。“年”的概念从新石器时代初期就开始出现，直到周代才叫“年”。“年”的初义源自农业，占文上有“年”，谷熟为一年。又载，“年”是原始“稔”字初文，有“五谷皆熟为有年”，“五谷大熟为大有年”。所谓“有年”就是好收成，

纳西族东巴文字

“大有年”就是大丰收。甲骨文中的“年”字是果实丰收的形象；金文中的“年”字也是谷穗成熟的样子。谷禾都是一年一熟，引申为“岁”，“稔”的初文就变成了“年”。可见，“年”的最初概念与人类生产劳动的周期性一致，是地球围绕太阳公转的周期性的客观反映。

据《诗经》记载，每到农历新年，农民喝“春酒”祝“改岁”，尽情欢乐，庆祝一年的丰收。至晋朝，还增添了燃青竹的内容，即燃起堆堆烈火，将竹子放在火中烧，发出噼噼啪啪的爆炸声，使节日气氛更浓。到了清朝，放爆竹，张灯结彩，送旧迎新的活动更加热闹了。关于“过年”，还有一段古老的传说。相传在太古时代，有种凶恶的怪兽，长着血盆大口，凶残无比，人们称之为“年”。已被列为世界文化记忆遗产的纳西族东巴文中，“年”字就是一头猛兽的形象。可见这个传说亦并非空穴来风。每逢腊月三十晚上，它便窜出山林，掠畜噬人。因此人们都要熄灭灯火，避灾躲难。某年，年到了一家门口，恰巧这家人穿着红衣，点了一堆竹子取暖，燃烧的竹子又啪啪地几声爆响，年因怕响、怕红、怕火而吓得掉头逃窜。此后，每逢年末岁首，

过年燃放爆竹

人们就敲锣打鼓燃放爆竹来驱邪消灾，期望五谷丰登，人畜兴旺，谓之“过年”，并逐渐演化为除夕夜驱走怪兽后，第二天早晨，人们互拜，表示庆贺。同时，用贴红对联来代替穿大红衣服，用点旺火、燃放鞭炮来代替爆竹。现今，人们已不再燃竹子求声响，但“爆竹”这个名称却保留了下来。从远古至清朝灭亡，春节首日一直称“元旦”。“元”者始也，“旦”者晨也，“元旦”即一年的第一个早晨。殷商时，以月圆缺一次为一月，初一为朔，十五为望。每年的开始从正月朔日子夜算起，叫“元旦”或“元日”。到了汉武帝时，由于“观象授时”的经验越来越丰富，《太初历》确定了孟春为岁首。此后，农历年的习俗就一直流传下来。“春节”的命名始于1913年。因西历1月1日称“元旦”，中国农历一月一日亦称“元旦”，易造成混乱，故当时任内务总长的朱启钤先生向袁世凯提出一个《定四时节假呈》，提出“拟请定阴历元旦为春节，凡我国民，均得休息，在公人员亦准给假一日”。自此以后，农历“元旦”便改称“春节”。

春节期间的习俗很多，从腊月下旬至正月下旬，春节的气氛可延续一个多月，其间要进行一系列的祭祀和喜庆活动。

“过年”的主要内容大体可归结如下几项：

1. 祭灶神

俗信灶王爷负责管理各家的灶火，是一家的保护神，民间几乎每家都供奉灶王爷。据说每年腊月二十三日，灶王爷都要升天向玉皇大帝汇报此家人的善行或恶行，玉皇大帝再据此确定这一家人来年的吉凶祸福。故在灶王爷升天之时，民间都要“送灶”。送灶仪式在黄昏时候举行。谚语云：“男不拜月，女不祭灶。”《帝京景物略》云：“灶，老妇之祭，今男子祭，禁不令妇见之。祀余糖果，禁幼女不得令啖。”祭灶人到灶房，恭恭敬敬地上香，摆上糖果祭品，用饴糖供奉灶王爷，据说这样能让灶王爷嘴甜点，多说说这家人的好话。然后，人们将灶王爷画像揭下，放入灶中烧掉，灶王爷便随烟灰一起升天了。在这一天，大连城乡居民有吃糖瓜之俗，源于祭灶。除夕的时候，各家还要接灶，把送走的灶王爷再接回来，即再请一幅灶王爷画像重新贴在原先的灶神位上，配上一副对联：“上天言好事，下界保平安”，横批是“一家之主”。画像前供果品焚香。祭灶神仪式实际上就拉开了春节的帷幕，家家户户开始“备年”，即做好过年的各项准备。城乡传唱了几百年的歌谣把备年活动做了简洁的总结：“小孩小孩你别馋，过了腊八就是年。二十三糖瓜粘，二十四扫房子，二十五做豆腐，二十六割刀肉，二十七宰公鸡，二十八把面发，二十九来走油（炸丸子），三十晚上熬一宿。”

灶王爷像

上述活动称之为“备年货”，这一周时间是城乡居民最愉快的时光。人们习惯于将一年中最美味的食品积攒起来留作这几天享用。在人们潜意识里，是希望将这一年里丰收的喜悦和辛勤劳作的成果与请回家中过年的已逝宗亲的灵魂共享，这就是人们春节期间享用美食的文化内涵。古人认为，人身上有三魂六魄，魂是阳气，构成人的思维才智；魄是粗糙重浊的阴气，构成人们的感觉形体。人死魂归于天，精神与魄脱离，形体骨肉则归于地下。所以人们相信在春节之际，经过邀请（请神），逝去至亲的灵魂仍可原路返还家中，与家人共度佳节，这样一来，进献美食便是顺理成章的事情了。备年货都要在小年与除夕之间完成。昔时农村每逢小年过后，年味便浓了起来，家家户户热气腾腾，村村屯屯飘香四溢，一派祥和的景象。

春节食品的选择多源于原始宗教崇拜。家人享用之前，必先烹饪出几道佳肴给宗亲的灵牌位供奉上，称为“上供”，然后家人才可慢慢享用。年糕、豆腐、鱼、鸡和蒸馒头等则寓意生活节节高、福祉、富裕、吉祥、蒸蒸日上。

2. 去尘秽，净庭户，扫尘祈新

“腊月二十四，弹尘扫房子。”春节来临，家家户户都要进行一次大扫除，清洗家具，拆洗被褥。民谚云：“二十四扫房屋，二十七、二十八贴花花。”从腊月二十四开始，农家还要仔细扫除天花板及四壁的灰尘，干干净净迎接新春。至现代，春节大扫除已变为象征性的卫生行为。因为平日城乡居民都注意保持环境卫生，灰尘并不是留在腊月才一次性扫除。扫尘的习俗，由来已久。“帚”字在中国最早的文字甲骨文中即有。陕西出土的商周时期铜器上，

窗花

就有“子持帚作洒扫形”的铭文。可见，人们在几千年以前就用扫帚扫除了。《礼记》中，有“凡内外，鸡初鸣……洒扫室堂及庭”的记事，说明人们在很早以前就知道污秽、尘沫与传播疾病有关。周书《秘奥造宅经》中就有“沟渠通浚，屋宇洁净，无秽气，不生瘟疫”的记载。早在尧舜时代，我国即有“扫年”（古代把春节大扫除称为“扫年”）习俗，是由古代驱除病疫的一种宗教仪式演变而来的。《吕览注》称：“岁除日，击鼓驱疠疫鬼，谓之逐除。”后来，逐渐演变为年终的卫生大扫除了。至唐宋，“扫年”之风盛行。宋朝人吴自牧《梦粱录》记载：“十二月尽，俗云‘月穷岁尽之日’，谓之‘除夜’。士庶家不论大小家，俱洒扫门闾，去尘秽，净庭户……以祈新岁之安。”大连地区扫尘之风俗十分风行，反映了城乡居民爱清洁、讲卫生的传统。

3. 贴窗花与贴年画、福字

旧时，大连城乡居民有春节剪窗花的习俗，北部山区尤盛。窗花并非一定贴在窗户上，还可贴在墙壁上作为装饰。它是用彩纸剪（刻）成的装饰性艺术小品。旧时农村居民窗户多是木棂结构，以纸糊在外侧，每逢新春佳节，家家户户用彩色纸剪成各种花草、动物或人物故事的窗花、挂笺，贴在窗户、门上，从而增添喜庆和欢乐的节日气氛。剪纸在农村还被普遍地用作鞋花、枕花，孩子的帽花、肚兜花，大人的袖花、围裙花等花样。剪纸还用作刺绣、陶瓷、印染、雕花、皮影等装饰的底样。近年来，居民住房发生了巨大变化，贴窗花之俗淡化，尤其是城市，剪纸多是从市场上买各式各样的挂贴贴在门上或窗上。关于贴窗花之俗，古代即有“门窗贴红纸葫芦，逢节过岁收瘟疫”的说法。“喜”字的原形民间解释为“葫芦”，葫芦多籽，两个葫芦并在一起便成“双喜”，故窗花多剪成双“喜”字。“喜”字的处理上有斑马虎头、石榴桃花、蝴蝶瓜藤、龙凤蝙蝠等，其画面精致巧妙，充满和平吉祥。改革开放以后，文化部门和文化工作者不断挖掘民间剪纸艺术，大连地区的民间窗花剪贴艺术逐渐形成地区间、城乡间的不同风格，深受群众欢迎。

年画是大连城乡居民喜闻乐见的一种形式。尤在楼房尚未成为民宅主流的年代，新春佳节，家家户户在居室墙上贴年画，已成为春节的一种模式。

年画是伴随着我国农历春节送旧迎新活动而产生的，据传，早在尧舜时期年画就出现了，最早的年画称作“门神”。南朝梁宗懔所著《荆楚岁时记》载：“正月一日，绘二神贴门左右，左神荼，右郁垒，俗谓之门神。”至唐代，便由将军秦叔宝、尉迟敬德代替传说中的神荼、郁垒。据《三教搜神大全》称：“户神，唐秦叔宝、尉迟敬德二将军也。”用意是消灾纳福，镇妖僻邪。据说，年画就是由门神演变而来的。明朝吴承恩著《西游记》里讲述了这样一个故事：有一次，唐太宗得了病，夜里做梦听见鬼叫，无法安寝。第二天，太宗便把此事告诉了诸位大臣。大将秦叔宝向太宗请求说，自己愿同尉迟敬德全副披挂，持锏仗剑，把守宫门。太宗应允了他。这一夜，唐太宗果然睡得很好。唐太宗为了以后睡觉都能安宁，又不忍心叫两位老将夜夜守在宫门，便命画工画了秦、尉二人的像，悬挂在宫门两旁。久而久之，上行下效，两人就成了“门神”。从古代直到解放初的很长一段时间

门神

清代年画《市街图》

里，农村居民家家贴门神。门神用木刻版彩印，多是贴在居家正门的门板上。门神要张贴较长时间，一般到雨季来临后方除去，有的甚至贴到下一个年度，以新门神覆盖旧门神。

解放后，新年画在传统的基础上推陈出新，除传统的历史故事外，多以爱国主义、国际主义、劳动生产、建设四化等为题材，反映现实生活，出现许多农民画风格的年画。随着科学技术的不断发展，年画印刷越来越精致，形式多种多样，题材广泛，风格不一。其形式有中条、屏条、挂笺、斗方、窗顶、灶画、喜幅等数十种；其题材有山水花鸟、戏曲人物、民间传说等，画面精美，风格各异。解放初期至20世纪70年代，大连地区年画多数是天津杨柳青年画，也有山东潍坊的杨家埠年画和苏州的桃花坞年画。此外，还有四川绵竹、广西柳州等地的年画。20世纪80年代后，贴年画之习淡化，年画渐而被印制精美、实用的人物和风景挂历取代。

春节到来，城乡居民除贴春联外，都要在门窗上贴大大小小的“福”字。“福”字图案各异，有寿星、寿桃或是鲤鱼跳龙门，也有五谷丰登、龙凤呈祥等，五彩缤纷，数不胜数。有的家庭把大红纸裁成方块，或剪“福”字，或写“福”字。民间还有把“福”字贴倒的习俗，为的是讨人家说句“福到了”的吉利话。

清代年画《下棋》

现代年画《丰衣足食》

4. 贴春联

大连地区在年三十的中午时分贴春联，无论城乡无不如此。春联对仗工整、字句简洁精巧，多是描写时代背景，抒发美好愿望，是我国独创的一种富有民族文学色彩的风俗。春联，又称“对联”“门对”“对子”“趣对”，它起源于古人的“桃符”和“门帖”。五代时期，后蜀皇帝孟昶，特别喜欢桃符，常在桃木条上题写联语。某次，他命翰林学士辛寅逊题写桃符时，觉得辛的词句欠佳，便亲自写了一副联语：“新年纳余庆，嘉节号长春。”这便是我国最早的一副真正意义上的春联。因当时春联写在桃木板上，被称为“桃符对句”。尽管这位不问国事、花天酒地的后蜀皇帝在写完这副对联的第二年，他的政权便被北宋灭亡了，但却因这副对联而留名后世。至宋代，春节贴春联已成民间习俗。不仅春节贴，平时逢吉日喜事都在门上、建筑物的正门立柱上张贴，故又称“楹联”。苏东坡访王文甫时即书赠楹联一副：“门大要容千骑人，堂深不觉百男欢。”正式命名为春联，即用红纸写春联，乃始于明太祖。据说，明太祖朱元璋十分喜欢春联，他传旨除夕时门上须加春联，还经常向大臣们赐贴春联，并微服出巡，到民间观赏春联。陈云瞻《簪云楼杂话》记：“帝都金陵，除夕前忽传旨，公卿士庶之家，门口须加春联一副，帝（明太祖）微行出观。”帝王的提倡，使贴春联之风日盛。此后，贴春联便作为一种习俗，流传至今。

旧时，市场上没有现成的春联，都是自家购买红纸请村里有文化、懂书法的先生书写。春联内容多是现成联对内容，也有的自编、自写、自贴、自赏。贴春联内容、位置及尺寸均有区别。一般大门春联较宽长，字号较大，屋内门及窗的春联相对窄短些。横批下一般贴上彩纸剪刻成各种吉祥图案的挂贴，五颜六色随风摆动，与鲜红的春联互为映衬，煞是好看。挂贴一般贴单数。春联内容，门窗上多是“天增岁月人增寿，春满人间福满门”之类的吉祥祝福语句。宗谱上方一般贴“俎豆千秋”。此外，卧室墙上贴“抬头见喜”，大门口的树上或壁上贴“出门见喜”“四季平安”，粮囤上贴“粮谷满囤”，灶王爷神位两旁贴“上天言好事，下界保平安”。如家中养车、养船，还要在车、船上贴“车行万里”“顺风万里”等联。畜舍一般贴“六畜兴旺”“肥猪满圈”“骡马成群”“鸡鸭满圈”等联。春联横批多是“吉星高照”“万象更新”“山河似锦”“百业兴隆”等四字句。另外，在合作化、人民公社集体经济时期，每逢春节，生产队的办公室、粮仓、畜舍也都张贴春联。其间，机关单位或学校还为敬老院、荣誉院、军烈属送春联，以体现党和政府的关怀，使节日气氛无处不在。

贴春联

近现代，许多名人遗有脍炙人口的对联传世。以查禁鸦片名世的林则徐曾撰两副对联，其一是“海到无边天作岸，山登绝顶我为峰”，其二是“海纳百川有容乃大，壁立千仞无欲则刚”，抒发了他的远大志向和不畏强敌的胆识。周恩来读中学时曾撰一联：“与有肝胆人共事，从无字句处读书”，表达了他希望与忧国忧民之士交友共事，到书本之外的社会实践中学习的愿望。陶行知撰联云：“四体不勤五谷不分孰为夫子，小疑必问大事必闻才算学生”，表达了这位教育家“行是知之始”的教育理念。

春联有上联与下联之分，一般最后一个字是仄音的为上联，最后一个字是平音的为下联。上联贴左侧还是右侧，要根据横批是由左至右写还是自右向左写来定，横批首字的一侧为上联位置。

过年的核心内容和时段——除夕

除夕是农历传统年的最后一天，无论士农工商，对岁末这一天都充满着既留恋又期盼的复杂情感。逝去的光阴一去不返，成功也好，失败也罢，都已成为历史，当又一个黎明托起太阳的时候，新的一年便随之开始了。在这周而复始的循环中，人们一年年长大，又一年年衰老，“年”其实就是每个人成长过程中的一个个里程碑。带着这种既喜又忧的情愫，人们总是憧憬一元复始的时候，能够万象更新。因此，传统民俗文化的各种形式在除夕得到了集中的展现，除夕就像是一杯香醇的米酒，留给人们一年中绵长的回味。

“除夕”中“除”的本义是“去”，引申为“易”，即交替；“夕”的本义是“日暮”，引申为夜晚。除夕即旧岁与新年交替的夜晚。除夕之俗源于先秦时期的“逐除”。据《吕氏春秋·季冬纪》记载，古人在新一年前夜，

大门春联与挂贴

击鼓驱逐"疫疠之鬼"，是为除夕的由来。西晋周处著的《风土记》最早提及"除夕"的名称。除夕在古代还有除傩、除夜、逐除、岁除、大除、大尽等雅称。由于除夕独特的时令和丰富的节日文化内涵，一直受到官民的重视，两千年来盛传而不衰，至今仍然是中华民族最盛大的节日。

除夕一大早，家家户户就开始忙碌起来了。首先是扫尘。尽管在腊月二十四已经扫过尘土，但除夕的清理卫生是为过年做铺垫。旧俗在过年的三天里，家中不再扫地，以避免把"财运"扫走。故在除夕一大早，人们便将室内和院落清扫干净，将垃圾扔掉，以示辞旧迎新。过年期间燃放爆竹的纸屑则不再清理，寓意新年财源广进，五彩斑斓。

除夕中午的团圆饭可谓是一年中最盛大的午餐。其特点是家口齐全，菜肴丰盛。家人无论在何方就业，都要风尘仆仆赶回到父母身边吃团圆饭，共享天伦之乐。午餐必备的菜肴有：鱼，寓意富贵有余；鸡，寓意吉祥如意；豆腐白菜，寓意幸福发财；粉丝，寓意人长寿、运长久；桃罐头，寓意逃脱灾祸，祛病安康；美酒，寓意富有、长久，生活美好。其他菜肴则因家庭经济状况而异。解放前，受雇于财主或工商户的长工、伙计，除夕中午也会受到雇主的款待，是一年中最后一餐。如果雇主端酒向伙计敬酒道声"辛苦了"，并当即把该付的工资全部付清，就表明伙计被解雇了，吃完这顿饭后就卷铺盖走人；如果雇主一再地向伙计敬酒，席间不提结账之事并谈好下年的待遇，说明雇主会继续用伙计。所以对这些伙计来说，这是一顿决定下年命运、提心吊胆的午宴，令人生出些许酸楚。

对于那些负债的人来说，除夕就更不好过了。旧时过了小年之后，债主就会派人四处追债，还不起债者只得东躲西藏，称为"躲债"，躲过了除夕午餐之后才能回家，因为讨债人也回家吃团圆饭去了。旧俗春节期间不讨债，春节讨债会被当成厉鬼，不得善终。因此，负债者只要躲过了除夕中午，这场债就算暂时躲过去了。世态百味在除夕这一天得到了淋漓尽致的展示。

除夕午宴之后，家中男主人便郑重地将宗谱悬挂到堂屋正面墙上，称作"请宗谱"或"请年"，并设香案，摆供品，置烛台，做好祭祖准备。除夕下午挂宗谱也是老辈传下的规矩。家庭主妇们便开始忙乎晚餐了。这一餐无一例外都吃饺子，俗谚说的"谁家过年不吃顿饺子"指的就是此餐，称作"请年饺子"。饺子形似元宝，寓意财源广进，又因形圆，寓意全家团圆。除夕饺子多用肉馅，因肉馅饺子饱满，寓意生活富足，平安吉祥。晚宴开始前，家中男丁要举行“请神”仪式，即在住地西方的空地上焚香烧纸，燃放鞭炮，请列祖列宗的灵魂回家过年。居住农村的则在屯西边的岔路口请神。此俗源于佛教，人们俗信列祖列宗去世后住在西方极乐世界。请神仪式结束返回庭院时，要在门口地面上横放一根木杠，称作“拴马杠”，意为骑着骏马下界的祖宗们拴马之用。祖宗请回家时，门要敞着，然后焚香叩拜，之后在整个春节“送年”之前，香案上香火不断，晚间还要点燃蜡烛，早、晚揖拜。

除夕守岁与年夜饭、压岁钱

除夕之夜，人们通宵不寐，叙旧话新，在外地工作的家庭成员，只要有可能，都要赶回家中团圆。一家老少围坐吃团圆饭，称之为“守岁”，这是

守岁

一年中最丰盛的一餐，有鱼、豆腐、粉条、鸡肉之类菜肴。

除夕守岁，古往今来，年年如此。《秦中岁时记》载："守岁之事三代前后典籍无文。"据晋《风土记》载，除夕之夜，各相与赠送，称为"馈岁"；酒食相邀，称"别岁"；长幼聚饮，祝颂完毕，称"分岁"；大家终夜不眠，以待天明，称"守岁"。据载，守岁习俗最早始于南北朝。梁朝的庾肩吾、徐君倩在诗中写道："一夜连双岁，五更分二年。"当时守岁亦称"照虚耗"，人们点蜡烛或油灯通宵达旦，象征把一切邪魔和病疫照跑驱走，期待着新的一年吉祥如意。唐诗中对守岁习俗多有描写。白居易《客中守岁》诗："守岁樽无酒，思乡泪满巾。"孟浩然有"续明催画烛，守岁接长筵"的诗句。至宋朝，守岁之风遍于城乡。苏东坡的"儿童强不睡，相守夜欢哗"，描述了当时守岁的情景。《东京梦华录》记载："除夕……士庶之家，围炉而坐，达旦不寐，谓之守岁。"现代除夕夜，人们沿袭了古代许多习俗，虽然不再守岁，但互相登门拜访亲友，促膝谈心到深夜仍可常见。20世纪80年代以后，除夕之夜多是自家人聚在一起收看中央电视台春节晚会，其关注程度已远远超过其他节庆仪式，成为一年里家庭成员的一顿最丰盛的精神大餐。团聚在灯前，打扑克、搓麻将、下象棋、猜谜语，或吃冻梨、糖果，是一年中最放松的时刻。除夕子夜时，是新年与旧年的连接点，届时家家户户吃年夜饺子，并到室外燃放鞭炮烟花，焚香烧纸祈福，称之为"发子"。一时间，城镇乡村"电闪雷鸣"，夜空五彩缤纷。当夜晚12时的钟声响过，新的一年就在爆竹声中来到了。晚辈们向长辈们问新年好，称作"讨口福"；长辈们则把准备好的用红包装的压岁钱发给晚辈们。这也是孩子们最兴奋的时刻，因为压岁钱多由孩子自己保管，自由支配。这种好事一年中只在此时发生一次。在早年间困难时期，孩子们只能得零角的压岁钱。改革开放后随着人民生活水平的提高，加之孩子数量少，压岁钱少则几百，多则数千，对于普通家庭来说是一项不小的开支，但爷爷奶奶、外公外婆多乐此不疲，宁肯自己节衣缩食，也不肯亏待子孙，体现出中华民族传统的亲情观念。孩子们往往握着"小红包"，带着甜蜜的微笑进入梦乡。第二天，当太阳升起来的时候，他们又长大一岁了。

除夕给压岁钱历史很久，这个风俗实际上是中华民族尊老爱幼社会法则的一种体现。

传说，古时候有一种身黑手白叫"祟"的小妖，每年除夕夜里出来害人，它用手在熟睡的孩子头上摸三下，孩子吓得哭起来，然后发烧，说呓语并从此得病，几天后虽然热退病去，但聪明机灵的孩子却变成了痴呆疯癫的傻子。人们怕祟来害孩子，就点亮灯火团坐不睡，称“守祟”。又传，古时嘉兴府有一户姓管的人家，夫妻俩老来得子，视为掌上明珠。到了年三十夜晚，他们怕祟来害孩子，就逼着孩子玩。孩子用红纸包了八枚铜钱，拆开包上，包上又拆开，一直玩到睡下，包着的八枚铜钱就放到了枕边。夫妻俩不敢合眼，挨着孩子长夜守祟。半夜里，一阵狂风吹开了房门，吹灭了灯火，黑矮的小妖用它的白手摸孩子的头时，孩子的枕边射出一道亮光，祟急忙缩回手，尖叫着逃跑了。管氏夫妇把用红纸包八枚铜钱吓退祟的事告诉了大家，大家也都学着在年夜饭后用红纸包上八枚铜钱交给孩子放在枕边，果然以后祟就再也不敢来害孩子了。原来，这八枚铜钱是由八仙变成的，暗中帮助孩子把祟吓退，因而，人们把这钱叫“压祟钱”，又因“祟”与“岁”谐音，随着岁月的流逝而被称为“压岁钱”了。

在我国历史上，压岁钱风俗源远流长。最早的压岁钱也叫“压胜钱”，或叫“大压胜钱”，这种钱不是市面上流通的货币，是为了佩带玩赏而专铸成钱币形状的避邪品。这种钱币形状的佩带物品在汉代即已出现，有的正面铸有钱币上的文字或各种吉祥语，如“千秋万岁”“天下太平”“去殃除凶”等；背面铸有各种图案，如龙凤、龟蛇、双鱼、斗剑、星斗等。

唐代，宫廷里春日散钱之风盛行。当时春节是“立春日”，是宫内相互朝拜的日子，民间尚无此俗。

宋元以后，正月初一取代立春日作为春节，不少原来属于立春日的风俗也移到了过年。春日散钱的风俗就演变成给小孩压岁钱的习俗。清富察敦崇在《燕京岁时记》中记载压岁钱写道：“以彩绳穿钱，编作龙形，置于床脚，谓之压岁钱。尊长之赐小儿者，亦谓压岁钱。”明清时，压岁钱大多数是用红绳串着赐给孩子。民国以后，演变为用红纸包一百文铜元，其寓意为长命百岁。给已经成年的晚辈压岁钱，则用红纸包一枚大洋，象征着财源茂盛、一本万利。货币改为钞票后，家长们喜欢选用号码相连的新钞票给孩子们，因为“联”与“连”谐音，预示着后代连连发财、连连高升。压岁钱风俗寓意长辈对晚辈的美好祝福，是长辈送给孩子们的护身符，以求保佑孩子在新的一年里健康吉祥。

近些年，给压岁钱不仅限于长辈给小辈，已有经济收入的晚辈在春节时也给父母长辈压岁钱，除表孝心之外，祈祝老人平安吉祥。除此之外，大连地区城乡居民在春节期间（一般指正月初一至正月十五）亲属互相走动时，也根据血缘关系的远近和亲疏程度，相互给孩子压岁钱，来来往往，互为礼俗。那些只收不付出者会被嘲讽以致影响亲属和家庭成员间的团结。

拜年

春节期间，亲属、邻里、同事、好友等拜年的传统习俗，是世界华人最普遍的礼俗。柴萼在其《梵天庐丛录》中称："男女依次拜长辈，主者牵幼出谒戚友，或止遣子弟代贺，谓之拜年。"拜年之俗也源于传说中的怪兽"年"，因怪兽每逢腊月三十晚出来挨家挨户吞食人畜，人们只好把肉食放在门外，然后关上大门，躲在家里，直到初一早上，人们开门见了面，作揖道喜，互相祝贺没被年吃掉，于是拜年之风世代相传。到了宋代，上层统治阶级和士大夫深感互相登门拜年耗费时日，便改用名帖相互祝贺。大连地区农村居民拜年都是在正月初一早晨开始。拜年须按先近宗、旁宗、远宗再一般异姓邻里的顺序进行，多是小辈拜长辈，亦可互拜。城市居民拜年也是讲究按先直系亲属，再一般亲属，再邻里的顺序互拜，祝贺节日。这是交流思想、联络感情、增强团结的一种形式，蕴含着亲友之间、同事之间团结和睦的良好愿望。现代，机关单位一般采取团拜的方式进行拜年，

春节拜年

既增加了节日气氛，又可节省拜年时间，各级党政领导一般利用春节假日给老干部、军烈属、英模人物拜年，以体现党和政府的关怀。

春节礼仪

春节是中华民族最盛大的传统节日，在这个节日里，习俗文化得到了最集中的展现。中华民族的传统文化正是通过春节这样的强势载体，不断强化，代代相传，从而演化成一个庞大群体的共性文化特征。大连地区的民俗同各地民俗大体一致，春节除了举家团圆外，免不了有探望尊长、拜访亲友、同事互访、邻里贺年、单位交流、客户答谢和人情往来等多层面、多类型的人际交往活动。“礼”成为传统习俗文化中的核心内容和作为社会人的基本行为规范。

礼是中国传统价值观的一个核心范畴。周公旦制定了严密的礼乐体系，奠定了以礼为治的教化传统。孔子对周公之礼极为尊奉，将礼视作修身和治国的基础。孔子曾对他的儿子孔鲤说：“不学礼，无以立。”并提出了“克己复礼为仁”的著名学说。礼之所以有如此重要的地位，是因为礼所反映的不仅仅是行为表面上的一套规矩，更体现着言行规范的后面所蕴含的严

节日气氛浓烈的大连市郊民居

肃道德伦理基础。“礼义廉耻”具有作为国家纲纪的崇高地位。管子说“礼不逾节”，意思是说礼要求人们的行为不超越一定的界限。董仲舒在《天人三策》中提到“仁、义、礼、智、信五常之道，王者所当修饬也”。欧阳修在《新五代史·杂传》中对管子的理论大加赞赏，认为“礼义，治人之大法；廉耻，立人之大节”。《周礼》将礼划分为五类：吉礼、凶礼、军礼、宾礼和嘉礼。吉礼是五礼之冠。孔子创立的儒家学派对周礼进行了继承和发扬。至汉代，刘邦采纳了儒士叔孙通以五礼为参考设计的礼仪，自此以后，五礼成为后世帝王乃至民间礼仪的基本骨架，为后世国家的稳定和社会有序运转提供了保障。这些“礼”有形地存在于国家政治和人们的日常生活的各个方面，并深入人心，成为全民族共同的行为规范，所以，中国被称为“礼仪之邦”。

春节期间涉及的礼仪主要属吉礼和嘉礼的范畴，可谓无处不在。首先是祭祖礼。旧时过年时，居家都要请宗谱，上写五代或三代宗亲的名字，悬挂于堂屋正面墙上，设香案，摆供品，称之为“请祖宗”。家中男丁向祖宗灵位行跪拜大礼，以示对血脉传承的敬畏和对养育之恩的谢忱。新年钟声一过，子女也要向父母行跪拜礼，祝福新的一年里父母身体健康，万事顺心。20 世纪 60 年代以后，跪拜礼改为祝福问好，子女给父母发“小红包”，父母给子女和孙辈发压岁钱。初一晨起之后，家家户户便开始拜年，即按辈分长幼的次序走门串户拜年，将美好的祝福送给对方。在农村，则讲究按先近宗、再旁宗、再远宗、再异姓邻里的顺序拜年。新女婿偕妇去岳父母家拜年，更是年轻夫妇生活中一件隆重的事情。拜年活动是“礼”的重要环节，往往平日有些摩擦的邻里亲朋，通过拜年，相见一笑泯恩仇，在节日喜庆气氛中矛盾化为乌有，这也是拜年深邃文化内涵之所在。春节期间，即使不十分熟悉的人见面也会互问“过年好”，以示友善和祝贺，否则便会被视为“失礼”。近些年，随着通信事业的发展，人们热衷于通过打电话、社交软件方式拜年，十分便捷省事；机关团体则通过团拜的方式拜年。凡此种种，虽无可厚非，但与登门拜年在程度上还是有差异的。

春节期间互相馈赠礼品也是一种礼仪活动。有人将此举视为庸俗的“副食品大接力”，这是对馈赠礼仪的一种曲解。人际交往间互相馈赠礼品，其物质价值是远逊于其内在文化价值的，表现出来访者对受访者的尊重和关爱。春节时，一般家庭的子女都要根据父母的喜好送上副食品或衣装，以表示孝心；亲朋之间互访也都互送礼品，表示一份心意。这种传统从孔子时代一直延续至今。人们之所以几千年来乐此不疲，就是因为礼品是“礼”的一项内容，是人际感情沟通的媒介，通过春节这个载体起到了黏合剂的作用。馈赠礼品数量一般以四、六为吉数，即或四样礼，取四平八稳之意，或六样礼，取六六大顺之意。若送单数礼，受礼者会认为是对其不敬或别有用心，甚至会因此而反目成仇。礼品也有讲究，旧时一般送鱼，取富贵有余之意；粉丝，取天长地久、长寿之意；糕点，取步步高、年年发之意；酒，取年年富有（因“酒”与“有”谐音）之意；玻璃瓶罐头，取平安之意；鸡，取吉祥之意；糖果，取甜蜜之意。当下，人们对礼品的数量、种类已不十分讲究，但多数老年人对礼品的寓意还是十分看重的，因为他们关注的并非礼品的物质价值，更看重它们的文化寓意，从而获得一个好心情，这是用物质无法衡量的。除此之外，春节期间的语言交流也讲究说吉祥话、谈顺心事，否则便被视为没有教养。

春节衣装

春节穿新衣是一代又一代普通老百姓儿时的梦想，是男女老少过年的最主要内容之一。然而在旧中国，穿新衣却不是一件容易的事情。旧时家庭孩子普遍较多，衣装一般是大孩子穿小了，小孩子接着穿，因此过年时只能是最大的孩子才能穿上新衣裳。尽管如此，父母们在过年时还是要把旧衣装洗得干干净净，用稀薄的淀粉浸透之后晾干，并趁衣装尚未干透时折叠整齐，再用木棒槌轻轻捶打，使衣服穿在身上无皱，熨贴，称之为“浆衣裳”。殷实人家全家老少都会做上一套新衣服，富户家庭则从内衣、棉衣到外套及鞋帽全部换新，称为“里外三新”。20 世纪 50 年代以前，由于居民生活困难，一般家庭都是在春节前买几十尺白布，再漂染成蓝色或黑色，家庭妇女给家人缝制中式衣服。家有女孩的则扯几尺花布缝制上装。一般男装右搭襟，女装左搭襟，布纽扣。鞋、手套也都是自家缝制。买回的白布多是平纹布，价廉，稍富裕的人家则购买斜纹布制作衣装，算是当年高档服装了。男童鞋上一般都缝有虎头图案，女童棉袄下摆缝缀花边，十分好看。70 年代后，春节衣装多数从商店购买，品种花色也日渐增多，的确良、卡其布等衣料风靡 10 余年之久。

清代春节妇女衣装

改革开放以后，穿新衣已经变得十分平常，一年四季常换常新。尽管如此，春节时居民还是要添置新衣装。一般是进入腊月就开始购置新衣装。除夕之夜，家庭主妇便会把各人的衣装找好，初一晨起后，人人换上新衣装，容光焕发，开始拜年。这种传统是中华民族热爱生活，追求幸福，祈盼新年伊始气象更新的文化心理的具体体现。

服装是人类物质文明和精神文明的标志，体现出社会科学技术的发展水平，表现出人们的审美情趣。有人认为，服装穿在身上就是自己的事情，其实不然。服装是要示人的，要符合民族的传统习惯，否则便会被视为另类。春节期间对服装的要求以传统和整洁为主，因为其间要访友拜亲，穿着整洁的服装是对受访者的尊重，而不单纯是个人魅力的展示，特别是在祭祖活动中，更是要衣帽整肃。

服饰是中华民族传统文化的重要组成部分。一些少数民族在节日里穿上民族盛装，是对本民族文化最直接的展示方式，正因为有着特色各异的民族服装，才使得中华民族的大家庭五彩纷呈、生机盎然。

我国服饰文化源远流长。在汉初以前的典籍如《吕氏春秋·审分览·勿躬》《淮南子·务修训》中，均记载是胡曹为衣，而汉初以后的典籍如《风俗通义·皇霸》《世经》均说是黄帝始“垂衣裳”。不管是黄帝发明了衣裳还是胡曹发明了衣裳，都是中华文明史上的重要里程碑。客观地说，衣装的发展应该是一个循序渐进的过程。据史料记载，早在春秋时期，人们下体已穿着裤子，这种裤子只有两只裤管，无腰无裆，与后世的套裤相似，被称为“胫衣”或“绔”。古人在绔的外面围着一条围裙，称为“裳”；而上体着左右搭襟的服装称为“衣”。衣、裳、绔三者并用就可以将身体全部遮盖。古人的这种装束至宋代还十分流行，在《清明上河图》中可以看得十分清楚，即便是在当代仍能见到它的影子，足见中华服饰文明的博大精深。春节期间，人们脱去工装校服，从头到脚换上新装，尽显服饰之美，将生活装点得美轮美奂，这无疑是新春佳节的一道亮丽风景线，也是和谐社会的重要标志。

送年

天下没有不散的筵席。过年再好也不能过个没完。大连地区城乡过年时间一般从除夕算起，至正月初三结束。年前将诸神和祖宗的神灵请回家中与生者同庆，年结束后当然要将诸神和祖宗“送回去”，毕竟在非年非节的日常生活中，人与鬼神是不能同处一个空间的，所以称之为“送年”。

所谓送年就是在正月初三晚餐过后，给祖宗神位敬香叩拜，乘夜色将牌位或宗谱撤下来，再到住处的西方或西南方岔道上烧纸祭酒，年前请回家的神灵就算是“送走了”。如果没有这个环节，人神共居一宅视为不吉，故初三晚餐后，家家户户都要“送年”，春节期间的祭祖活动也至此宣告结束。挂宗谱的人家则把宗谱收好，妥善放置在住宅正屋的高处，留待这一年的最后一天即除夕中午之后再将祖先的神灵请回家，共度新的一年。这是中华民族最独特的一种祭祖方式，通过祭祖，缅怀血缘传承，恪尽晚辈孝道，凝聚宗族亲情，传递民俗文化。

春节期间的娱乐活动

我国古代就有休息制度，元旦（即春节）、元宵节、清明节等均为法定公休日。在公休日特别是像春节这样的重大节日里，官民都要进行一些娱乐活动。官府为标榜辖区内的太平景象，往往组织戏班进行表演，民众可以免费观赏，称为“社戏”。清乾隆年间，大连地区的金州天后宫、复州娘娘宫、永丰寺等均建有戏台，每年春节都举行盛大的演出。

复州娘娘宫戏楼衬壁上就留有乾隆年间梆子剧社演出的《天门走雪》等剧目字迹。清末，梆子腔、柳子腔、皮黄腔、莲花落、皮影戏等传入大连。但这些剧社多在城镇的戏台演出，春节期间农村居民进城看戏者仍是凤毛麟角。

由于大连地区居民多是山东、河北及江浙沿海地区移民的后裔，许多剧种及娱乐形式由他们的先辈传入大连并保存了下来，代代相传，成为民间节庆的主要娱乐形式。春节前后正是农闲季节，乡民们有充裕的时间排练节目，其组织多是以村屯为单位的小乐队或小剧团，自编自导，自娱自乐，在春节至元宵节期间走街串村进行表演。民间舞蹈主要有扭秧歌、踩高跷、挑花篮、跑旱船、舞龙灯、单鼓、舞狮等；器乐主要有唢呐、锣鼓、笙、管、笛、箫、二胡、三弦等。还有杂技、霸王鞭、戏法等，可谓丰富多彩。有些殷实人家还请盲人艺人说书，即把盲人艺人请回家中管吃管喝，并讲好酬金，连续数日每天晚上定时唱曲说故事，称为“大鼓书”，召得四邻八舍挤得屋子里三层外三层，好不热闹，为昔时农村一景。新中国成立后，农村乡镇都成立了业余剧团，春节时则进行巡回演出，深受乡民欢迎。春节期间，孩子们是最快乐的群体，男孩玩打尜、打坑、跑马城、骑马打仗、坐冰车等游戏，女孩玩捉猫猫（捉迷藏）、抓嘎拉哈等游戏。青壮年则以打扑克为主要娱乐项目，往往是夜以继日，通宵达旦，但在春节这几天里，家人对此举并不反对，可尽情玩耍。老年人节日期间主要玩小牌（类似于打麻将），俗称“推牌九”。20 世纪 80 年代电视逐渐普及后，城乡居民节日期间除了打扑克、打麻将流行不衰外，多数人以收看电视节目为乐事。特别是彩色电视普及后，电视画面清晰，音质纯正，可根据自己的喜好收看各类节目，使春节的文化生活更加充实和丰富。

近些年，利用春节长假外出旅游的也大有人在，但绝大多数人还是珍惜与家人团聚的机会，利用更多的时间与亲人共度佳节，这种由传统文化所形成的情结是永远也改变不了的。

“破五”与“人日”

正月初五俗称“破五”，即破除灾异、祈求平安之意。大连城乡有放鞭炮、吃饺子的习俗。有的地方还在这一天举行迎财神仪式，亦即新年节假已过，将财神从天宫接回家中，保佑新的一年里财运旺盛。

正月初七称“人日”，所谓“人日”即“人类的生日”。此俗已有数千年的历史。传说女娲造人时，前六天分别造出鸡、狗、猪、羊、牛、马，第七天造出了人，所以人们便认定正月初七这天是人类的生日。大连地区城乡居民将农历正月的初七、十七、二十七赋予了不同的内容，并约定成俗。初七“管小孩子”，此日若天气晴好无风雪则预示孩子们一年中不生病、四季平安，十七“管中年人”，二十七“管老年人”，其象征意义均与初七类似。但在三个旬的“七”中，以正月初七为重，反映出古今人们对新生代的重视。汉代东方朔在他著的《占书》中记道：“初七人日，从旦至暮，月色晴朗，夜见星辰，人民安，君臣和会。”可见人日在汉代已经流行。人日又称“人胜节”。“人胜”是一种头饰，约在晋代开始流行，在人日这一天剪彩箔成小人或花朵状，佩戴在孩童头上，也有的贴在窗户上，寓意人寿年丰。人日的饮食习俗是吃饺子，表达人们祈求团圆、平安的愿望。

“人日”祈寿

“破五”天官赐福图

元宵节

农历正月十五的元宵节，是春节的延续和民俗文化的延伸。春节的主旨是辞旧迎新、祭祖敬神、祈福团圆，而元宵节则更具娱乐性、庆典性，更富文化含量。因此元宵节热闹的程度远远超过春节，称之“闹元宵”，一个“闹”字便把节日的气氛彰显了出来。大连地区元宵节从正月十四至正月十六共三天，几乎与春节的周期相当，但展示出的民俗文化更具娱乐性。

起源

元宵节又称“上元节”“元夕节”“灯节”，起源于两千多年前的汉朝。司马迁《史记·乐书》记载：“汉家常以正一上元祭祀太一甘泉，以昏时夜祀，至明而终。”“太一”又称“泰一”，是北极神的别名。据说泰一神是汉

古时元宵节耍龙（资料图片）

武帝在五帝之上设立的最高天帝神，朝廷在甘泉宫修筑了泰一神祠坛。每年正月十五黄昏开始，举行盛大灯火祭祀活动，通宵达旦，从此就有了正月十五张灯结彩的风俗。另有一说汉文帝（武帝祖父）依靠大将军周勃和陈平戡平“诸吕之乱”，戡乱之时正值正月十五。经过励精图治，天下富足太平，故每逢这一天便张灯结彩与民同乐，以示纪念。其实，汉代的上元节与后世的元宵节还是有较大文化差异的，直到唐朝以后才逐渐演变成今天的元宵节。“上元”本是道教的名称和节日，唐朝奉道教为国教，道教三官中上元天官的诞辰为正月十五，故在此日举行盛大祝祭活动，上元节由此成为全民性的传统节日。因节日在农历元月十五夜间举行，故又称“元宵节”。

放灯

灯是元宵节的主题，届时皇室做宫灯，百姓扎花灯，商家搭灯棚，可谓五彩斑斓，千姿百态，把中华民族的灯饰文化发展到极致。据载，隋炀帝每年正月十五总要在京城举行盛大灯会，宫门外搭建 8 里长的戏台，彻夜灯火通明，参加演出的艺人达 3 万余人，奏乐者有 1.8 万多人，从傍晚到天明“灯树千光照，花焰七枝开”，观众人山人海，热闹非凡。至唐代，元宵节放灯更是盛况空前。据《两京新记》记载，“正月十五日夜敕金吾弛禁，前后各

清代元宵节灯舫

街头彩灯

一日观灯”。唐玄宗开元元年（公元713年）上元夜，曾在宫外“做灯轮高二十丈，衣以锦绮，饰以金银，燃万盏灯，簇之如花树”，下有千余少女载歌载舞。《开元天宝遗事·百枝灯树》记载，杨贵妃的二姐韩夫人“置百枝灯树，高八十尺，竖之高山，上元夜点燃，百里皆见，光明夺目色也”。长安城形成了“谁家见月能闲坐，何处闻灯不看来”的元宵灯节盛况。北宋立国后，太祖赵匡胤颁诏，将灯节由正月十四、十五、十六3天延长至正月十八，共5天。为鼓励市民到御街观灯，规定“凡来观灯者赐酒一杯”。汴京（今开封）灯市竟长达40余里。《武林旧事》记载，南宋杭州的元宵灯市更为盛大，花灯制作技术亦达到高峰：“山灯凡数千百种，极其新巧，怪怪奇奇无所不有。竞出新意，年异而岁不同。”宫廷扎制的琉璃灯山，高达五丈，灯山上有八仙庆寿、三星高照、五蝠捧福等彩灯，栩栩如生。至明朝，太祖朱元璋规定，元宵节从初八上灯至十七落灯，连续张灯10夜，成为我国历史上最长的灯节。灯节若遇漫天大雪，火树银花，相映成趣，称作“正月十五雪打灯”，是吉祥顺利、年岁丰收的预兆，更为元宵佳节平添几分欢乐情趣。

灯是光明的象征、祥和的象征、温暖的象征，它彰显了先民们摒弃黑暗追求光明和美好生活的强烈愿望。数千年来，灯饰文化已深深扎入中华民族的血脉之中，人们从形式到内容在彩灯制作技艺上倾注了浓郁的人文精神，展示了中国历代能工巧匠的高超技艺，成为中国独有的举世无双的文化瑰宝。

大连地区是沟通中原与东北腹地的桥梁，灯饰文化更是荟萃南北，别具特色。明清以来放灯活动经久不衰，称为“闹花灯”。闹花灯没有什么章法，可随心所欲地做灯、观灯、耍灯。大连北部的复州城和南部的金州城，元宵灯会规模尤为宏大。复州城的宫灯制作精巧，金州城的龙灯闻名辽南。龙灯源于龙舞，由清末军营传入，已有130余年历史。因夜间舞龙不易看清，艺人们便在龙身的关节里安装了烛灯，这样龙体通明，舞动起来流光随影，异彩纷呈，龙舞渐而进化成龙灯舞，成为元宵灯会的一道风景。后来，龙灯改为电池灯，舞动起来更为得心应手，并由街头表演走上了舞台。旧时，大连城乡居民多是用竹筚子自制灯笼，制作比较简陋，富户则专请匠人制作宫灯悬于门厅，以示显贵。20世纪50年代，居民普遍制作木框玻璃灯。至现代，已有各式轻巧彩灯出售。农村居民多是在庭院竖一高杆，顶饰松枝，拉电线，将灯高挂其上。城市居民多在阳台悬挂一对红灯。元宵之夜，家家彩灯闪烁，楼宇红灯辉映，节日气氛十分浓烈。

扎花灯与灯谜

扎花灯在大连城乡有较长的历史，式样上有挂灯、座灯、壁灯、提灯和玲珑的走马灯等；造型上有山水人物灯、花鸟虫鱼灯。常见的有羊角灯、老虎灯、熊猫灯、金鱼灯以及富有民族色彩的龙灯、云灯、宫灯等，千姿百态，五彩缤纷。以人物造型的灯有人们熟悉的“木兰从军”“黛玉葬花”“天女散花”“嫦娥奔月”“哪吒闹海”“八仙过海”“关公夜看春秋”“李白醉酒”“武松打虎”“红娘送柬”“游龙戏凤”等。这些灯在制作上都讲究轻纱重画、刻意求工、力求精奇。另外，还有一种精妙绝伦的走马灯。旧时能制作走马灯的工匠为数不多，只能在复州城、金州城、旅顺等较大城镇见到。走马灯的奇妙在于自动旋转，灯罩内壁的纸剪人马宛如在不停地奔走，故称“走马灯”。旧时大连地区农村居民多是用竹子做成方形或圆形，用红纸围糊，下置放蜡烛的托盘，上设排烟口，或挂或提，形色各异。元宵灯节吸引人之处除了观灯还有猜灯谜活动。据载，猜灯谜始于南宋，当时都城临安（今杭州）的一些有心人把诗谜条系于彩灯之上，供游人猜谜玩赏。文义谜渐而演化成灯谜，先是在士大夫阶层兴起，之后普及到民间。古时灯谜谜底多是成语或诗名，如“美而无子”，谜底为“绝代佳人”。当年复州城和金州城元宵灯谜会分别在横山书院和金州会馆庙戏台举行，观者人山人海十分火爆。猜灯谜文化含量较高，主要方法有增损离合法、会意别解法、象形比喻法与分析综合法四种。此外还有若干辅助方法，如拟人法、照物法、故事法、借代法、连环法、排比法、反射法、折合法等。制谜者要在谜面注明谜格，以启发猜谜者思考。流传较广的谜格有秋千格、卷帘格、求凤格、徐妃格、白首格、粉底格、谐音格、折腰格等。

蒸面灯

大连地区民间还有元宵节蒸面灯的特殊风俗。面灯是用细玉米面兑豆面蒸制成的。首先是制作圆柱形十二月灯，即每月一盏灯，再按家庭成员的属相捏塑生肖灯。生肖眼睛用黑豆或绿豆充做，十分逼真。生肖灯制作时背上留凹坑，用细秸秆缠棉絮做灯芯，用食用油脂做灯油。天黑之前家中男丁要去祖坟为列祖列宗送灯，是城乡居民正月里重大的祭祖内容，意在让九泉下的故去亲人灵魂也能在这一天享受到人间一样的光明。入夜后，家家户户点燃十二月灯和生肖灯，祈求兴旺发达、五谷丰登。“文化大革命”中，元宵节被视为封建迷信而取缔。改革开放以后，元宵灯会已经成为全民性的重大文化节庆活动。金州元宵灯会荟萃了各种文化表现形式，城乡一体，万民同欢，参与者达10余万人。庄河高跷、复州大秧歌也都充满激情。元宵夜举目四望，楼宇轮廓灯、路树圣诞灯、广场彩射灯、机关大宫灯相映生辉、金碧辉煌，展现出一派欣欣向荣兴旺发达的景象。

面灯（王雨茵作）

吃元宵

元宵节最具特色的食品是元宵。自古至今，大连城乡民间都有吃元宵的传统习俗。取其圆形元音，寓意全家人团圆、平安、吉祥、美满。元宵节前，城乡商家便竞相生产和供应元宵，品种多样，包装各异，届时亲朋间互相馈送，共贺节日。据考证，元宵的历史可追溯到一千五百多年前。南朝《荆楚岁时记》里就有“正月十五作豆糜加油膏”的记载。隋炀帝为了粉饰太平，有一年从正月十五开始，在京城洛阳搭建十里高台戏棚，当时供演员和乐师吃的宵夜点心就叫“元宵”。南宋时，元宵传到浙江一带，当地人称之为“汤团”。至今仍有北方称“元宵”，南方称“汤团”之分。宋代诗人姜白石诗曰：“贵客钩帘看御街，市中珍品一时来。帘前花架无行路，不得金钱不肯回。”诗中的珍品即指元宵。可见当时的元宵清香宜人，香甜可口，价格昂贵。在经济困难时期，大连居民有的自制元宵，即将馅（青红丝、糖、果酱）和好后，做成鹌鹑蛋大小的球状，再放入笸箩内的黏米粉中不断滚动，待滚到一定厚度后，下锅煮熟即可食用。20 世纪 70 年代以后，居民多从商店采购，自制元宵已十分少见。

20 世纪 90 年代以后，元宵品种呈多元化，即南北风味均有，其馅通常有芝麻、白糖、枣泥、豆沙、果仁、虾仁菜泥、鲜肉、火腿等，分香、甜、辣、酸、咸五味。可带汤吃、炒吃、油氽和蒸吃。煮元宵俗云“滚水下，慢火煮”。用旺火把水烧开，然后将元宵下锅，并用勺子徐徐搅动使锅内元宵旋转不粘锅，待元宵浮起，再改用慢火煮。在煮的过程中，续加凉水，保持似滚非滚的状态。炸元宵的做法是，将油烧至七八成热时下元宵，用勺沿锅底推动，三五分钟后元宵绷皮，用漏勺捞出，用手勺轻轻拍打，使元宵松软排气，防止爆裂烫人，然后再下油锅炸第二遍至金黄色即可。

二月二“龙抬头”

农历二月二是一个重要的传统民俗节日，称为“二月二龙抬头”，也是中国诸多传统民俗节庆中唯一直接以龙文化为主题的节日。龙是中华民族的图腾，它作为一种文化符号，经过数千年的发展积淀，已经深深地镌刻在中华儿女的心中，融汇在全球华人的血液里。故二月二民俗节作为龙文化的载体，充满了丰富而神秘的文化内涵。

起源

为什么将二月二称作“龙抬头”，这与中国数千年的农耕社会中人民的生存状态有着最直接的关系。在农耕时代，最大的事情莫过于种田打粮以解决温饱，农业的丰歉不仅关系到芸芸众生的生存，更关系到社会的安定与国家的兴衰。在我国的大部分地区，农历二月初，气温便开始回升，日照时数增加，气候已适宜农事活动，故有“二月二龙抬头，大家小户使耕牛”的农谚，这里所说的“龙”只是一种喻指。“雨水”过后，随着天气回暖，蛇、蛙、蚯蚓等冬眠动物从蛰伏状态开始复苏。蛇在民俗中一直被当作“小龙”，“龙抬头”实指蛇类动物结束冬眠恢复生机，作为一种物候现象，正好与农时播种季节同处一个时段，预示着一年一度的春播就要开始了。因此，二月二龙抬头实际上是春播之前的一个备耕节日。

龙是由中华传统文化中多种祥瑞动物躯体的一部分组合起来的复合体。人们之所以将龙奉为神明，对龙的本领笃信有加，也是与农耕文化有着直接的关系。传说的龙是一种神异的动物，有角、有脚、能走、能飞、能游，能兴云布雨。《说文解字》（十一）中对龙的注解是：“龙，鳞虫之长，能幽能明，能细能巨，能长能短，春分而登天，秋分而潜渊。”龙如此之神异，人们怎能不敬若神明呢！龙的本领再大，被老百姓最看重的还是能“兴云布雨”。就总体而言，我国的绝大部分地区春雨较少，尤在北方地区旱期较长，大连地区就是十春九旱，故有“春雨贵如油”之说。龙既然是风雨的主宰，在二月二抬头登天之际，人们对它寄予厚望，祈求风调雨顺，将此日定为“龙日”，就成为顺理成章的事情。民谚“二月二龙抬头，大囤满，小囤流”，正是对这种心态的诠释。至于二月二为何不是二月一或二月三，这与中国传统文化中崇尚双数（两个一、两个二、两个三等）有关，如一月一、二月二、三月三等。在秦汉以前，人们俗信这些特殊的日子是天地交感、天人相通的

现代女子舞龙队

时间，往往选择这样的日子进行祈福、祭祀或纪念活动。

关于“二月二龙抬头”一说，最早见于明代人刘侗等所撰《帝京景物略》中“二月二龙抬头，蒸元旦祭馀饼……”的记载。可见，至少从明代起，二月二作为民俗节日就已流行全国。大连地区明代的居民绝大部分是明初进入辽东的屯田军后裔。洪武四年（公元 1371 年），明将马云、叶旺率 10 万大军收复辽东，之后又有 15 万大军进入辽东，战后官兵及其眷属全部留居辽东，不准返回原籍。这批官军的原籍多在山东青州和莱州，自然把中原的民俗传统带入辽东。实际上农历二月初，大连地区仍处在天寒地冻的冬季，蛰伏状态的“龙”是无法抬头的，但是作为一种文化传承，这个民俗节日还是被保留并传承下来。

打灰囤与剃龙头

二月二“打灰囤”，是昔时大连地区农家的重大活动。此日晨，鸡鸭尚未放出圈时，主人便用灶与炕的草木灰在庭院中打成一个个大小不等的圆圈，中间画“十”字道，圈的一侧画两横两竖的“月”字形，象征粮仓与梯子，称为“打灰囤”。“粮囤”正中再撒五谷杂粮，待日出之后，将鸡鸭放出啄食，表示今年粮囤充盈，五谷丰登。旧时，当熹微中炊烟袅袅升起的时候，家家户户的男主人便忙乎起来，顷刻之间，庭院中便出现了一个个灰囤，成为乡村一道风景。旅顺西部满族居民居住比较集中的大潘家村一带还有一个特殊的风俗，二月二这天早晨，母亲带着孩子在院子里或院门口地上用草木灰画上不同的圆圈，圈中画十字，待到太阳升起，母亲把孩子的肚兜解开，让孩子趴在十字中间，母亲则站在圈旁祷告：“印脾十字中，龙盘圈里形；带走腹中病，肚子永不疼。”不会念叨这段原话的就直说：“龙王爷、蛇仙，求你们保佑我的孩子不得大肚子食水病，请龙王爷、蛇仙顺着用灰画的圆圈行走，多走几遍就把孩子的食积消除了。”满族居民的“印脾”之举，即要求母亲从小教导孩子饮食有节，不乱吃生冷食物，以免腹中食积肚子疼。这可能与满族先人在北方寒冷地区居住的生活条件及牧猎饮食习惯有关。大连地区打灰囤之俗其实源于中原地区的二月二“炊灰引龙”的传统。二月二这天清早，乡民用炊灰在庭院中勾画成一条龙形，龙头冲正门，再从龙头位置画一道灰线至家中，灰线围绕正屋的水缸转一圈，称为“引钱龙”。其寓意有

二月二“打灰囤”（古代）

二：一是请龙回来兴云布雨，祈求丰收；二是因龙是鳞虫之首，龙入家门则百虫驱散，一年中不再受蝎子蜈蚣的侵害。至今，大连仍有二月二孩童戴“龙凤尾”的习俗。即用五彩布剪成铜钱大小的圆形布饰，用长约寸许的作物顶部秫秸与圆布饰间隔串连起来，长约尺许，上部用红布剪成三角形饰龙头，下部用彩布剪成条形饰龙尾，称为“龙凤尾”，悬挂在孩童胸前，一般是戴两条，一大一小，大者称“大苍龙”，小的称“蛇”。俗信二月二饰龙凤尾，一年中不会遭毒虫叮咬。此日，孩童们尽情玩耍，龙凤尾随风舞动，五彩缤纷，别有情趣。

二月二“剃龙头”之俗也是一道风景。是日早晨，家长们早早地就把孩子们叫醒，不准睡懒觉，意为不要压困在龙头上，以免一年中精神不振。这一天要理发，称为“剃龙头”，意为像蛰龙升天一样，精神焕发，重生新发，鸿运当头，福星高照。民谚云：“二月二剃龙头，一年都有精神头。”大连城乡居民习惯在腊月底理发迎新年，正月里一般不理发，二月二龙抬头之日便纷纷理发，这也是理发行业生意最红火的时日。人们俗信正月里剃头不吉利，“妨舅舅”，虽然纯属无稽之谈，但日久成俗，形成一种文化现象，多数人还是自觉不自觉地按俗行事，这也无可厚非。

旧时大连城乡还有二月二晨起用灯照房梁，妇女不动针线、不洗衣服的习俗。晨起后用灯或蜡烛将房梁的明处暗处照一遍，特别是犄角旮旯逐一晃照，称作“二月二照房梁，蝎子蜈蚣无处藏”。这一天妇女不动针线，怕伤及龙眼；禁洗衣服，怕伤及龙皮。这些风俗实际上把龙当成一般的动物对待，与龙的上天入海变幻无常的高强本领颇有矛盾之处，但体现出的是中国劳动人们淳朴善良的人文关怀精神。

二月二的饮食习俗在中国的传统节日中也是独具特色并皆与龙有关。据

现代打灰囤（街上）

打灰囤（院庭内）

《燕京岁时记》记载：“是日食饼者谓之龙鳞饼，食面者谓之龙须面。”大连城乡二月二吃煎饼十分普遍。其实，煎饼即大号春饼，制作时呈圆形，形似龙鳞。大连城乡居民祖先多来自山东半岛，虽有常年吃煎饼的习俗，但因大连地区以玉米为主食，小麦种植面积极少，吃煎饼之俗渐而被苞米面大饼子所替代，只是在二月二这样的民俗节日中保留着“老家”的饮食习惯。这就充分证明了民俗文化不仅与社会环境的制约有关，也与自然条件休戚相关，是一种动态的文化现象。大连地区的煎饼与中原地区有很大区别，首先在用料上是以细玉米面为主，加少许小麦粉（因麦粉极缺），搅和成糊状，在平底锅上摊煎而成。一些贫困人家因无麦粉，便用一种叫作“脂花”的植物，将其根茎晒干后碾碎，取出其中的淀粉兑入细玉米面中，玉米面的筋力便会大增，摊出的煎饼不会破碎，入口滑腻有咬劲。脂花学名尚不清楚，是一种当年生草本植物，成熟后高约 0.8 米，根茎呈紫色，富含淀粉。昔时农家多是在田间地头或房前屋后栽植数十株脂花，秋后晾干挂在干燥处，留作二月二摊煎饼用。笔者小时候，母亲就是用脂花粉兑玉米面烙煎饼，笔者至今仍回味不尽。

煎饼菜馅用萝卜丝、肉丁和碎粉丝制成。昔时农家杀年猪后，猪头一分为二，元宵节吃一半，另一半则留在二月二做煎饼馅用。煎饼的直径约 30 厘米，馅炒熟后凉透，再将馅摊铺在薄饼皮上，折叠后再摊铺一层馅，形成三层面皮夹两层馅的形制。夹馅煎饼折叠后，呈长方形，再重新放入平底锅中加油慢火煎烙，内鲜外脆的煎饼就制成了。大连二月二吃煎饼之俗盛行城乡，至今不衰，是一道特色鲜明的美味佳肴。二月二的其他节日食品也都与龙文化有关。除春饼称“龙鳞”、面条称“龙须”，水饺称“龙耳”，馄饨称“龙眼”，白米饭称“龙子”。有少数农家还有二月二敬土地神的习俗，即在是日于自家耕地上摆供品，焚香点烛，磕头请愿，祈求丰年。这些都是农耕时代人们祈求风调雨顺的文化心理的延续。

对于学童，二月二清晨，家长们必督促其进书房看书，称为“占鳌头”，预示学业有成，科举金榜题名。《帝京岁时纪胜》中所说“士民又于是日栉薙，盖取龙抬头之意云”，意思是二月二即使不理发也要沐浴洗头，以便能以饱满的精神迎接春天的到来。

二月二丰富的民俗活动都是龙文化的集中体现，随着社会的演进和科技的进步，诸多民俗节日活动只是作为一种传统文化形态保留在我们的生活中，这些文化传统的表征集合在一起，就形成了中华民族有别于其他民族的独特的民族文化，这对于建立和谐社会，彰显中华儿女的传统文化，提高民族自信心和凝聚力都有着积极的意义，我们没有理由把“封建迷信”“愚昧无知”的贬词加于其上，而是要以各类民俗节日为载体，传承和发扬这些有益的民俗文化的张力，彰显民族文化特色，使中华民族的传统文化在全世界范围内发挥越来越大的影响，这对于中华民族的伟大复兴也是有益的。

清明节

每到大地返青、杨柳飘絮的时节，一年一度的清明节就来临了。清明节在每年农历三月初三，公历则在四月的 3 日、4 日或 5 日（每年不固定）。清明节与中国其他传统节日最大的区别是作为节日的“寒食节”与节气的“清明”两节合一。由于节日的本身传承着中华人文理念的核心内涵，所以两千多年来世代传承，成为中国传统民俗文化的一朵奇葩。唐代著名诗人杜牧诗云：

清明时节雨纷纷，
路上行人欲断魂。
借问酒家何处有，
牧童遥指杏花村。

这首咏清明诗，生动地描绘清明时节唐都长安郊外的情景，像一幅图画，将清明定格在历史的时空中，留下无尽的回味。

寒食节

清明节作为民间民俗节日的含意，源于清明前一天的寒食节。据古文献《荆楚岁时记》记载："去冬至一百五日即有疾风甚而，谓之寒食，禁火三日。"指的是冬至到寒食节相隔105天。寒食节在清明的前一天，是纪念春秋时期名士介子推的节日。相传晋国公子（君位继承人）重耳为逃国难而流亡他乡，在贫饥将死之时，跟随他逃难的谋士介子推将自己腿上的肉生生割下一块烤熟了送给重耳吃，救了重耳一命。在极其艰难的环境里，介子推鼓励重耳振作起来重整山河，恢复君位。后来，重耳在介子推等谋臣帮助下返回晋国夺回政权，成为历史上著名的晋文公。晋文公重耳当了国君后，遍封流亡时跟随他的功臣，唯独落下了介子推。后来晋文公得知介子推危难之中"割股救命"的真相时，深感愧疚，派人前去请介子推上朝领封，而此时，蔑视权贵的介子推早已背着老母隐居深山，过着清贫的生活。晋文公派军士在山下呼喊介子推不应，便命军士放火烧山逼他下山。未料，大火烧了三天三夜也不见介子推出来。火熄后，才发现介子推和老母亲都被大火烧死在一棵焦树之下，这一天正是清明的前一天。晋文公懊悔不已，追恨之余，下令每年在介子推被烧死的那天，全国城乡各地都严禁烟火，吃"寒食"（冷食），寒食节由此诞生。寒食节在不同朝代规定不一，一般是禁火三天，最多时禁火一个月。人们之所以纪念介子推，一是崇尚他危难救主的大仁大义，二是感念他"士甘焚死不公侯"的一颗清静平常之心。在乱世的春秋时代，常人对高官厚禄趋之若鹜，而介子推不居功自傲，淡泊名利，累世少见，故几千年来受到后世的垂青和景仰。由于寒食节与清明是前后相连的两天，故至秦汉以后，寒食节与清明逐渐融为一体，统称"清明节"，成为春节过后又一个重要的民俗节日。

清明

早在春秋时代，我国劳动人民就运用晷测量日影的方法，定出春分、夏至、秋分、冬至四个节气。到了秦汉时代，又确立了二十四节气。西汉时问世的《淮南子·天文训》完整地记录了二十四节气的名称，其中就有清明。这就是说，先有寒食节，后有清明节，秦汉以后两节合一，以时令节气与纪念节日的双重内涵出现在我们的生活中。中国几千年来，一直是一个农耕非常发达的国家，二十四节气较客观地反映了一年四季气温、降雨、物候等方面的变化，劳动人民根据节气安排农事活，在国计民生中起着重要作用。二十四节气可划分为四类。一类是表示寒来暑往变化的，有8个：立春、春分、立夏、夏至、立秋、秋分、立冬、冬至；二类是象征气温变化的，有5个：小暑、大暑、处暑、小寒、大寒；三类是反映降水量的，有7个：雨水、谷雨、白露、寒露、霜降、小雪、大雪；四类是反映物候现象和农事活动的，有4个：惊蛰、清明、小满、芒种。而清明则是农事活动中最重要的节气。据史载，宋太宗赵光义每年岁末都给文武百官各送一本历书，其中不仅有农历月日，还有时令节气及在耕作、种植方面的常识和规则。因是皇帝所送，故称之“皇历”。

古代民俗文献《岁时百问》中对清明这个节气做了诠释：“万物生长此时，皆清洁而明净，故谓之清明。”清明一到，气温回升，雨量增多，万物复苏，花红草绿，正是春耕的大好季节。唐代诗人李绅《古风》诗前二句云：“春种一粒粟，秋收万颗子”，便印证了春天播种与秋后收成的因果关系。大连地区农谚云：“清明忙种麦，谷雨种大田”，“清明前后，种瓜种豆”。同时，清明时节植树造林也开始了。总之，清明是农民一年中的农忙之节，希望之节，憧憬之节。清明节民间有吃煮鸡蛋和炒鸡蛋菜的习俗，取蛋清明净之意，其实是农忙之前改善生活的一种方式而已。清明节民间还有踏青和放风筝的习俗。大连地区地处北方，清明时节有些年份气温仍较低，有“清明断雪不断霜”的农谚，但就全国而言，清明时节正是春播最繁忙的季节。

清明扫墓祭祖

在古代，清明节的规模和声势均非今日可比。据《东京梦华录》记载，当时汴京清明节时，“士庶阗塞诸门，纸马铺皆于当街用纸衮叠成楼阁之状。四野如市，往往就芳树之下，或园囿之间，罗列杯盘，互相劝酬”。《武林旧事卷第一·祭扫》中记载清明上坟情景云：“都城人家，皆插柳满檐，虽小坊幽曲，亦青青可爱，大家则加枣馃于柳上，然多取之湖堤。而人家上冢者，多用枣姜鼓。”足见当时节日之盛。由于清明节源于祭祀介子推，在社会的演进中，游乐的内容淡化，逐渐演化成全民性祭祀故去的先辈和亲人的节日。所谓扫墓，就是清扫整理祖先墓地，使坟墓周边清洁明净，让祖先九泉下的灵魂有一个洁净的环境，寄托后人对先辈的哀思和怀念。祭祀先辈既是对血缘生命传承的感念，更是对先辈们披荆斩棘开荒拓土，为后世创造生存空间的追思和认可，是一种孝道的体现。有道是“百行孝为先”，孝道是中华民族传统道德的重要内涵。孝道包含三层意思：一是对长辈生时的抚养；二是对父母亲人死时有尊严埋葬；三是对故去父祖按礼法进行祭祀。通过祭祀，缅怀先辈的美德，不忘先辈的贡献，继承先辈的意志，建设更加美好的家园。不忘先辈，才能不忘故土，才能世代不忘自己的血脉，永远保持爱国主义情愫。从这一点来说，清明祭祖具有强烈的社会进步意义。新中国成立后，在清明节期间不仅有家庭、家族的祭祖活动，还会举办祭奠革命先烈的社会性活动。这一天，机关单位、工厂、学校，都要组织职工和学生到烈士陵园祭祀那些为革命和建设事业献出生命的先烈们，从而让他们的革命精神世代相传。

清明扫墓祭祖是一件十分庄重的事情。祭祖时要衣着整洁，语言得体，否则被视为对先祖的大不敬。旧时扫墓要摆供品，供品主要由馒头、菜肴、米饭、酒品组成。馒头分两组，每组五个，下三上二摆放，其中上面两个一反一正。有的居民还习惯在馒头顶部点上单数黑星点。菜肴一般有鱼、肉、蛋、炸丸子等，必须取单数，多是三种菜或五种菜。供祭的米饭，要在饭碗上插一双筷子，如故去的是一位老人，则放一碗饭、插一双筷子；如是二老均故，则放两副碗筷。酒或饮料先是与菜肴馒头一起供在墓前，撤桌时，将酒水洒在坟头四周，再分别将碗碟中的菜肴用筷子夹出一块投进冥纸中，同时将两组馒头中最上边的一个投入冥纸中。

在摆供祭祀的同时，要在先人墓前行跪拜礼。跪拜的顺序，首先按辈分的大小排，高先拜、低后拜；同辈分中，按长幼排，长先拜、幼后拜。如儿子女婿同祭，则儿先拜、婿后拜。跪拜时先作揖，再三叩首至地面，这也是祭祖的最高礼节。清明祭祖扫墓与元宵节上坟不同的是，清明扫墓，家庭女眷也参加，特别是出嫁的女儿，清明节时都要到故去的父母墓祭祀一番，带去父母生前喜爱吃的食品摆在墓前，以寄托哀思，缅怀父母的养育和教诲之恩。但在跪拜时，不分辈分长幼，须待家族成员中的男性拜跪之后，女性成员再依辈分和长幼行跪拜，一般只一叩首即可。民间还有一个习俗，就是清明扫墓时除植树外，还要在先人墓门旁或坟冢旁栽植几棵大葱，寓意郁郁葱葱、后代兴旺发达。

由于清明节最原始的来源是纪念介子推的，因此这一天上坟是不烧纸焚香的，这种传统节日的文化内涵我们应该继承下来。其实，除清明外的其他祭祀活动也不应烧纸焚香，以免引发山火。要提倡文明祭祀，依法行事。在这些方面，市政府和消防部门有明文规定。寄托对先辈和亲人的哀思，不一定非得上坟烧纸不可。对父母和长辈尽孝，主要应表现在老人生前的膳食供给和精神抚慰上，死后的厚葬重祭是无法弥补生前的薄养慢待的。那些在老人生前不亲不孝、不养不顾，而在老人故去后试图通过狂热祭祀来弥补心灵歉疚的做法实际上是毫无意义的。

娱乐活动与清明饮食

在大连民间有清明放风筝的习俗。清明时节大地回暖，阳气上升，利于风筝放飞。旧时农村放风筝多是少儿的娱乐活动。风筝用竹篾扎成骨架，彩纸裱糊，棉线绳放飞，制作粗糙简陋。“文化大革命”期间，放风筝被视为旁门左道，城乡风筝销声匿迹。改革开放以后，丰富多彩的群众文化娱乐活

放风筝

动渐次兴起，放飞风筝重新回到群众的生活中来。风筝制作精美，用材轻巧并采用高强度的尼龙线做扯线。城乡文体部门多次举办放飞风筝比赛，使此项活动日趋火爆。放风筝，益于身心健康，风筝的制作还包含美学原理和物理知识。关于风筝的作用，还流传着许多故事，如春秋时公输班首创以风筝进行战争侦察活动；楚汉之争时，韩信让人坐在风筝上，乘风飞上楚营上空，唱凄婉的楚歌以涣散楚兵军心。这些生动的传说给放风筝注入了丰富的文化内涵。

清明踏青也是城乡居民喜爱的一种活动，漫长的冬季终于过去了，大地解冻，冰雪消融，草绿花红，到郊外沐浴春风观赏美景是一种美好的享受。踏青至现代称“春游”，此俗已有两千多年的历史。据《晋书》记载：每年农历三月初一至初三，人们外出踏青，颇为盛行。古代诗人曾留下许多咏清明踏青诗句，如“踏青归来马蹄香”等句都别有情趣。宋代诗人张光在《玉楼春》中写道：“龙头舴艋吴儿竞，笋柱秋千游女并。芳洲拾翠暮忘归，秀野踏青来不定。”吴唯信有诗句云：“梨花风起正清明，游子寻春半出城。”上述诗句是古代清明踏青的真实写照。

大连城乡清明节有特点的饮食是撒糕和蒸鸡蛋菜。撒糕是用黏高粱米面和大黄米面，加微量水，和成颗粒状，再一层一层撒在蒸锅里蒸熟即可。撒糕味香有咬劲，十分可口。蒸鸡蛋菜多是选用盐渍的大白菜切碎后与鸡蛋搅和并加肉丁、碎粉丝、调料，放在锅里蒸煮，其味道鲜美，别有风味。

端午节

农历五月初五是端午节，又称“端阳节”“重午节”“端五节”“蒲节”“天中节”“诗人节”“女儿节”。端午节是中华民族重要的民俗节日，以其久远的历史和丰富的文化内涵被列为国家级非物质文化遗产名录，同时被联合国教科文组织列为全人类非物质文化遗产项目。

起源

“端”即“初”和“发端”之意。据《太平御览·风土记》记载，农历五月初五是仲夏之初（发端），故称“端五节”。到了唐玄宗时，李隆基的生辰恰在五月初五，左台御史中丞宋璟为讨好皇帝，就明文规定讳“五”改“午”，之后“端五”节便称“端午”节了。记载端午较早的文献是南朝梁人吴均的《续齐谐记》和其同代人宗懔的《荆楚岁时记》，都记载了粽子及龙舟竞渡习俗的始源是纪念战国末期伟大的爱国诗人屈原。

屈原是楚国大夫，他站在楚国人民的立场上，看到楚国屡遭秦国的侵略，人民饱受苦难，多次向楚怀王进谏，要求对内彰明法度，举贤任能，对外富国强兵，联齐抗秦。怀工不仅拒谏，还将屈原流放边地。结果怀王被张仪骗到秦国，客死他乡，楚国割地献城，国力大衰。楚顷襄王继位后，屈原返回朝廷，爱国热情不减，仍上书顷襄王“近忠远佞，选将练兵”，可是顷襄王宠信奸臣，反将屈原削职流放。秦国见时机成熟，于公元前278年出兵攻占楚国郢都，楚国失地千里，百姓尸横遍野。屈原眼见救国无望，在极度悲愤和绝望中于同年的五月初五投长沙附近的汨罗江以身报国。据传说，屈原投江后，沿江居民向江中投放用楝树叶包裹的米团，以免屈原遗体遭鱼鳖抢食，同时竞相划动渔舟抢救屈原。有渔翁向江中倾倒雄黄酒，将江中恶鱼龙药晕后拖上岸剥皮抽筋，并将龙筋缠绕在孩童手臂上，意为以毒制毒。后来便演绎出端午节吃粽子、赛龙舟和系五彩线的习俗。

端午节《假冒钟馗图》

端午的“午”还与我国古代天干地支计数工具相关。因“午时”（上午11时至下午1时之间）古人称为“阳辰”，又因“五”“午”异字同音，故端午节又称“端阳节”；五月初五，两五重叠，又称“重五节”。端午的起源，除因纪念屈原之外，其始源还有多种说法。宋代的高承在《事物纪原》中认为，端午源于春秋时期越王勾践操练水军划龙舟、吃黏米食品而起；还有的认为是纪念春秋时楚人伍子胥投钱塘江的事迹；近代学者闻一多先生在《端午考》中提出端午节是龙的节日；更有的认为端午时节五毒（蛇、蝎、蜈蚣、蟾蜍、蜥蜴）出没伤人，是为恶日，故以插艾蒿、喝雄黄酒、挂僻邪饰物驱避之。不管端午节源出多少种，纪念屈原当是主流文化内涵。当然，在两千多年的发展过程中，作为一种独特的民俗文化，必然融入其他一些文化元素，除屈原的爱国情愫为主流外，端午节还融合了卫生、体育、民间工艺、风物传说等内容，可谓丰富多彩，很大程度上代表了中华民族的除恶、真善、和谐的是非取向。

南朝范晔所著的《后汉书·礼仪志》中即有“五月五日，朱索五色印为门户饰，以止恶气”的记载；《风俗通》中也有“五月五日以彩丝系臂，避鬼及兵，令人不瘟病”的相关记述。说明早在汉代，端午之俗已很盛行，至今已有两千多年的历史，充分显示了中华民族传统民俗文化的巨大魅力。

端午节饮食

吃粽子是端午饮食的主要特征。端午节吃粽子的习俗早在战国时期就十分普遍，秦汉魏晋更为盛行。至唐代，粽子已成为民间四季常食的美味食品。唐明皇有“四时花竞巧，九子粽争新”的诗句。宋陆游赞艾香粽子诗云：“盘中共鲜青菰粽，哀甚将簪艾一枝。”足见古人对粽子的喜爱。大连因为不是粳米产区，在粮食统购统销时代，粳米十分金贵，端午节包粽子多用大黄米。粽子角放大红枣，一方面可防止漏米，另一方面吃起来香甜可口，故枣粽子最受青睐且最为普遍。在困难时期，有的人家包粽子没有红枣，就用花生米或红豆替代，也别有风味。改革开放以前，粽叶少有销售，有湿地的地区，居民都是到苇塘里自采芦苇叶包粽子。新采的苇叶需下锅蒸煮后方能用，其味道清香，只是叶片较窄，需四五片排叠在一起才能包一个粽子。山区的居民没有苇叶，就采摘橡树叶替代。橡树随处可见，且叶片宽大，一个叶片即可包一个粽子，橡树叶粽子有一股独特的清香，至今大连北部地区仍有村民包橡树叶粽子，为其他地区所无。捆绑粽子用的是马莲叶子，其韧性强，在农村随处可取。包粽子、烀粽子技术含量都很高。粽子有三个角和四个角之分，当今一些老年妇女掌握这门技艺，年轻一代女性多数不会包粽子。烀粽子的关键是掌握“放水”火候，即粽子下锅后要添足水，用重物（一般用平板石块）将粽子压实，在烀的过程中，要根据火候，分几次减少压粽子的重物，称为“放水”，这样才能将粽子烀透，如不“放水”，烀出的粽子必定有硬芯儿。

古时端午包粽子

现代城市居民包粽子

端午节吃煮鸡蛋已是几千年的传统，也与纪念屈原有关。因为蛋清蛋黄泾渭分明，虽为一体却互不融混，寓意屈原清清白白、光明磊落的品格和神韵。旧时农村犹重五月初一的鸡蛋，俗信初一的鸡蛋不仅强身健体还能僻邪驱毒，故这一天产的鸡蛋都要做上记号，端午节时留给家中最幼小的孩子吃，以期盼孩子健康成长。端午节这天，学校里十分热闹，课间时，学生们纷纷把鸡蛋拿出来进行“顶蛋”游戏。顶蛋时用小头顶，胜者视为团团圆圆，败者视为破除病毒，故不管胜负均为吉祥。端午节除吃鸡蛋外，还吃鸭蛋、鹅蛋，实际上在困难年代，这也是改善生活的一种方式。

端午节居民家挂艾蒿与马猴等门饰

挂龙凤尾的小女孩

挂艾蒿、系五彩线与避五毒

黑豆人

端午节门户挂艾蒿和桃枝之俗大连城乡自古至今十分普遍。艾蒿一般在五月初一清晨太阳尚未升起时带露采集，俗信此刻艾蒿的气味达到峰值，更具驱虫效力。在古代农业经济时代，民以食为天，然而古代粮食匮乏延续了两千余年，故妇女儿童承担了采撷植物根叶补充食物来源的社会职责，经常遭受毒虫的袭咬而致病甚至丧命，所以防止毒虫叮咬成为人们生活中一件十分重要的事情。民间俗信五月是毒月，初五又是毒日，故此月多灾多难，要避五毒（蛇、蝎、蜈蚣、蟾蜍、蜥蜴）的侵害，否则孩子易夭折。有的地方妇女带小孩到河边把身上佩戴的僻邪物如布人、布狗丢入水中，意思是让小布人代替受灾，俗称狗“咬灾星”。端午节门户上挂艾蒿之俗正是古代人民生活状态的写照，相沿成习，流传至今，成为一种民俗文化现象。艾蒿上饰以艾虎、桃枝、石榴花、蒜头、龙船花，合称天中五端，传说可与五毒相克，有僻邪、驱毒，逃脱灾厄之意。端午节孩童系五彩线和佩带香囊又是一道风景线。此俗全国十分普遍，大连地区独特之处是，在五月初一这天，父母先给小孩手腕上系一根红线，到端午节再系五彩线。一般是端午节清晨孩子尚未起床，母亲就在孩子的手腕、脚踝、脚拇指或腰、脖子系上五彩线，将香囊饰以小扫帚挂在脖子上，俗信这样就可预防毒虫的叮咬，僻邪、祛病。至今系五彩线之俗已完全成为一种民俗活动，此俗作为一种文化符号，留给我们的只是对古代先民生活场景的回忆。

入　伏

大连民俗重入伏节。一般在农历夏至第三个庚日为入伏。伏即蛰伏，因季节进入盛夏，天气酷热，加之农作物处在生长旺期，农田活计较少，农民们可以稍事休息以避酷暑，故称为“伏”。入伏这一段时间是农民在经过紧张的春播夏管后相对宽松的时光，可以进行积肥或修理小农具等轻活计，也可趁此农闲串亲走友。此时正值小麦成熟，农村有吃面条的习俗，祈求正在生长的晚秋作物丰产丰收，并在体力上做些休整，以迎接秋收大忙季节的到来。

六 月 六

农历六月初六正值小暑前后，谷子开始秀穗，农民们盼望的劳动果实已成雏形。这一天，农民要逐块田察看谷子秀穗情况，若是秀得早、秀得好，预示丰收在望，否则希望渺茫。大连北部地区还有六月六吃橡树叶子包馅饼的习俗。

七夕图

乞巧节（七月初七）

七月初七是传说中牛郎织女相会的日子。此日傍晚，大人们会坐在院子里或打谷场上一边乘凉一边给孩子讲述牛郎织女银河相聚的故事。据说这一天见不到喜鹊，因为喜鹊都飞上天为牛郎织女搭鹊桥去了。俗信此日夜在黄瓜架下可听到牛郎织女及其两个孩子诉说离别之情的窃窃私语。因织女手巧，若能听到者，便心灵手巧，故将七月初七称“乞巧节”。现今，随着城市化进程步伐的加快，此类体现田园风光意境的传统节日，已悄悄地从人们的记忆中消失，只有中老年人还保留着儿时的一段情怀。

中元节（七月十五）

大连民俗称七月十五为“中元节”，亦称“鬼节”。本为佛教节日，旧时此日要举办盂兰盆法会，超度亡灵。居民多于街衢焚烧冥纸，祭奠死者。旧时金州城居民是日去西海之滨，乘夜色，将插有蜡烛的纸船放入海中，让纸船明烛随风飘去，以此超度亡魂。解放前，每逢此夜，金州西海纸船明烛在水波中漂浮晃动，灿若繁星，十分壮观。远海乡村居民多在此日上坟焚香祭祀亡故的亲人，其规模如清明。旧时中元节庄河一带富户有吃仙粥之俗。“仙粥”实为“鲜粥”，用大黄米、小黄米、核桃仁、大枣加梨条熬煮而成，盛夏之季食之有补元益气之功效。至今大连地区“盂兰盆会”之俗已消失，但中元节烧纸焚香之举仍盛，城市居民也依俗而作，翌日晨起，路口道旁灰烬摊摊点点，给居住环境造成一定污染，实与现代文明不相协调。

中秋节（八月十五）

中秋节是大连城乡秋季最为看重的民间节日，此日傍晚，明月升起之时，进行拜月、赏月、祭月活动，实为一家大团圆之日。古代，人们把农历每季的三个月和每月的三个十天，分别称为“孟”“仲”“季”。因为农历八月居秋季的正中，故称“仲秋”，十五日又居月之正中，故八月十五称“中秋”，又称“中秋节”。其间月色倍明于常时，故又称“明夕”。当月球运行到太阳和地球之间，跟太阳同时出没，人们就看不见月亮，这就是阴历初一，称为“朔”。当地球运行到月球和太阳之间，这天太阳从西方落下去的时候，月亮正好从东方升上来，人们便看见了圆月，这就是阴历十五，称为“望”。中秋节正当秋分，月亮显得又圆又亮。中秋之夜，独在异乡旅居的人，自然会想到家人的团聚，所以，中秋节也叫“团圆节”。

起源

关于中秋节的由来有三种说法：一说古代帝王有“春祭日，秋祭月”的礼制，秋祭在八月十五，因此日居秋季正中故称“仲秋”；二说古人因缺乏对宇宙天体的科学认识，将月缺月圆作为悲欢离合的象征，幻想月宫里有神仙菩萨，于是便拜祭之以保佑自己；三说古代长期战火连绵不息，造成许多家庭妻离子散，国破民穷，人民渴望团聚和幸福，故以月寄情，望月思乡，怀念亲人，于是派生出祭月之俗。据后人所著《玩月诗》序言中记载：冬天寒冷，不宜于户外赏月；夏季，天空常有浮云，月色的光辉被遮住；只有秋高气爽的中秋，才是赏月的好时机。每到中秋佳节这一天，夜幕降临，玉兔东升，千家万户便在庭院、楼台、地坪摆起月饼、瓜果等礼品祭月，待到明月当空，一家人在月光下赏月叙谈，分享祭月礼品。

关于中秋赏月，还有一个故事。据说很久以前，一杨姓人家有一童养媳，名叫姚六姐，她七岁便到了杨家，天天被逼着干活，一年到头，不得休息。有一年的八月十五晚上，婆婆以月色好为由，要姚六姐把七斤棉花纺成线再睡，可怜的姚六姐又累又困，一不留神就打了个瞌睡，等她醒来，天已近四更，而棉花还剩一大半，她又怕又急，伤心地哭着对明月说："月姐姐，求求您，让夜再长一点，让我纺完线你再走吧！"突然，一条龙船从月亮里钻出来，龙船渐近，只见嫦娥抱着玉兔坐于船中，姚六姐又惊又喜。嫦娥告诉她，说每年中秋节的晚上都会划船下来，送给苦难百姓一些金银，人们看见龙船就可以往家里搬东西，搬进去的东西都会变成金银，姚六姐赶快把纺车搬进了屋。结果当然不用说了，姚六姐棉花不用纺就成了线，她的纺车成了一架金纺车，婆婆此后也不敢再虐待她了。人们知道这件事之后，都希望也能在中秋之夜见到嫦娥的龙船，赏月的习俗便由此形成。每到中秋之夜，人们都会赏月到四更，才意犹未尽地回房休息。

中秋节饮食

中秋佳节，大连城乡居民与全国各地一样均有吃月饼的习俗。这也是中秋节的特色。

月饼，在很早以前叫"小饼"或"甜饼"。"月饼"一词最早见于南宋吴自牧的《梦粱录》。唐宋时期的月饼只是像菱花饼一样的饼形食品。北宋诗人苏东坡曾有"小饼如舞月，中有酥和饴"的诗句，那时的小饼与现代的酥皮月饼很相似。到了明代，《西湖游览志馀》中对月饼有进一步的描述："八月十五谓之中秋，民间以月饼相馈，取团圆之义。"明代文献《酌中志》说："八月，宫中赏秋海棠、五簪花。自初一日起即有卖月饼者，至十五日，家家供奉月饼、瓜果。如有剩月饼，仍收藏于干燥风凉之处，至岁暮分用之，曰团圆饼也。"到了清代，关于月饼的记载就更多了。《燕京岁时记·月饼》载："中秋月饼，以门致美斋者为京都第一，他处不足食也。至供月饼到处皆有，大者尺余，上绘月宫蟾兔之形。"

在我国民间关于月饼的传说，还有元朝反抗民族压迫的故事。

中秋赏月

中秋节的文化内涵

夏商时代我国出现并使用历法起，中秋的概念就出现了，最初是一种原始的宗教活动。每年的春秋两季，天子都要举行祭祀活动。春天祭日，在清晨太阳初升之时，秋天祭月，在明月升空之时，都是为了祈求风调雨顺，畜旺农兴。到了唐宋之际，文人们依据月亮的圆缺规律，开始将人间的冷暖、亲情与之联系起来，其团圆的内涵日渐突出，而原始宗教的内容逐渐淡化，最终，中秋节演化成团圆节、丰收喜庆节。这在唐宋文人作品中多有表达。苏东坡在他的《水调歌头》词中写道："人有悲欢离合，月有阴晴圆缺，此事古难全。但愿人长久，千里共婵娟。"苏东坡用这几句经典词句表达了中秋之时对久别他乡的兄弟的思念之情，抒发了强烈的与亲人团聚的愿望。此类诗句不胜枚举。一千多年来，中秋节作为团圆节的文化理念已深扎于民众心里，成为游子思乡爱国的文化表征。至当代，中秋节已被政府确定为法定公休日，说明民众的这种文化心理也得到政府的认可，从而成为建设中华民族和谐大家庭的一首美妙乐章。

重阳节

每年农历九月九日是重阳节。重阳节在大连地区城乡属一般性传统节日，有佩茱萸袋、登高饮酒之俗。

起源

重阳节是中华民族的传统时令节日，源于《易》。《易》以阳爻为九，定为阳数。日月逢九，两阳相重，故农历九月初九日称"重阳节""重九节"。

过重阳节的历史可追溯到西汉时期。据《西京杂记》记载："汉武帝宫人贾佩兰，九月九佩茱萸、食饵、饮菊花酒，云可令人长寿。盖相传自古，莫知其由。"可见，这个节日自诞生之日起，人们并不十分谙悉其内涵，只有佩茱萸、饮菊花酒的习惯而已。久之形成定规，相沿成俗。茱萸又名越椒，味香烈，可入药，有驱虫、除湿、逐风邪、治寒热、利五脏等功用。菊花酒是用菊花做配料酿制的酒，俗信饮此酒可延年益寿。唐代诗人在《秋兴》中写道："避邪茱萸囊，延年菊花酒"，是对重阳节的形象写照。

重阳登高之俗汉代就已流行，又称"茱萸会""茱萸节"，据《续齐谐记》载："汝南桓景，随费长房游学累年。长房谓之曰：'九月九日汝家当有灾厄，急宜去，令家人各作绛囊，盛茱萸以系臂，登高饮菊酒，此祸可消。'景如其言，举家登山，夕还家，见鸡狗牛羊一时暴死。长房闻之曰：'代之矣！'今世人每至九日，登山饮菊酒，妇人戴茱萸囊是也。"这则传说表达了古人祈求消灾避祸的愿望。随着时代的发展，重阳节注入了民族文化的内涵。魏晋南北朝时期，重阳节已成为高官显贵、文人学士饮酒会友祈祷的盛会。魏文帝曹丕在《九日与钟繇书》中写道："岁往月来，忽复九月九日。九为阳数，而日月并应，俗嘉其名，以为宜于长久，故以享宴高会。是月律中元射，言群木庶草，无有射而生。至于芒芳菊，纷然独荣。非夫含乾坤之纯和，体芬芳之淑气，孰能如此？故屈平冉冉之将老，思食菊之落英，辅体延年，莫斯之贵。谨奉一束，以助彭祖之术。"这大概是对重阳节最好的诠释。

历代诗人都喜欢重阳登高赋诗，最著名的当属唐代大诗人王维的《九月九日忆山东兄弟》。诗中以炙热

重阳登高图（清）高岑

的情感写道：“独在异乡为异客，每逢佳节倍思亲。遥知兄弟登高处，遍插茱萸少一人。”诗中“每逢佳节倍思亲”句被世人传颂千载而不衰。宋代时称茱萸为“避邪翁”，称菊花为“延寿客”，并演绎出一些风俗。重阳还与气候有一定联系。谚云：“重阳无雨为十三，十三无雨一冬干。”至明代，制作菊花酒已十分讲究，其做法是用菊花煎汁，同曲、米一起酿造，加地黄、当归、枸杞等中药混合配制。医圣李时珍对此十分赏识，称菊花酒具有“治头风，明耳目，去痿痹，消百病”的疗效。

重阳饮食与登高之俗

前述之《西京杂记》中所说之“饵”是指糕点。缘起于古时平原地区无山可登，重阳节时制作一种糕点，插上彩色三角旗以示登高（糕），久之便成为一种传统食品。明清之后，重阳花糕更为普遍，多是以糖面为之，中夹细果。

大连地区傍山濒海，重阳登高爬山之习久盛不衰。秋高气爽，登山远眺，既可饱览盛世山光水色，又可排解酷暑遗留的郁躁和湿沥，心旷神怡。

“文化大革命”期间，受“左”的思想影响，人们正常文体活动和民俗活动被视作“封资修”而遭禁止，故登山、佩茱萸习俗一度销声匿迹。

改革开放以后，九月重阳节登高之俗重新兴起，其原始含义已不被人们所重，主要目的乃锻炼身体陶冶情操，从而成为一项全民性的、健康有益的活动形式。九月重阳节期间，大连城乡还经常开展规模宏大的金秋菊花展（赏菊会），为城乡居民的生活描绘出艳丽的一笔。

重阳节演变为老人节

重阳节月与日均占“九”，而九在数字中又是最大数，有长久、长寿的含义。随着时代的发展，又赋予重阳以新义。改革开放以后，人民生活水平提高，社会风气端正，政府顺应民意，将传统与现代巧妙结合，把每年农历九月九日定为老人节，成为尊老、爱老、敬老、助老的老年人的节日。各机关、团体、街道，往往都在此时组织从工作岗位上退下来的老人们秋游赏景，或临水玩乐，或登山健体，让老人们的身心沐浴在大自然的怀抱里。不少家

寿星

庭的晚辈也会搀扶着年老的长辈到郊外活动或为老人准备一些可口的饮食。老人节的设立，助推了爱老、尊老社会风气的发展，使中华民族传统孝道有了法定的展示空间。

十月朔

农历十月初一，大连农村居民称之“送寒衣节”，又称“十月一”。旧时大连民间有剪裁五色纸衣及焚冥纸烧香祭祖之俗。解放以后，剪五彩纸制衣冠之俗渐废，但城乡居民在街衢焚香烧纸之俗犹存，也有少数居民在十月初一上坟祭祖。

冬至

冬至亦称“过冬”，是二十四节气之一。每逢此日，农村居民多是蒸包子、馒头之类食品，谓之“蒸冬”。农谚云：“过冬不蒸，扬场无风”，“过冬不蒸不发”。俗信过冬日蒸制食物会给家庭带来好运。旧俗出嫁尚不满三年的女子，如住娘家，须在冬至前回夫家。此日为交九，故旧时农村有贴《九九消寒图》之俗。解放后，居民除在此日习惯蒸包子外，其他积习已废。

腊　八

“腊八”即农历腊月初八，腊八的主要习俗是家家户户吃腊八粥，城乡同俗。腊八粥顾名思义是用八种粮黍米豆做成粥，早晨或中午食用。八种粮黍米豆无一定品种要求，只求八种即可，大部分是从大米、小米、黄米、麦粒、高粱、花生、黄豆、红豆、绿豆、玉米糙子、蚕豆、豇豆、黑豆等粮豆中选用出八种煮粥。

起源

关于腊八的来历，一说是“腊”即合之意，在新旧年衔接之际，举行天地神灵加祖先一起的合祭，古时称“腊祭”。另说是腊八习俗与佛教有密切关系。传说释迦牟尼在成佛之前，由于劳累和饥饿晕倒在荒野之中，恰好被

吉祥葫芦

一个牧羊女见到，牧羊女用家中残存的黏米、糯米和杂豆加野果子煮成一锅粥，一口一口地喂给佛祖吃，吃完之后顿觉元气恢复，精神大振，并于腊月初八日得道成佛。从此以后，逢腊月初七夜，寺院僧侣都取清新谷果，涤净器皿，到天明时熬成熟粥，以供奉佛祖并举行群僧集会，育经演法，喝腊八粥，以示纪念。中国僧侣喝腊八粥始于宋代，已有着1000多年的历史。《天中记》载：宋时东京十二月初八日，都城诸大寺送七宝五味粥，谓八宝粥。不仅朝廷官府寺院制作腊八粥，而且民间也争相效法，广为流传。

腊八风俗

大连地区过腊八吃腊八粥之俗清末即已盛行。腊八前一天即把所需之粮黍米豆用水浸泡待用，腊八晨起家庭主妇便煮成香喷喷的腊八粥。如果分馈给亲友食用不能过午。腊八在民俗节日中虽不属重大节日，但旧时居民对腊八节也十分重视。有一句民谣“小孩小孩你别馋，过了腊八就是年”，意思是，腊八一过，年关就要到了，家家户户便开始筹办年货，给孩子和家庭成员制作新衣装，节日气氛渐而浓烈起来。待到腊月二十三过小年（祭灶神）时，实际上就进入到一年中最盛大的节日——春节的铺垫时间段了。近年，居民对腊八的本义并不十分关注，吃腊八粥只是以应节令而已，城乡居民只是象征性地煮制杂米杂豆饭以调剂生活。

农耕

米谷瓜果馈赠的芬芳

大连地区农村居民，绝大多数是在清朝早期由山东、河北、江浙沿海一带北上闯关东的移民后代，也有一部分是清初由北京派来金州、旅顺戍边的八旗兵员后裔和由长白山一带移来定居的满族游猎居民后裔。这种多元化的居民构成，表现在农事耕作方面则呈现出五彩缤纷的传统和习俗。

农耕生产

串换种子

每年秋收时，农家都要挑选颗粒饱满的粮谷、豆类留作种子，善加保管在通风透气无鼠虫害之处。春耕之前，亲戚邻里之间便开始串换种子，其方法是以粮换粮、以豆换豆或粮豆互换。这种习俗的好处是，通过串换减轻了种子退化的程度，串换地越远越佳。

大连南部地区种子串换量较大的有大豆、谷类、地瓜、土豆等。金州大魏家后石村石灰窑子屯产的地瓜皮薄、肉质好、红瓤甘甜，周边三十里的农民都闻名到那里串换。现今种子多由种子公司经营，农民需要的种子多从种子公司购买。

清明慰劳耕牛

耕牛被农民视为家中一“口”，是一家人的臂膀，耕地拉车，一年四季都离不开。每年清明节这天，也就是春耕大忙季节开始之前，养牛的农家都要用煮熟的高粱米喂牛，让牛饱餐一顿，再将牛角涂上红色，让牛光彩一番，以示慰劳，因为接着繁忙的田间农活便开始了。

农忙送饭到田

农村有“春争日，夏争时”之说，指春种和夏收这两个季节最忙，农活时间性很强，播种不及时或收获不及时都会影响收成。所以住处离田间较远的农户，为了节省走路时间，都是由家妇将做好的饭菜送到田间地头给干活的人吃。一般是早晨和午间送两次饭，也有加送间食（贴晌）的。在农忙的关键日子里，农民天不亮就下地干活，干在田间，吃在地头，直到太阳落山才能回家吃饭。

拔麦增餐

俗语“縻熟一朝、麦熟一晌”，指的是縻子、小麦等作物如不及时收割，便会籽粒脱落丰产而不丰收。故麦收季节劳动强度大、时间性强。为了保证劳动力的体力，拔麦子这天，参加拔麦子的都享受吃五顿饭的待遇，即早、午、晚三顿外加上午和下午的中间饭（也有叫“间食”的），而且饭菜质量好，有能“垫饥”的干饭、肉等。

收割

插犋捎地

插犋又称“搿犋”，是一种农户之间以畜力互助为主的劳动形式。在自耕农时期，大牲畜大多是半年闲，多数农家只能养一头（匹）牛（马），农忙时两户或几户农民将各自的单畜合成一犋（两头牛或两匹马拉一台犁、车），或耕地或拉车，各户轮换作业。无畜的农户则以人工抵换畜力，解决无畜的困难。插犋这种生产形式多发生在邻里关系较好或有亲戚关系的农户之间。解放初期，在实行互助组之前，农村就有插犋形式出现，有些农户因插犋关系而形成插犋组。农村中还有些既无畜力又缺劳力的农户，就把自家土地找畜力较富裕的农户代耕，谓之“捎地”。捎地的报酬有的是付钱，有的是秋后付粮食或饲草。

栽瓜种豆

昔时农民播种完大田之后，为了充分利用土地，就在房前屋后空隙地栽瓜种豆。农村有“山青葫芦，地青瓜”之说，即山变绿了就可种葫芦，大田作物小苗出来了，则是种瓜的适当季节。谚语云：“种瓜发家，种豆吃肉。”种瓜种豆既可解决平时吃菜之需，又可绿化庭院，美化环境。入夏之后，农家院中多是藤蔓绕架，瓜果飘香。

耕地起垄

入伏挂锄

“入伏”前后，农田作物耙锄结束，加之雨季到来，农民该歇口气了，谓之“挂锄”。其间，天气炎热，阴雨连绵，农民习惯“歇伏”，即在一个时间段里基本不事农作，或维修农具或休息娱乐，是农民一年中最悠闲的时光。歇伏时间长短视农活的松紧情况而定，一般在20天左右。解放前，歇伏期间，伙计（长工）可以离开主人家外出逛逛，也可以留在主人家帮助干点零碎活。这期间也是农民寻求文化娱乐生活的最佳时节，利用村头、树下或茅草棚请说大鼓书（评书）、唱驴皮影等的民间艺人表演，也可到附近城镇观看野台戏，其祥和、古朴的气氛令人回味无穷。

不撅腚栽葱

大连地区旧时有一种说法：“栽葱撅腚，辣的要命”，意思是说撅屁股栽葱辣气太冲。故农家栽葱时习惯蹲着栽。其实葱是否辣与栽葱的姿势并无关系，可能与栽葱的深浅略有关系。尽管上述说法没有什么科学依据，但大家还是约定成俗，代代相传。

瓜果李枣 谁见谁咬

在瓜果香、桃李熟的季节，不管谁家瓜田李桃，只要主人在场，便可随便品尝，不需付酬。有时主人会主动请客人尝鲜，称之为“瓜果李枣，谁见谁咬”。但主人不在场时摘食人家水果便被视为不道德的偷窃行为，所谓“瓜田不纳履，李下不正冠”，即指此而言。

三春不如一秋忙 闺秀小姐下厨房

农村秋收季节是一年中最忙碌的时节，一家老少中除失去劳动能力者外，都要参加力所能及的劳动：壮劳动力收割，老人孩子看场院或捡拾地里散弃的粮豆，或到田间送饭送水。富人家小姐秋收时也要下厨做饭，替换灶上参加秋收的灶妇，故称“三春不如一秋忙，闺秀小姐下厨房”。

帮工打场

农村打苞米（玉米）是一项劳动强度大、时间要求急的农活，其传统习惯是某一户定于哪一天打苞米，要根据苞米仓子的大小，预计好用工量，需在头一天到左邻右舍或亲戚家约好帮工，第二天早晨把帮工请到家里吃早饭。打苞米时一人一把连枷，将仓子里的苞米放到场院上，一起拍打脱粒。苞米要在一个上午全部打完，下午开始扬场（净），傍晚时将扬净的苞米用袋子装盛，扛进家中的粮囤里。晚上，主人家要用好酒好菜招待帮工，一是对大家表示感谢之情，二是庆贺一年的劳动成果装进粮囤。改日，再约定到另外一家打苞米，互帮互助，同享丰收的欢乐。

换蛋抱鸡

旧时农户都是自家孵化小鸡雏饲养。每年春季气温回升时，若发现自家有母鸡蹲窝时，农妇则要走家串户到养有公鸡的人家去串换鸡蛋(以蛋换蛋)，用自家的母鸡孵（抱）小鸡。遇有这种情况时，邻居们都能热情帮助，互相关照。

脱谷

盛粮入仓

昔时粮食在脱粒入仓(囤)时,都要用口袋盛粮,一袋袋地装入仓(囤)内。口袋有定制,一般用帆布制作,长约4尺、宽约1.5尺,一袋盛3斗,约66公斤。盛满后扛粮人(棒劳力)手握口袋嘴(口部),独自扛上肩,从场院扛到家倒入仓(囤)中。每人来回扛了几趟都要记住数,最后将扛粮人总袋数合在一起,便知道共产了多少粮食。这是旧时农民最简便易行又比较准确的计算入仓的方法。

农耕信仰

填仓

填仓亦称“填囤”。农历正月二十五,农村家家户户做黄米干饭改善生活,同时盛一碗供在粮仓或粮囤里,碗里插一双筷子,供奉“神虫”,祈求年景丰收,秋后能把粮仓(囤)填得更满。

伺犁

每当大地回春耕地解冻时,农民便要套上牲畜耒惧先在田间耕一个来回,谓之“伺犁”,即试犁的意思。有的农户在伺犁前还要烧上几张纸,以祈求一年中风调雨顺、人畜兴旺、庄稼丰收。

犁

瓜田盖小庙、种花

每当甜瓜（俗称“香瓜”）快要成熟的时候，瓜农都要在瓜田的地头地脑选一个地点，用几块石板或砖头盖个“小庙”，庙前种几株凤仙花（俗称“假桃花”）。其意思是供瓜神欣赏，保佑多结瓜、结好瓜。也有人认为瓜田栽假桃花是因其红艳又有特殊气味，可以驱蛇。此习相沿成俗至今仍兴。

祭虫王爷

旧时农民缺乏科学知识，遇到蝗虫或夜盗虫（黏虫）成灾便束手无策，认为是“虫王爷”降灾，便到田头烧香焚纸，祈求虫王爷消灾。解放以后，随着科学知识的普及，主要是通过药物防治病虫害，祭虫王爷陋俗已被彻底废弃。

忌孕妇进场院

旧时农民迷信场院有“场神”，场神若是高兴，粮食就会越打越多。场神见到孕妇身怀六甲就要回避，粮食就要少打，故不让孕妇进场院。实际上，场院活非扬即簸，哈腰的活非常多，不让孕妇进场，乃是对孕妇的一种保护。

忌说“了”“不满”等字眼

旧时农民在粮食下场和装囤时忌说不吉祥的话语，如粮食下场时不能问“了没了”，不能说“快了啦”等带“了”字的话；粮食进囤时不能问“满没满”，也不能回答“不满”等带“不满”的话，意思是怕粮食被说跑了。

粮囤放“神虫”

大连地区农村每年春节蒸馒头时，必蒸几个蟒蛇盘伏状的“神虫”，每个粮囤里放几个，祈求神虫主宰粮囤，让粮食吃不完。这种习俗从一个侧面反映了农民对缺粮的忧虑和对粮食的珍惜。

牛棚与粮仓

不吃净囤底粮

旧时农民无论如何缺粮，也不肯把囤底吃光吃净，若吃光囤底则意味着穷到底了。客观上说，这也是贫穷农民所留有的一点余地，因为一旦家有病人或孩子，囤底粮总可救燃眉之急，表现了农民的淳朴和善良。

单日不踩酱

旧时农家吃的大酱都是自家制作。制作时多选择在农历腊月二、四、六、八等双数日子。先是把大豆烀烂搋成酱块，挂置在房梁上存放，待第二年开春时碾碎加盐放到缸里，发酵后即做成大酱，可食用对头一年。搋酱不取单日，是认为单日不利于酱麯酵母菌的繁殖，做出的酱味道不好。其实这是毫无科学根据的，只是一种口耳相传的习俗而已，实际上农民也并不全都是双日搋酱。

要命糖瓜与救命饺子

旧时买东西允许赊账，按规矩赊欠款要在当年年底前还清，对没有按时偿还的，商家要派人登门讨要。讨债的时间从农历腊月二十三过小年吃过糖瓜开始，到腊月三十（过大年）发子、吃过年饺子为止。这七天是欠债户最难熬的日子，无钱还债的只好外出躲债，七天不敢回家，故称“要命糖瓜，救命饺子”。躲过年关，债务就转到下一年了，可以慢慢地还。

新生幼畜戴红布条

在农村，新出生的马驹、骡驹、驴崽、牛犊等刚能站立时，农民会在其脖子上系上红布条，既有对幼畜的出生表示庆贺，也有避邪、祈求幼畜健康成长之意，因为它们的出生也负载着农民对生活的希望。此外，春节前夕农民还要在牛圈、马厩处贴上“牛羊满圈”“骡马成群”等春联，祈求六畜兴旺。

马驹

养护猪崽

不用槐木当檩柁

旧时农民忌“坏”字，因“槐”与“坏”谐音，故建房时不用槐树当檩柁。其实，重要原因是槐树易遭虫蚀不耐用。后来有人发明用沤制的方法，将新伐的槐树檩柁埋在厩圈或土中沤制一两年后，虫即不再腐蚀，其质地坚硬、价格便宜，后来槐木成为建房主要檩材。

八月十五庆丰收

大连地区农谚云："七月十五定旱涝，八月十五定收成。"其意是过了七月十五，这一年是旱年涝年已成定局；到了八月十五，是丰年歉年也基本成定局。不管丰年歉年，每逢八月十五日，农民都要举行家庭庆祝仪式。此日晚上，一家人把苹果、梨、葡萄等鲜果和月饼摆放在庭院桌子上，在明亮月光下举行"圆月"仪式，让月神品尝丰收果实，庆祝丰收祥和。祭月之后，全家人在月下尽享水果之甜美和生活之祥瑞。

分拣苹果

玉米丰收

猫冬

进入严冬之后，农民开始享受一年中一段难得的没有农活的时光。旧时“小雪”过后，田间及场院农活全部结束，伙计（长工）可以算账回家。农民可以利用这段时间串亲访友，或进城赶集，或待在家中干些零散活计，谓之“猫冬”。在旧社会，即便在猫冬季节，贫穷人家衣食无着，也要想着法子上山采石、打柴或做些零工以补贴家用。富人家则可无忧无虑地“猫”在家里避寒享乐。

物候民谚

大连地区物候期比较明显，城乡人民通过长期对动植物进行观察，从中找出动植物与农业生产的关系和规律，并作为指导农时生产的辅助手段。

动物

布谷（杜鹃）叫，种大田。

燕子四月末来，十月末去。

七九河开，八九雁来。

秋天大雁过后十八天有初霜。

窝懒（一种小鸟）巢筑在垄沟里主旱，在垄台上主涝，在垄坡上雨水正常。

螳螂卵在树梢上主涝，在树根上主旱，在树腰上不旱不涝。

蚂蚁搬家蛇过道，大雨就要到。

蜜蜂出窝天放晴。

蚯蚓拦道，三天雨到。

泥鳅浮起，天必降雨。

植物

桃花开，杏花落，播种大田没差错。

槐花开满沟，播种花生保丰收。

杏树开花，播种棉花。

杏堵鼻子种糜子。

头伏萝卜二伏菜，三伏种荞麦（或芥菜）。

苹果（国光）开花五月五六日。

红玉开花五一前，国光开花五一后。

干枣涝梨。

六月六看谷秀。

老菰花开六个瓣，当年农业收成好。

正月梅花凌寒开，二月杜鹃满枝来。

三月杏花映绿水，四月桃花出篱外。

五月芍药红似火，六月荷花撒池台。

七月凤仙展奇葩，八月桂花遍地开。

九月菊花竞怒放，十月芙蓉携露来。

十一月水仙凌波开，十二月腊梅报春来。

二十四节气

二十四节气起源于黄河流域。远在春秋时代，就定出仲春、仲夏、仲秋和仲冬等四个节气，以后不断地改进与完善，到秦汉年间，二十四节气已完全确立。公元前 104 年，由邓平、落下闳等制定的《太初历》，正式把二十四节气定于历法，明确了二十四节气的天文位置。太阳从黄经零度起，沿黄经每运行 15 度所经历的时间称为“一个节气”。每年运行 360 度，共经历 24 个节气，每月两个。其中，每月的第一个节气为“节气”，每月的第二个节气为“中气”，“节气”和“中气”交替出现，各历时 15 天，现在人们已经习惯把“节气”和“中气”统称为“节气”。

二十四节气诀

为了记忆方便，人们取 24 个节气名中的一个字连接起来编成歌。

春雨惊春清谷天（立春、雨水、惊蛰、春分、清明、谷雨），

夏满芒夏暑相连（立夏、小满、芒种、夏至、小暑、大暑），

秋处露秋寒霜降（立秋、处暑、白露、秋分、寒露、霜降），
冬雪雪冬小大寒（立冬、小雪、大雪、冬至、小寒、大寒）。

二十四节气诗歌

同时，人们还编写了二十四节气诗，诗云：
地球绕着太阳转，绕完一圈是一年。
一年分成十二月，二十四节紧相连。
按照公历来推算，每月两气不改变。
上半年是六、廿一，下半年逢八、廿三。
这些就是交节日，有差不过一两天。
二十四节有先后，下列口诀记心间：
一月小寒接大寒，二月立春雨水连；
惊蛰春分在三月，清明谷雨四月天；
五月立夏和小满，六月芒种夏至连；
七月大暑和小暑，立秋处暑八月间；
九月白露接秋分，寒露霜降十月全；
立冬小雪十一月，大雪冬至迎新年。
抓紧季节忙生产，种收及时保丰年。

二十四节气含义

二十四节气反映了一年四季气候、物候的千变万化，为农事生产活动提供了依据。

立春："立"是开始的意思，立春就是春季的开始。

雨水：降雨开始，雨量渐增。

惊蛰："蛰"是藏的意思，惊蛰是指春雷乍动，惊醒了蛰伏在土中冬眠的动物。

春分："分"是平分的意思，春分表示昼夜平分。

清明：天气晴朗，草木返青。

谷雨：雨生百谷，雨量充足而及时，作物茁壮成长。

梯田

渡槽

立夏：夏季的开始。

小满：麦类等夏熟作物籽粒开始饱满。

芒种：麦类等有芒作物成熟。

夏至：炎热的夏天来临。

小暑：“暑”是炎热的意思，小暑就是气候开始炎热。

大暑：一年中最热的时候。

立秋：秋季的开始。

处暑：“处”是终止、躲藏的意思，处暑是表示炎热的暑天结束。

白露：天气转凉，露凝而白。

秋分：昼夜平分。

寒露：露水已寒，将要结冰。

霜降：天气渐冷，始有霜冻。

立冬：冬季的开始。

小雪：开始下雪。

大雪：降雪量增多，地面可能积雪。

冬至：寒冷的冬天来临。

小寒：气候开始寒冷。

大寒：一年中最冷的时候。

驴拉石磙脱粒高粱

二十四节气特征

种田天定例，全靠看节气。
立春阳气转，雨水沿河边。
惊蛰乌鸦叫，春分滴水干。
清明忙种麦，谷雨种大田。
立夏鹅毛住，小满雀来全。
芒种大家乐，夏至不着棉。
小暑不算热，大暑在伏天。
立秋忙打垫，处暑动刀镰。
白露快割地，秋分无生田。
寒露不算冷，霜降变了天。
立冬先封地，小雪河封严。
大雪交冬月，冬至数九天。
小寒忙买办，大寒要过年。

民间计时

旧时大连乡村居民用阴历计年月。沙俄和日本统治大连期间曾推行俄历与日本纪年，企图消磨中国人民的民族意识。九一八事变后，大连北部三县还被强行使用日本炮制的伪满洲国年号，但人们在日常生活中仍坚持使用中国农历（阴历）纪年月。大连解放后，公历（阳历）与阴历并用，以公历为主，农历仅用于农时及传统节日或潮汛。

公历

公历又称“太阳历”“新历”，是世界上多数国家通用的历法。公元前46年因由罗马大帝儒略·恺撒始创，所以又称为“儒略历”。1582年，罗马教皇格列高利十三世命人对儒略历进行修订，这种历法到了20世纪初在全世界被普遍使用，公历也因此而得名。我国是1912年开始使用，到1952年9月27日，中国人民政治协商会议第一届全体会议通过在全国统一使用公历纪年法。

公历是以地球绕太阳转一圈的时间（也叫“一回归年”）为一年。一回归年共有365天5小时48分46秒。由于它不是日的整数，所以除去尾数，以365天为一年，称为“平年”。每年余下5小时48分46秒，累计4年共余下23小时15分4秒，约等于1天。因此每4年就必须增加1天（加于2月之末），该年为366天，称为“闰年”。但按这种办法计历，4年后又多出了44分56秒，128年后又多出了1天，400年后约多出了3天。因此，公历闰年规定：公元年数可用4整除的才算闰年，公元年数后两位为零的（即是100的倍数时）须用400来整除的才是闰年，如1600年、2000年、2400年等为闰年，而1700年、2100年、2500年等则不是闰年。这样就把128年中多出的1天以及400年中多出的3天给巧妙地减去了。

公历一年定为12个月，1、3、5、7、8、10、12月为大月，每月31天；4、6、9、11月为小月，每月30天；2月，平年为28天，闰年为29天。对此，民间流行一首简便易记的歌诀：一三五七八十腊，每逢此月全是大；四六九冬三十天，唯有二月廿八。每逢四年加一闰，一定准在二月加。

农历

农历是中华民族创造的一种历法，又称“夏历”“中历”“旧历”，俗称“阴历”。定月的方法是用朔望月周期算出，朔所在日为初一，朔望月约29天半，所以农历大月30天，小月29天。农历平年有12个月，全年354天或355天，闰年为13个月，其中某一个月为闰月，月序以前一月名而定。如前月是8月，闰月则为闰8月。闰年全年383天或384天。设置闰月的方法是：农历月份中无“中气”的月份则为闰月。

农历月份的别称

一月：正月、端月、元月、征月、开岁、华岁、早春、孟春、新正等；
二月：命月、如月、丽月、杏月、仲春等；
三月：蚕月、桃月、桐月、季春、晓春、莺时、桃良、樱笋时等；

四月：余月、阴月、梅月、清和月、初夏、孟夏、正阳、朱明等；

五月：皋月、榴月、蒲月、仲夏、郁蒸、天中等；

六月：且月、焦月、荷月、暑月、伏月、季夏等；

七月：相月、兰月、凉月、瓜月、巧月、孟秋、初秋、早秋等；

八月：壮月、桂月、仲秋、中秋、正秋、仲商等；

九月：亥月、菊月、青女月、季秋、穷秋、抄秋等；

十月：阴月、良月、正阴月、小阳春、初冬、开冬、孟冬等；

十一月：辜月、畅月、仲冬等；

十二月：涂月、腊月、季冬、暮冬、残冬、末冬、嘉平月等。

旬

纪旬法是中国古代遗留下来的。人们把每个月的前 10 天称为“上旬”，当中的 10 天称为“中旬”，后 10 天称为“下旬”。但有的月份下旬不足 10 天或多于 10 天仍作为一旬。为了使所指的日期更加确切，有时又把一旬分为旬初、旬中、旬末来表示大致范围。

昼夜

一昼夜就是一日，是地球自转一周所需的时间，人们把它当作历法上的一种单位。一昼夜又称“太阳日”。地球自转时，向着太阳的一半时间为昼，即白天，背着太阳的一半时间为夜，即晚上。

时辰

我国民间把一昼夜划分为 12 个等份，计为 12 个时辰。以十二地支即子、丑、寅、卯、辰、巳、午、未、申、酉、戌、亥表示 12 个时辰。每个时辰 2 小时。同时，又将每个时辰分为 8 刻，每刻 15 分钟，并区分为上四刻和下四刻。现在国际通用的方法是将一昼夜划分为 24 等份，每等份为 1 小时，共 24 小时。时辰又可分为“初”和“正”。时辰的前 1 小时为初，后 1 小时为正。如 23 时叫“子初”，0 时叫“子正”；

1时叫“丑初”，2时叫“丑正”……旧时还有“五更”的计时方法，从黄昏到拂晓一夜分为五更，半夜为三更。

传统农具

传统农具主要有田间管理农具、脱谷农具、收割农具、运输农具、提水农具、储藏器具等，不分类记述如下。

1. 锄头

除草、松土工具，又称“长锄”。由锄钣、锄钩、锄把组成。除锄把系木制外，其余均为铁制。

2. 拉锄

除草、培土工具。由两把短锄并列组成。用畜力牵引，一天可铲地10亩以上，比人力提高工效三倍左右。

3. 手锄

由锄钣、锄钩、锄把组成，形状与长锄相同，只是较小，系铁制。适用于间苗、除垄眼杂草等。

4. 蹚犁

蹚地、起垄工具。木制部分是通用的弯弯犁，配件有铧子、耠子等。传统田间管理要蹚三遍地。头遍蹚深浅，用耠子；二遍蹚宽窄，用大铧子；三遍蹚高矮，用大铧子带蹚头板。

5. 镰刀

手用收割工具。有直形、弯月形两种。前者适于割玉米、高粱；后者适于割小麦、水稻。

6. 掐刀

梯形，薄钢板制成。上端钻有双孔，系绳，拇指伸于其中作业。用于掐高粱和谷穗。

7. 玉米钎子

有铁制、竹制两种。一头有尖，中间钻有双孔，系绳，作业时中指套入其中。用于剥掉玉米包皮。

8. 石磨

用花岗岩制作的将粮食磨粉工具。由上、下两扇磨和磨盘、磨芯子、磨棍子组成。用人或畜力推拉旋转磨面粉。

9. 碾子

谷类碾米脱壳、轧面的工具。由石碾砣、碾盘、碾框、碾管心组成。用畜力牵引。

10. 扇车子

也称“风车子”，清选谷物的工具。由木制框架、大风鼓、扇轮组成。用人工摇动。

驴拉磨

碾子

11. 点葫芦

播种谷子、糜子等颗粒较小作物的工具。主体由葫芦做成，用于盛种子，称“葫芦头”；下部横穿一中空木，称点葫芦脖子；中空木前端凿有方口，称点葫芦嘴子；方口周围扎炊帚草，称点葫芦须子。使用者一手提点葫芦梁，一手用木棍轻轻敲点葫芦脖子，使种子从点葫芦嘴里流出来，均匀地播到地垄沟里。

12. 粪撮箕、粪耙子

播种施肥的主要工具。粪撮箕用棉槐条或荆条编制，呈簸箕形。粪耙子用木板或铁板制作，呈梯形。施肥时，用粪耙子将粪肥扒进粪撮箕里，再均匀地撒到地垄沟中。

13. 拉爬子

播种覆土的工具。用一牛鞅式弯曲木板，中间安一扶手，作业时用一长绳分别系在拉子板和牵引抬杆上，扶拉爬子的人手扶扶手随犁前行，拉爬子板便把土覆盖到种子上。山地、平地均适用。

14. 土鳖子

播种覆土的主要工具。形似土鳖子。鳖体用一根长 60—70 厘米木料制成，背上面立 4 根木柱，用时装上石块；鳖体前部安有十字叉横臂，左右臂端向后连接弓形条木，头部有孔系绳挂在抬杆上。使用时，不用人扶随犁前行，弓形条便把垄帮土刮回垄沟里，给种子盖土。适用于平地播种。

15. 石磙子

填压保墒的工具。多用花岗岩制作，形似鸭蛋。由畜力牵引。

16. 脱谷石磙子

又名碌碡，用于谷物脱粒。由花岗岩石磙和木框组成。表面呈条状凹凸，由畜力牵引在脱谷场上回转，靠其压力完成谷物脱粒。

17. 连枷

木制。用生革或铁丝将四五根木条编制在一起，成板状（长 0.6 米、宽 0.2 米）。轴系一根细圆木，一端有帽，另一端从木把的顶部圆孔中穿过，固定在连枷把上端。作业时，双手大起大落轮动木把，桩枷旋转向下击打作物，使颗粒从秸秆上脱落。

18. 叉子

有木制、铁制两种。两股木叉是选取自然成形木材制作的，叉与把一体；两股铁叉形状与木叉相似，不同的是叉为铁制、把为木制。主要用于脱谷物时堆垛、铺场、翻晒、翻捣秸秆等。

19. 木锨

由梯形柳木薄板和木制锨把组成。主要用于扬场，以凭借风力清除谷物中糠皮、泥土和杂物。

20. 搂耙

木制。耙头有 25—30 厘米长、8—10 根木制耙齿，形状与整地铁耙相似。主要用于脱粒时搂刷谷中细碎茎秆和搂积谷物秸秆。

21. 扫帚

有草制扫帚和竹制扫帚两种。用于清扫脱谷场和掠去谷物中的杂物。

22. 筛子

有竹筛子、铁筛子两种。用于筛除谷物中的泥土、杂物和筛选大小不同的颗粒。

23. 簸箕

用脱皮柳条编制，木板做触舌。用双手颠簸，可扬除谷物中糠皮、杂质，也可拾撮谷物。

24. 撮子

有条制、木制两种。形状与簸箕相似，但比簸箕狭长，有梁。主要用于撮装粮谷。

25. 尖镐

亦称“十字镐”，钢制。一头为尖刃，一头为扁刃，中有椭圆孔，穿入木把，呈“T”字形。主要用于劈石垦荒，修筑梯田，放果树窝子，刨果树坑。

26. 翘杠

钢制，长1—1.5米。一端呈噘嘴形，一端呈扁铲形。撅石时，中间加一支点物，利用杠杆原理，用轻力可起重石。

27. 铁锤

钢制。大小有4、6、8、10磅不等。中有圆孔，穿软木把。可用于打炮眼、碎石。

28. 钢钎

钢制。可用于钻凿炮眼，放炮击石。

29. 辘轳

从井中提水的工具。木制。由固定柱、支承架、辘轳筒、辘轳轴、辘轳柄等组成。井绳一端固定在辘轳柄上，另一端拴上柳缶（柳条编制的）。缠绕在辘轳筒上的绳子，将柳缶送到井下装满水后，摇辘轳柄便可把水提上来。

30. 吊杆

从井中提水工具。木制。在井旁立一粗木桩，顶端横挂一根吊杆，吊杆下端挂水斗，另一端系块重石块。汲水时，把水斗的一端向下压，使水斗进入水中，再通过杠杆作用，用手稍一用力向上拉吊杆，水斗便被提上来。

31. 水车

从河、塘中提水的工具。有人力、畜力、风力三种，皆木制。因链条像龙骨，统称“龙骨水车”。

32. 犁杖

耕地、种地、蹚地、翻地的主要工具。由古代的石犁耜演变而来。因犁辕皆呈弯曲形，统称“弯弯犁”。构件有犁辕、犁底、犁把、犁梭、托头等。

配有铧子（耕地、开沟用）、耠子（蹚地用）、犁碗（翻地、打垄用）、蹚头（分土用，可用草把子代替）。以牛、马、骡、驴等畜力牵引。

33. 耢子

整地保墒工具。在木制长方形耢床上（长 1.2 米、宽 0.8 米），用硬杂木枝条并排编制而成。在早春土壤解冻时，以役畜牵引在垄上拖捞，可以拖平地表坷垃或垄沟，利于保墒蓄水。

34. 耙

松土整地工具。由耙床、耙齿组成。耙床是用 4 根方木做成的长方形木框；耙齿是用铁制成的方形长钉，分两排安装在耙床上。适于春耕、秋翻后耙地，可把地里坷垃耙碎，把土耙松。

35. 榔头

木制。由榔头、榔把组成。播种前用于打碎地里坷垃，利于碎土、保墒、保苗。

36. 大车

农村畜力牵引的主要运输工具。由车棚、车轮、车轴等组成。由骡、马、牛等牵引。有死头车、花轱辘车之分。

37. 手推车

20 世纪 50 年代以前，农村多用木制独轮车，后改为胶轮单轮车或双轮手推车。

38. 马架

又称“驴驮子”，是山区农村的主要运输工具。用木料制成双梯形木架，上端固定一块方木，放在驴背上面与鞍架啮合。驮运庄稼时，把作物封绑在驮架上。驮运土粪时，外加两个驮篓。

39. 筐

有挑筐、抬筐、粪筐等多种。用棉条、柳条、荆条等编制。适合装运小量物品，应用较广泛。

40. 扁担

独木制成。有挑扁担、水扁担、抬扁担等多种。

41. 镢头

翻地整地、起土刨粪工具。头铁制，把木制。分板镢、园镢、牙镢三种。板镢用于刨地勾垄，园镢用于菜园打畦，牙镢用于垦荒开田。

42. 铁锨

挖土、撮物工具。锨头钢制或铁制，把木制。有尖锨、方锨两种。尖锨用于挖土、翻地，方锨用于装卸粪土和拾撮其他杂物。

43. 铁齿耙（锹）

平地作畦工具。有8齿、10齿不等。耙头有横梁、上锻圆裤，安木制长把。主要用于菜园、麦田平地作畦。

44. 耘耙

多用榆木制造。部分地区用以开沟和玉米、高粱、谷子等垄上播种。用两头役畜牵引。

45. 种篓

枝条制。玉米、大豆、花生等作物捻种工具。使用者一手拎篓梁，一手捻种子。

46. 种斗

木制。呈斗形。玉米和大豆混种的捻种工具。中间加横隔，一面装玉米种，一面装大豆种。使用时，用布带系在脖子上，一手捻玉米种，一手捻大豆种。

47. 铡刀

为牲畜切割饲草工具。其构造有刀片、刀床和刀轴。作业时，1人坐在铡刀一侧入草，1—2人按压刀柄将饲草切断，劳动强度大，工效低。

48. 牲口槽子

饲喂牲畜盛装草料的容器。有木制、石制两种，木制居多。槽底窄上口宽，长方体，有四根木腿，立于圈中。

49. 草筛子

用竹皮或荆条编制而成。孔大，用于筛除饲草中的细末、泥土和添加饲草。

50. 料斗

条制，是浸泡饲料的工具。

51. 箩

加工磨制小米、黄米、高粱米等面粉的筛选工具。箩底网状，眼大者为粗箩，眼小者为细箩。

52. 笸箩

盛装谷物的用具。用当年生柳条去皮后编织而成。呈圆形或鸭蛋圆形，底端平直。

旧时木轮推车

纺线车及部分播种工具

生产用具、工具

53. 土仓子

圆柱形，立墙土质，仓盖和房盖相似，储粮谷用。为使地面通风良好，仓根垫置石块。

54. 柳条圆仓子

圆柱形，立墙用柳条编制而成，储粮谷用。内部抹泥，仓盖苫谷草。

55. 玉米搂子

为使玉米充分干燥，农村普遍使用玉米搂子。其构造是先立起木架，然后在距地面1.7米左右的横木上搭木板，周围用柳条、高粱秆或木板围起来（以玉米棒子掉不出来为宜），仓盖用柳条或高粱秆苫好。

56. 地窖

农村冬季贮藏蔬菜，较普遍使用地窖贮藏。在地下挖深2—3米、宽2米、长3—4米的方坑，上面搭木方，上盖高粱秆，然后覆上一层土，中央设出入口。为防白菜腐烂，贮藏一个月左右需捣动一次存放位置。

57. 囤子

用棉槐条编制的带底圆柱形盛粮用具，农村居民均有使用。

①

②

②

③

④

⑤

⑥

①斗笠
②蓑衣
③乌拉
④纺线车
⑤风箱
⑥熨斗
⑦香油石磨
⑧石臼子
⑨毛筒
⑩烛台

⑨

⑦

⑩

⑧

①

②

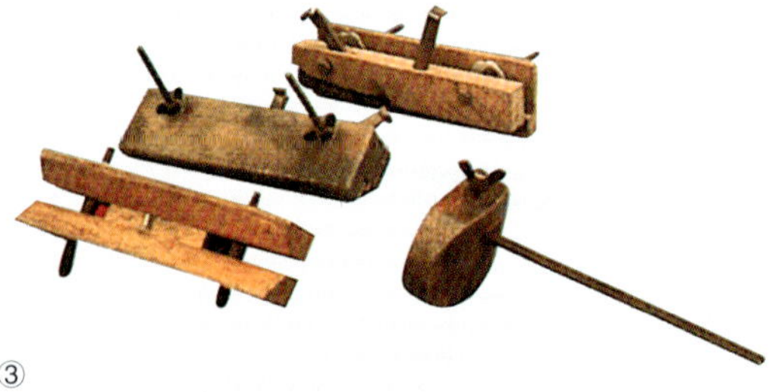

③

④

⑤

⑥

①推斧（刨子）
②熨斗
③木工用具
④瓦刀、锤
⑤筛箩
⑥筛箩挂
⑦笸箩
⑧簸箕
⑨水瓢
⑩葫芦头

⑦

⑧

⑨

⑩

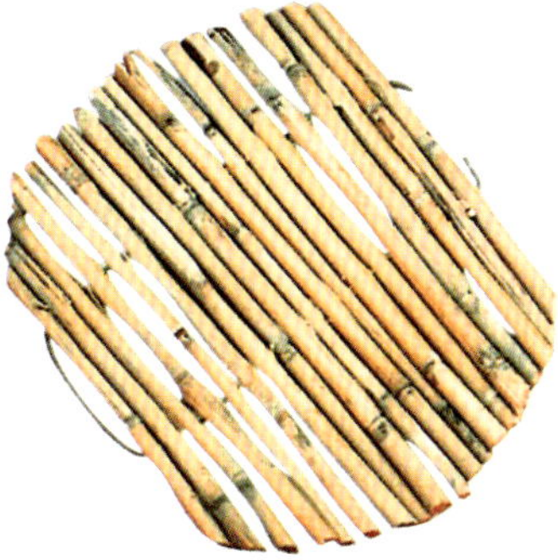

①

③

②

④

①盖帘　②柳条筐
③吊包架　④木钻
⑤饭盘　⑥棒槌
⑦帛吊　⑧袜板
⑨玉米穿子

⑤

⑥

⑦

⑧

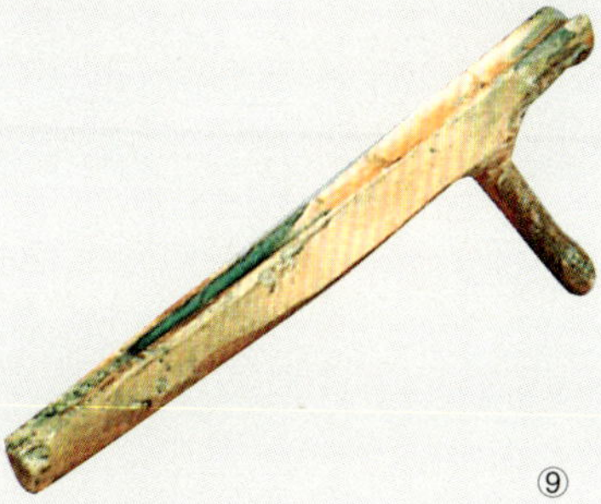

⑨

渔业

潮起潮落沉积的渔风

大连地区三面环海，有1906公里的海岸线、52.5万公顷近海水域，还有数以百计的岛屿。新石器时代，古人类绝大多数缘水而居，因为大海可以为他们提供取之不尽的鱼贝食物，这要比陆地狩猎来得容易且有充分的保障。到魏晋时期，大连地区沿海渔业已十分兴盛。在长期的生产实践中，渔民既从大海中获取鱼虾以维持生计，同时也由于大海的变幻莫测而派生出许多敬畏与崇拜的心理。在浩瀚的大海面前，渔民们始终充当着弱者的角色，在风浪的肆虐中，他们唯有祈求神灵的佑护，以逢凶化吉，遇难呈祥，长此以往便形成了一系列的渔业习俗，代代相袭。因事关行船安全人命关天之事，千百年来渔俗行规十分严苛，即使在“文化大革命”那样极“左”思潮泛滥的年代，渔民出海时照样祭神，渔家禁忌也不许突破，足见渔俗的巨大社会功能。如今，大连渔俗已成为一种特殊文化现象展现在城乡人民的生活中，成为地域文化百花苑中的一朵奇葩。

渔民生产与信仰

出海祭祀

渔民每年有两次歇渔时间，一是在冬季腊月，此间天寒地冻，无法下网。再是在夏季伏里，这正是鱼虾产卵繁殖季节，适当休渔可以保护资源以利生产；再则这个时季气温高，鱼品往往未及上岸便已腐烂，加之又是台风季节，出海危险系数增大，所以渔民多是利用休渔时节修船补网，为秋汛生产做好准备。

渔民出海捕鱼称“装网”。每次装网出海前都要举行庄重的仪式，以求平安、丰收。祭祀仪式首先举行挂旗。旗一般为方形，上面书写八个大字：“天后圣母，顺风相送”。旗悬挂在桅杆顶上，称作“门旗”。届时，渔港内渔船连排，门旗猎猎，十分壮观。挂旗后，接着举行整猪祭龙仪式。祭祀所用猪要选择无杂毛纯黑毛猪，宰后用开水烫煮去毛，再扒开猪内膛

渔家夫妻船

祭海

取出水油蒙在猪头上，用色染红。然后敲锣打鼓将祭猪抬到龙王庙供奉一下，之后抬回船上供祭，仪式过后由伙夫烹饪聚餐。在供祭过程中船家面向大海焚香烧纸。

20 世纪六七十年代以后，风帆船大多改造成机帆船或机动船，并以集体所有制的形式生产，故出海祭祀一度采取召开渔民出海动员会的形式代替。80 年代以后，渔船逐步承包到户、到人。至 21 世纪初，沿海渔区船舶几乎全部由个体经营，旧俗出海祭祀仪式重新兴起，且规模远远超过旧时。渔家虔诚祭海，意在祈求出海平安、丰收，同时营造声势，吸引鱼商，为生活增加色彩。

船上规矩

旧时，船家养的船可分为大风船、榷子和舢板三大类。其中大风船有三个桅杆，体积大、载重多、续航能力强。每船约有十名船员，讲究也比较多，船老大即一船之长，船上所有活动都要听命于船老大。休渔后第一次出海，所有船员都要在腰上系上红褡布，以示避邪。在船上要坐有坐相、站有站相，严禁蹦跳、背手、吹口哨等不规矩行为。船头、船后检缆木桩不准坐。船上人与人之间长幼有序、资历深浅有别。吃饭时，出锅的第一碗饭要给船老大，这是千年不变的规矩。用餐时，船老大，二老大及年纪大、资历深的伙计围坐在后蒙子上吃，边吃边唠，有酒下饭。小伙计则蹲在伙舱周围吃。船老大不动筷子，其他人不能先吃，渔家称之为“不吃锅头饭”。

在船上解手，绝不允许在船头或上风头。解大手时到船尾指定地点行方便，解小手也要守规矩：早不朝东、午不朝南、晚不朝西、永不朝北。因为渔家将北斗星作为导航星，朝北小便则为大不敬，船会迷失方向。如果晚上做梦，早晨起来不能对别人说“做梦”，因为渔家认为梦是阴间的事情，说做梦不吉利，实在要说，则说“逛景了”。

驶船规矩

旧时风网船出海时，猪心是必备之物，第一餐时按人分份下酒，意在大家一条心，心往一处想、劲往一处使。第一网打上来的黄花鱼，要挑选出四条个大不缺鳞的烹炖好后盛放在船头供祭龙王，同时烧香焚纸鸣鞭炮，全体船员跪拜，祈祷鱼虾丰收。祭祀仪式结束时，将供祭的四条黄花鱼倒入大海，寓意四季发财。

船在海上航行时要讲究礼让，两船相遇，顺风让逆风；晚上航行或停泊，要点亮桅杆灯，让对方辨认；雾天航行，要不时地敲打铜锣以传递彼此的方位，以防船只碰撞。船抛锚后，要带锚位浮漂，以防误伤来往船只。过往船只相遇，要相互打招呼，问“吃饭了”以示谦让。船下网作业，后下网的让先下网的，彼此决不拦人网头。海上拾到网具，宁肯贻误一刻鱼汛，也设法告知临近船只。海上若碰到遇险船只，必尽全力救助。

海上作业时若发现鱼群，忌大声说话或弄出响声，用手势或头势向船老大通报信息，然后按船老大指挥下网。作业时看到海龟，不能用手相指或大声喧哗，也不能称“鳖”或“龟”，而称“大元帅”或“老元他老人家”，同时焚香烧纸以示尊崇。渔船满载丰收归港靠岸抛锚时，要高喊“给锚了！”示意龙王闪开，别伤着。

海上遇险时，要向海神娘娘许愿，脱险后绝对信守诺言，到庙上还愿。其形式各异，有送灯的，送船模的，送猪羊的，还有请戏班子到娘娘庙唱戏感恩的。

拉坞修船

不论何种船只都要进行定期维修，称之“拉坞”。拉坞一般在冬季休渔期或夏季休渔期进行。

装网备渔

船拉坞要趁大潮的满潮顶进行。旧时港坞无电力亦无机械，拉船上坞全靠人力，其场面极其壮观且热闹异常。拉坞的主要工具是绞关。先将绞头固定在岸沿处，牵引绳索另一头拴在船上，船下方垫木方或滚木以减少船体与沙滩的摩擦力。拉坞时转动绞关，为防止船体倾斜，除绞关绳索为主力外，还要设几道绳索由人力牵引。拉坞时人力喊号者立于船头，挥动衣物，有节奏地喊：“嗨哟！走哇，走哇！嗨哟走哇走！……”众人随和，其声

上坞维修

响惊天动地。众人齐心合力，船便一寸寸被拉上坞。

在修船时节，船坞一派热气腾腾的景象：木匠铺、铁匠炉、灰碾子一应俱全，木匠、铁匠、捻匠是最主要的三种匠人，锤声、斧声、钜声、凿声此起彼伏。船修好后，赶到大潮时，用其他船将上坞的船拖下海，开始了下一个鱼汛的生产。

捻船

捻船即对新建的木船船板之间的缝隙用油泥混合麻丝进行捻堵，使之滴水不渗不漏。此外，木船在使用了几年之后，船板之间便会因风浪拍击而穿线裂缝，这时就需把原先已凝固的油泥碎块从缝隙中抠出来重新捻堵。因为捻船的质量关乎渔船的安全，历来受到沿海船家的重视，故无论是新船下水前的捻缝还是旧船维修捻缝都要举行一些仪式。

捻船是一项慢工细活，一般是组成一个班底（3—5 个不等或更多），捻匠的工头称“笮头”。船主在捻船之前要对笮头进行选择，主要相看笮头的生辰八字是否与船主相合，若相克则另选。捻船的用料主要有桐油、生石灰和麻丝。生石灰须用高品质的，泛开后与桐油混合，用石碾子反复碾轧成膏状备用，麻丝则须采用韧度相当高的线麻。这些均需笮头亲自制作备料。

捻船的第一道工序是“搬吊”，即将船体侧翻或整体翻转使船底朝上。因船家忌“翻”字，称此举为“搬吊”。搬吊后，用桩子或木架将船体固定牢靠。正式捻船作业前，船主焚香烧纸，进行祈祷，并杀公鸡迎风滴血以求避邪免灾。接着燃放鞭炮以示敬重求得吉祥，船主给笮头用于锤击捻凿的斧子把柄上系一条红布条，称为“挂红”。仪式结束，船主首先摆酒席宴请捻匠，宴罢则捻船正式开工。第二道工序称作“刹缝”（溜缝），即将船体所有板缝清理一遍。第三道工序也是用时最长、技术含量最高的捻缝（又称“布麻”），即捻匠向板缝里填塞麻捻，是捻船的核心内容和关键环节。布麻前，按渔俗行规，船主要用红纸包钱敬奉笮头，称之“布麻礼”，足见船主对捻船的重视。布麻有严格的程序，首先搓麻捻，即用桐油将麻丝束浸透，然后搭油，即用小刷子将桐油刷进船板缝中，而后抹灰，即把调好的泥灰膏抹进板缝中，接着布麻，即捻麻。捻麻有“三口青麻”之说，即用凿子将麻捻分三次嵌入板缝深层。捻麻时每布一层麻就抹一遍灰膏，并用灰匙反复在抹缝处敲打，

歇渔季节捻船备海（舢板）

捻船施工（渔轮）

以便使灰泥在板缝中充满所有的空间，使船板与捻缝浑然一体，牢固不渗漏，捻缝处用锥子都扎不动。船捻缝完成后，船体平滑，若用一颗黄豆放在船底，吹一口气，豆粒就会从船底一头滚到另一头。捻缝时，不管多少人一起操作，斧凿的敲击必须步调一致，根据筲头的节奏，斧起斧落，整齐划一。这种施工方式，可以保持整个船体接缝处的捻凿深浅层面，大体处在同一水平线进度，这样就避免了因震动而影响捻凿的质量。第四道工序是船板缝全部捻完后，将船体内外全部用桐油漆刷一遍，为防渗漏加一道保障并起到防腐作用。之所以用桐油配制捻船用的灰泥和涂刷船体，是因为桐油有一种特殊气味，可防止一些害虫蛀触船板，并且桐油与石灰有较强的融合性，凝固后结实又具有一定弹性，可确保捻船质量。

随着近些年大马力钢壳船的发展，木船越来越少，但沿海渔区的小型木制机动船和近海养殖区的舢板仍有相当数量的规模，因此捻匠行业尽管较前些年有较大萎缩，但渔区仍有捻匠活跃在生产一线。每到夏季休渔季节，黄渤海两岸小渔港岸边便会响起斧凿叮叮当当有节奏的敲击声，捻船这个古老的行业仍在这里弹奏着千年渔俗的欢歌。可是当你走进捻匠群体便会发现，那些持凿抡斧者多是秋霜染发的老者，难觅青壮年的身影。谁能说清捻匠这个行业能够传承多久？

妈祖祭祀

大连沿海渔区崇拜信仰妈祖十分普遍。明清两代大连沿海地区先后兴建的妈祖庙宇达 41 座，还有一些道教宫观也设有妈祖神殿神位。其中规模较大的妈祖庙宇有大连天后宫、庄河天后宫、金州天后宫、大长山岛天后宫、长兴岛娘娘宫等。

妈祖之所以受到渔家虔诚的崇拜，是因为她与其他神仙不同，在成仙之前她本身就是一名普通的渔家女，所以最能体谅渔民的疾苦，最能代表渔民的愿望，所以渔民在心理上把妈祖当成家人、亲人，顶礼膜拜、崇信有加。据历史资料记载，妈祖姓林名默，生于北宋时期福建兴化府。林默的父兄都是渔民，她出生后从不啼哭，故取名林默，长大后叫默娘。林默生在海边、长在海边，从小便对大海有了深刻的了解，经常救助海上遇难的商民、渔夫。她懂些海象、天象，并据此预报天气。有时天晴无风，默娘却阻止乡邻们出海，果不出所料，不久便见风浪滚滚、天昏地暗，乡邻们多次因默娘预报而幸免于难。默娘还懂些医术和占卜之术，深受乡亲们的爱戴和信服。林默长到 20 岁时仍不思嫁做人妇，一心救苦救难。一次在救人时不幸身亡，年仅 28 岁。乡亲们不愿承认默娘死去，说她“升仙”了，还根据她生前的作为编出许多故事，并修建祠堂纪念她，这便是早期的海神庙。传说明代郑和下西洋时亦拜妈祖并得到默娘的庇护而化险为夷。

自宋代至清代的七八百年里，历代帝王先后给默娘册封神号 40 余次，由天妃、圣妃直升到天后，不仅在民间受到祭祀，朝廷也派大臣代表王朝在默娘生辰时进行国祭，其规模之大，诸神所无。

大连地区妈祖庙宇多是在明清两代所建，因各朝代帝王册封的神号不同，

拜妈祖

故庙宇的称谓也不尽相同。早期的称“妈祖庙”“娘娘宫”，后来又称“天妃庙”“圣妃宫”“天后宫”，不管名称如何，祭祀的都是林默。

长海县四块石镇于20世纪80年代在港右岸高地为妈祖塑了大型汉白玉雕像，并举行了隆重的祭祀活动。船家、渔民出海前都要到这里祭祀，成为妈祖文化活动中心。

“文化大革命”中，多数妈祖庙遭到破坏，祭祀妈祖活动被视为封建迷信，实际上仍是禁而不止，渔民们始终虔诚祭祀妈祖，只是形式转入秘密状态而已。近二三十年来，妈祖祭祀场所陆续重建或恢复，妈祖崇拜与祭祀活动已作为一种文化现象融入群众的生活并得到政府的认可。

祭祀妈祖场面十分火爆和喜庆，祭祀时，渔船上要挂海神娘娘旗。旗为红色方形，镶白边，十分醒目。要摆供品，上香烧纸，并给海神娘娘披红挂彩，祈求保佑、平安丰收。除不定期祭祀外，旧时农历初一、十五及妈祖生辰还要定期祭祀，这已经成为渔民们生活中的重要内容。

渔船喜联（对联）

渔民在出海（指歇渔期之后首次出海）之前，总是把船装饰一新。特别是年节到来时，小船拉上岸，大船停泊在码头。渔家在船（平头船）头上画一轮圆月，涂上红油漆，在船头两侧及船尾两个燕翅、两个对称的小柱子上涂红油漆作为装饰，看上去十分精神，充满活力。贴对联更为讲究。对联有左右之分，船头两腮部左写：船头无浪行千里，右写：五湖四海任舟行，横批写：顺风相送。船中间的大桅杆联书：大将军八面威风；二桅杆联书：二将军开路先锋；船尾部的三桅杆联书：三将军顺风相送。舵楼也贴对联，如：吉日出海顺风轮，良辰撒网鱼满舱。小型船一般在船头贴联，其内容多是：“江河湖海清波浪，逍遥通达远近游”之类，横批多是“一帆风顺”。

除夕夜“发子”时，船家先给祖先叩拜，再去海边接喜神、财神。正月十五夜晚要到船上送六兽灯或蜡烛，船主手提灯笼绕船几周，以示满船生辉。

渔船喜联

船舱福字

渔民互救

打鱼人常年风里来浪里去，遭遇险情时有发生。旧时，船上的通信设备十分落后，既无天气海况预报，又无船舶间的通信联络设备，更无专门的海上救助船舶，渔民出海作业全靠经验。然而大海变幻莫测，单凭经验远远应付不了突发情况，于是在长期生产活动中便形成了渔民互救的传统和施救方法。旧时，渔船都比较小，大型船舶如五桅大船多是从事运输，渔船多是采取桅杆顶部挂旗当作求救信号。渔船除祭祀日外，平时一律不挂旗。遇险时，渔船便会在桅顶挂红旗，位置最高，便于向附近船只发出信号。邻近的船只一旦发现桅顶挂旗的船只，便知此船遇险，会立即停止作业，尽全力赶往出事海域进行救助。有时正在起网的渔船也要砍断緶网，以救人救船为先。这种传统数百年来已成为铁规矩，一船遇险数船相救，不讲代价，全力以赴，使这个特殊的行业闪烁着人性的光芒，展现了渔民们豪爽、义气、果敢、豁达的品行。20世纪七八十年代以来，渔船上均配备了先进的天气预报、导航仪器及互救系统，船舶遇险后可立即呼救，附近的船只便会迅疾赶来救援。近些年里，大连地区渔民多次成功救助了海上遇险的本地和外地、外籍船舶，表现了高尚的人道主义精神和国际主义风范，受到各级政府的表彰。

放海灯

正月十三放海灯是大连渔区的重要渔俗活动，其规模十分宏大，场面十分壮观。据说农历正月十三是海神娘娘的生日，此日放海灯就是为海神娘娘生日庆典。

此日傍晚，渔家便带着自制的小船模，从四面八方汇集到停船的港坞或海滩，在小船模上点燃蜡烛，放入大海，小船便随风向海中漂去。灯影水光相互映衬，如繁星点点，肃穆而神秘。接着，渔民们在岸边摆祭供品，焚香烧纸，磕头祈祷，祈求一年渔事活动平安丰收。供品中必不缺的菜肴是蒸鸡和鲙鱼。“鸡”谐音“吉”，“鲙”谐音“快”，寓意吉庆有余快发财。

近二三十年来，随着渔船经营个体化，渔民正月十三放海灯之俗规模越来越大，有的渔民做的船模长达一米多，舵楼设施一应俱全，并采用各种装饰材料，将船模打造得新颖、别致、大器、美观。昔时用蜡烛做船灯，遇风浪很快便会熄灭，现在全部采用电池灯，且一个船模安装数灯，金碧辉煌，各具特色。当海灯放入港湾后，灯光闪烁，灯影摇曳，星星点点，连成一片。放海灯时，有的还在船模上置放定时燃放的烟花，当灯群中突然喷燃出五彩花絮，海湾立刻就被渲染成仙境一般。若海神娘娘九泉有知，她老人家一定会为渔民们的虔诚而倍感欣慰。

随着社会的进步和科学文化知识的普及，正月十三放海灯的神秘色彩已淡化，逐渐演变成一种社会娱乐庆典活动，成为渔区民间文化的重要组成部分。届时，不仅仅是在傍晚举行放海灯仪式，此日白天还举行扭秧歌、“耍”

放海灯（龙王塘港）

四大海、奏民间器乐等表演，改革开放后渔家越来越富裕、越来越幸福、越来越快乐的心情，通过各种文艺形式宣泄出来，表达出他们对新生活的热爱。

鸣锣惊鱼

旧时渔民船小网陋，除了恶劣天气风浪危害外，渔民还经常遭遇鲸群的袭扰。渔民到渔场打鱼，鲸群到渔场觅食，于是人与鲸经常遭遇，称之为“龙兵过”。小船遇上龙兵，若躲避不及往往船翻人亡。后来渔民在偶然机会观察到，鲸对声响特别敏感并惧怕，于是渔民根据鲸的这种弱点，想出了用敲击物件发出声响惊走鲸群的办法，十分奏效。于是渔船多是常备铜锣，遇到龙兵过时便敲击铜锣，驱走鲸群。

近代，鲸群已不多见，鸣锣转而用于捕鱼。渔民发现鱼群后，便敲击铜锣，将鱼群惊得晕头转向，然后择地撒网，即可获得好的网头。

渔眼

如果仔细观察，当代渔船的桅杆顶部都有一个长方形装饰物，称之“桅斗”。桅斗不仅使桅杆美观，还可固定拉索，亦可供海鸟停歇。其实，桅斗是由“渔眼”演化而来的，它不仅记录了旧时渔民捕鱼的生产环节，也展示出渔民的聪明才智。

旧时渔船无论大小，都没有探鱼设备，在什么海域下网，什么时间下网，全凭在生产实践中摸索的经验。为了更好地找到鱼群，渔民们便在桅杆上部吊个木桶，当渔船进入渔场后，选择眼神好、富有经验的渔工攀悬梯登上桅杆顶部的木桶，向四处张望，发现鱼群跳跃，就用小彩旗指挥船老大转舵，驶向鱼群处撒网，往往可以收到奇效。这个站在木桶中指挥渔船转舵下网的人便被称作“渔眼”。渔眼具有丰富的航海和捕鱼经验，洞察秋毫，见水识鱼，是渔船丰歉的决定因素，故历来待遇与船老大同等，拿双份劳金。据说渔眼这个行业在明代永乐年间已兴，传承了600余年，直到现代出现了探鱼器，桅杆风帆船改为机动船后，渔眼方完成了历史使命而不复存在。渔民为纪念这一历史，祈求渔业丰收，便在大桅杆顶部仍保留一个方形装饰物——桅斗，一直保留至今。

荞麦山渔港

塔河湾渔港

洒酒祭海

渔民驾一叶扁舟在茫茫大海中闯荡，会遭遇许多意想不到的情况，许多情况只能是听天由命。一旦遭遇巨大海兽（怪），如大型鲸、大海龟、巨鱆（蛆蛸）等，要保持冷静，不主动冒犯。一般情况下，船老大要亲自立于船头，向这些大鱼巨兽洒下三碗米酒，希望相安无事，各取方便。此举往往能化险为夷，称作“洒酒祭海”。这可能与酒浓烈的气味有关，三碗酒倒入大海似乎微乎其微，但对于嗅觉非常灵敏的海兽来说足以起到作用，使之避而远遁，很可能是这个原因，故洒酒祭海每每可以收到奇效，与神力相助并无关系。

渔工分红

旧时由于海上生产安全系数小，海难经常发生，故民间有“打鱼摸虾饿死全家”的民谣。一方面说的是海上捕鱼收获十分不稳定；另一方面是说闯海风险大，一旦船翻人亡则家中老小便失去生活来源。因此旧时渔民多父子不同船、兄弟不同船。其目的是躲避父子、兄弟同船而亡的悲剧发生。因此船户多是一家中只一人在自家船上，其余船员外雇，家中其他劳力则到别的船户务工，这种渔船组织形式称之“插伙”。数百年来，渔家插伙在收益分配上形成一套不成文的规矩，人人遵循，无须讲价。

分红比例做法是：船把头得两份、船老大得一份半、渔工（船员）得一份。即一个渔季里的总收入，刨去成本，按上述的比例分成份进行分配。这种分配方式约定俗成，公平合理，收多责重。渔业合作化后，渔业队实行集体分配，即按捕获鱼虾数量记工分，秋后按工分折钱分配。“文化大革命”中，实行平均主义，劳动力评出级别，按级定工分，根据出工日付酬。20世纪80年代末，渔区实行责任制，渔船网具实行承包，按比例缴纳积累金，渔船生产收入按劳或按股分红，多股多得、多劳多得。20世纪90年代以后，渔船大多作价由渔民个人购买或合伙购买，实行个体经营。个体渔船多由船主自任船长，渔工实行雇用制，多是由船主与渔工提前商定劳金及待遇，付给年薪。

大船设香童旧俗

早些年，载重在50担（一般每担500斤）以上的木帆船上都设海神娘娘的神像，并设一名小孩童专门给海神娘娘烧香上供，“侍候娘娘起居”，以示尊崇。这个小孩称为“香童”，年龄在十岁左右。

传说很久以前，尽管渔工虔诚信奉海神娘娘，顶礼膜拜，但远航者还是经常遭遇海难。有一位南方船老大在船上设神龛供奉海神娘娘，并用一名童子专司供奉香火，结果航行40多天平安无事。后来船家便争相效仿。

20 世纪 30 年代码头上的风帆运输船

为什么设一名男童专司烧香上供？主要是由船上的环境决定的。因船员多是成年男人，作业时往往衣帽不整，袒胸裸背，而娘娘是女性，烧香上供多有不便，故雇用一名小男童专司烧香上供更能体现对海神娘娘的虔诚恭敬。香童一般一两年一换，甚至一个渔季一换。至近代，大船设香童之俗渐而废弃，船家一般是在靠港泊岸时去娘娘庙膜拜。

渔岛婚俗

新房挂三宝

大连地区海岛及沿海渔村因地理环境与生产方式与内陆地区不同，在婚俗方面也有一些独特的风情，表现出渔区人民对美好生活的向往和同恶劣的自然条件拼搏的精神。

渔区男婚女嫁是头等大事，不但要在新房贴“喜”字和对联，而且还要挂“三宝”。这三宝分别是精心编制的筛子、弓箭和桃树枝，称为“新婚洞房挂三宝，驱妖避邪保平安”。

传说古时大海边出了个驴头海怪，谁家办喜事除大吃二喝之外，还要留宿糟蹋新娘。渔家曾联合起来同驴头海怪厮杀仍无法镇住，眼睁睁看着它作践人。岛上有个勤劳憨厚的单身小伙与一位姑娘定了亲，但直到三十岁也不敢办喜事，害怕驴头海怪糟蹋人。某次，小伙出海时在岸边救回一位冻饿将死的老婆婆。小伙上山采药，又请来未婚妻精心服侍老婆婆。老婆婆病愈后得知二人的难处，便告诉他俩只管办喜事，只是要在新房中挂筛子、弓箭和桃树枝。二人结婚当晚，驴头海怪果然来了，可它的驴头刚进门便被筛子像天网一样罩住了，接着桃树枝化作金箭射中驴头海怪，驴头海怪顿时化作一摊黑水。这时，老婆婆也现了原貌，原来她正是海神娘娘。她向二位新人道喜后便驾着祥云向大海飘去。从此以后，渔家婚嫁都在新房挂三宝，直到如今仍在传承。

新娘入洞房前脚不沾土

海岛小伙子娶亲这天，无论穷富，新娘子到了夫家入洞房“坐福”之前，脚不可沾土，这个规矩绝不可破。渔家靠海吃海，对大海有深厚感情又十分敬畏。按阴阳五行之说，大海属五行之中的水，而土克水，水生木，有木才能造船，船在水上漂，故渔家人最忌土，新娘脚不沾土，就是忌土腥气冲了福气。所以男婚女嫁这天，新娘的花轿抬到新郎家以后，不等新娘下轿，早有人在地上铺上席子或红毯，新娘走到哪儿，席子就铺到哪儿，新娘要脚踩席子或红毯完成拜天地等各种仪式，称为“新娘脚不沾土，为夫带来五福”。这种风俗一直流传至今，渔区民众虽不再相信土克水之说，但作为渔区婚俗文化，人们仍津津乐道，传承不变。

新娘子扫地发家

旧时，海岛渔民办喜事，迎亲花轿到了夫家，新娘下轿时，由新郎的伯父或叔叔用筛子遮住新娘的脸，以驱妖避邪。接着，新郎在前，新娘在后，到天井案前拜天地，到正堂拜祖先。拜完之后，新娘要手持扫帚向门里的方向扫地四下，婚礼司仪便根据新娘的动作高声诵念喜歌：“一扫金，二扫银，三扫聚宝盆，四扫骡马成了群！”此俗称作“新娘扫发家扫帚”。

传说一户人家要娶进一个贤惠的儿媳妇，生辰八字与儿子都相符，可自从儿媳妇进门后，家中一直不太平，没法子就请了一位道士破解。道士被这家人诚心所打动，对这家主人说：你儿媳妇属羊，腊月生人，是个有福气的好命，只是犯了金苗扫帚星。原因是刚进门时漏掉了一项礼仪，没扫发家扫帚，把福禄寿财都扔在外边了。这家人按道士的指点，为儿子媳妇重新补办了拜天地大礼。道士喊道："新娘子一进门，发家扫帚手中拎。"接着新娘子按道士指令向家中"一扫金，二扫银，三扫聚宝盆，四扫骡马成了群！"礼毕，道士对这家人嘱咐道：行船在海上如踩着石头过河，若在薄冰上走路，每走一步都要小心谨慎往前行，不能瞎闯乱闹逞大胆，否则媳妇扫进的财富也会败光。这家人谨记道士指点，小心行事，宽以待人，终于发家致富。新娘子扫地发家之俗便成为渔家举行婚礼的重要环节流传至今。

新娘娶进门　公爹滚木墩

早些年，渔家办喜事，新郎新娘拜完天地后，新娘的公爹就在儿媳妇身前身后滚动木头墩子。木头墩子略呈圆形，这样滚动起来方便些。在大喜的日子里，年龄老大不小的老公公弯腰撅臀滚个木墩子，不仅为婚庆增添了喜气，同时也有些神秘色彩。公爹滚木墩子时，婚礼司仪大声念道："公爹转圈滚木墩，送子娘娘喜在心，今天儿子把妻娶，明年爷奶抱孙孙。"接着众人一起唱和："今年公爹滚墩子，明年等着抱孙子！"

此俗据说源于一个故事。某岛上有一家五代单传，娶个媳妇不孕，又在四十岁时因病过世。四十岁的渔郎续娶了一个二十多岁的姑娘。正待拜天地时，一位游方尼姑化缘来到这家门前，并告诉这家人有话要说。年过花甲的新郎父亲急忙来到尼姑面前请求明示。尼姑告诉新郎父亲："土克水，水生木，木造船，船行水。院子里的木墩坚韧有筋力，可绕新娘新郎滚动，象征船行水中，平安丰收、渔家兴盛、枝叶繁茂。"新郎父亲依尼姑之言在院子里滚动木墩，累得大汗淋漓仍不歇手。第二年，儿媳果然生下一对双胞胎小子，乐得全家合不拢嘴。由于是尼姑的指点，这一家人便把尼姑当成送子娘娘的化身，在家中设神龛，终年供奉香火。从此，滚木墩的传统也便一代代流传下来。

三六九瞻舅（回门）

海岛风俗新婚三天时，新媳妇回娘家，小两口同行，称之“瞻舅”或“回门”。一般都选择农历三、六、九回门，避开其他日期。如逢初一、十一、二十一回门，小两口要在女方家住两宿，逢三才能回来，称之为“瞻舅逢三，养儿做官”。如逢初九、十九、二十九回门，一般要在当天回家，称之为“瞻舅回九，两家都有”。这个风俗据说是巧媳与老公公斗智谋争来的。

相传早年间，海岛的渔民娶了媳妇，媳妇没有生育之前是不准回娘家的，原因是怕媳妇跑了。尤其是从内陆和外岛娶的媳妇看得更紧，生怕一去不返，人财两空。这么个规矩可苦了新媳妇。她们从小在爹妈跟前长大，这会儿出嫁了，连探望爹妈都不行，一个个苦不堪言。于是一个姓郭的新媳妇便想出一个主意。新婚第三天早晨，她对家人说梦见了海神娘娘，让她给家人捎个话，如果不放儿媳妇回家，会遭报应，养几个儿子都是光吃饭不干活的白痴。要是新媳妇过门三天回家看娘亲、尽人伦，就能生个能打鱼、能做官的好儿子。新媳妇回娘家也得在三、六、九这三个日子回来，“瞻舅回九，两家都有”，都能发财。

公婆听说是海神娘娘托梦，连忙让儿子划船把媳妇送回娘家。到了娘家，爹妈一再留女儿多住些日子，可打鱼人不能误了鱼汛，女儿就把海神娘娘托梦之事说了，爹妈和娘家兄弟也不强留。从此以后，新婚男女都是在婚后第三天由丈夫护送新娘回娘家“瞻舅”，逢三、六、九回来。这种做法既解决了新娘思母心切之苦，又有效地避免了新娘一去不归的悲剧发生，可谓一举两得，故此俗流传至今仍信守不变。

渔家禁忌

渔区民众因长期与大海打交道，既从大海中索取生活的来源，又深受风浪的危害，故在长期的生产和生活实践中，由对大海的敬畏而派生出许多禁忌。他们崇信龙王、妈祖、水神，祈盼神灵的佑护，消灾避祸，鱼虾丰收，不敢有半点造次不恭的行为，主要表现在语言、行为等诸多方面。

语言禁忌

渔家人无论在家中还是在船上，很讲究说话，若犯忌，轻则遭白眼，重则驱逐下船甚至挨顿暴揍。所以新上船者，老船工要教授“会听话”“会说话”。

渔家人最忌讳的字有“翻”“沉”“破”“住”“离”“散”“例”“火”等。不仅对这些字眼儿忌讳，同音同声的词汇也在禁忌之列。船家最忌“翻”字，故凡是与“翻”字相关或能引起联想的字眼都一律禁忌。如船帆布称为“抹布”；锅盖因有翻扣的意思，称之“捂气”。遇有需说“翻”字时，则用“转”字或“滑”字代替。如把桌子翻过来，要说“转过来”；船上烙饼需要翻个儿，要叫“滑一唱”；晒衣服翻个儿要叫“滑一场”。为忌“沉”字，盛饭的“盛”改为“添”，“盛饭”称“添饭”。船老板忌姓“陈”，若姓陈则称为“东老板”。为忌“破”字，船上使用的碗盘多为木制或铝制、白钢制，忌用陶、瓷餐具。为忌“离”字，称“梨”为“圆果”。为忌“散”字，称“雨伞”为“竖斗”。为忌“倒”字，称“倒水”为“清水”，称“倒桅”为“眠桅”。为忌“火”字，禁在船头上小便，因小便味骚，而“骚”与“烧”音近，故避之。除此之外，像“没有”“洗”“虎”“猴”“鬼”等不吉或凶厄之字词亦在禁忌之列。

船上举止禁忌

船上用餐时，饭碗、盆不许口朝下放置，忌翻；筷子不能架在碗口上，忌搁浅；帽子摘下后要口朝上放，不可翻扣在那里。煎鱼时忌翻面，吃鱼时忌翻个儿。船上不能奓拉腿，因奓拉腿象征船要向下沉。船上不许吹口哨，俗信吹口哨能招来鲸和飓风的袭击。舵手凳上忌坐两人，因为好马不备双鞍，舵手位置专凳专用，坐两人不吉。

造船“头不顶桑”　甲板“脚不踩槐”

渔家造船对木材的选料非常讲究，主要采用红松为材料，也采用硬杂木做船的骨架。但无论怎样，船头绝不用桑木，甲板不用槐木，因“桑”“丧”同音，“槐”“坏”谐音，不吉利。这种传统至今渔家仍信守不变。

行船禁忌

旧时船家视船头为一船的圣地，尊崇有加，一般不允许闲杂人等踏上船头，特别忌讳成年女人走上船头，本船人员若脚不洗净也忌踏上船头。还忌七男一女共乘一船出海。七男一女共乘一船类似“八仙过海”，恐惹恼了龙王而造成船翻人亡。

船家在海上航行，常有海鸟降落在桅杆上歇脚，船工视鸟为朋友，不仅不惊扰，还喂给食物，海鸟也通此理，落船后亦不惧怕，人鸟相安无事。渔家人谨遵“只捕海里游的，不打天上飞的”的行规。无论何人，上了船就不得打海鸟。据说海鸟曾救过迷航人的命，故千百年来，那些跨海飞行的海鸟，因受伤或风向因素影响精疲力竭时，往往寻找航行中的船舶歇脚，而再次起飞时一定奔向大陆方向，船家若迷航，则可根据海鸟飞行的方向找到返港的航线。

渔家或船家行船还有一条严苛的规矩，即不得带长虫（蛇）行船。渔船、货船出海之前，船老大总是要检查一下是否有人带了长虫。如果有人把长虫带上船，不但会被赶下船，遇到性格暴烈的船老大，还会遭到一顿狠揍。渔家人俗信，如果长虫过了海就会化为恶龙，载蛇过海的船舶便会首先受到残害，故船家不允许带长虫乘船。

旧时旅顺龙河码头

渔区端午风俗

海岛渔村过端午，除吃鸡蛋、包粽子、挂艾蒿、挂桃枝等风俗与内陆相同外，还有一些特殊风俗，独具渔家风情。

孩童系长命绿线

渔区有小孩的人家，孩子早晨尚没起床，妈妈就给孩子脖子上系上一缕绿线束，系时还要念叨几句：

五月里，五端阳，长命缕儿系脖上。

宝宝系上长命缕，无灾无病长得胖。

这个风俗源于一个故事。传说一个船老大五十岁得子，爱如掌上明珠，不愁吃不愁穿却骨瘦如柴。全家人心痛这根独苗，却又毫无办法。后来有一次，船老大在海边救起一位病老头，带回家像爹一样侍候了九个月。到了这年五月初五这一天，老头从耳朵里取出一粒丹药，又从头上拔下一绺绿色的头发，对这家人说："你们待我如长辈，侍候九个月不嫌弃，今天我就让孩子康复。"他把丹药让病孩服下，又将那绺绿发系在孩童脖子上，边系边念："五月里，五端阳，长命缕儿系脖上。病童系上长命缕，无灾无病长得胖。"不大工夫，孩子跑进厕所屙出一大堆白色的虫子，大的有筷子粗，一尺长。家人见状明白了是虫子害得孩子瘦弱，正待感谢老人，却见老人驾一条柳叶小船，背上背着个药篓子，一边向岸边招手一边说："我是上方药王，到民间走走，打个盹住了九个时辰，谢您关照。"说完便向深海漂去。药王显灵的事很快在海岛传开，渔家人五月初五都给孩子系长命缕，找不到绿头发就用绿线替代，并把歌谣中的"病童"改成"宝宝"，这个传统一直流传至今。

五月端午猫脖子系绿线

端午节早晨，凡养猫的渔家都要往猫脖子上系绿线。据说这样可以避免猫往家里叼长虫。

早些年海岛上有"两多"，一是耗子多，一是蛇多。为了治耗子，海岛

农民画《渔家姑娘》（于同乐）

家家户户都养猫。猫多了，把耗子逼得钻了洞不敢出来，数量也极大地减少。于是猫便开始吃长虫。海岛沟沟岔岔多，长虫到处都是，猫抓到长虫便叼回家，玩够了再吃。有时叼回的长虫在玩的过程中钻进了家中柜箱的缝隙中，猫只得再到野外捉长虫往回叼。有时夜里长虫便爬出来找食吃，甚至爬到姑娘、媳妇的被窝里。为此，猫没少挨打，可总也记不住，照样往家里叼长虫。

后来两个聪明的姑娘想出个法子，她们用绿线搓成一根像长虫一样的绳子，系在猫的脖子上，猫拖着绿绳子一进屋，主人就打。喂猫的时候主人就喂它鱼和肉并把绿绳子解下来，日久天长猫就不往家叼长虫了。五月份正是长虫多的季节，于是邻居们便学姑娘的做法，在猫脖子上系绿线，时间长了便成了传统流传至今。

登山下海采药

五月端午时，海岛渔村家家户户有上山和下海采药的习俗。

早年间海岛缺医少药，都是靠土偏方和草药医治病患。传说有位刘姓渔家老奶奶会扎干针、拔罐子和用草药偏方给乡亲们治病。每年五月五日，刘奶奶上午带着镢头到山上采桔梗、柴胡、防风、灵芝、曼陀罗、益母草、威灵仙等草药，下午则到海边捡拾鲍鱼壳、乌鱼盖、海星、海胆、海藻等物。回家后就用这些药材配制成中药，治好了很多人的病。刘奶奶活到一百零八岁，临终时她把药方和药材采集的方法、时间详细地传授给乡邻，特别嘱咐五月五日采的药疗效好、药劲足。从此以后，五月五日上山和下海采药成为不变的规矩。

渔谚渔谣渔号

计时

半夜子时，鸡鸣丑时。
黎明寅时，日出卯时。
早饭辰时，半晌巳时。
正晌午时，下晌未时。

黄昏申时，日落酉时。
掌灯戌时，人静亥时。

补网备渔

数九

一九二九，在家死囚。
三九四九，棍打不走。
五九六九，隔河望柳。
七九八九，人网凑够。
九九加一九，捕鱼在外头。

收港

观潮

海上退潮又涨潮，退潮涨潮有说道。
潮来涨时风必爽，观潮可知风大小。
退潮没枯又涨潮，不出半天有风闹。
小潮涨得赛大潮，海上要刮大风暴。
潮水涨过高潮线，迟迟退落狂风到。

行船

一

水不流要臭，船不捻要漏。
锚怕触暗礁，网怕乱石丛。
有流好张网，有风好行船。
下网须懂海情，行船要看风向。
草深走路防蛇咬，海阔行舟怕暗礁。
无暗礁不起旋流，无鱼群不翻浪花。
大船见山如见虎，小船见山如见母。
不怕迎头风，就怕腰跨浪。
不怕恶浪千顷，只怕礁石一座。

到了城山头，艄公犯了愁。
到了铁山岬，艄公麻了瓜。
到了五条沙，艄公叫了妈。
五月初三水，四月十八汛。
风大流也大，行船要小心。
三月三，九月九，小船不打江边走。

二

春天春风暖，跑船的瞪起眼。
越跑越顺风，手脚得施展。
夏天多风暴，开蓬别拗角。
没风再上橹，有风自己跑。
秋天秋风大，跑船的别害怕。
准备找好口，早早把锚下。
冬天北风寒，跑船的心放宽。
不能马大哈，筹划要占先。

潮汐

初一、十五，巳时满。
十二三，正晌干。
十八九，两头有。
二十四五，潮不离母。
初五六，两头凑。

初五、二十，正晌满。
潮退八分枯，海面平乎乎。
初五、二十一，天亮到网地。
早潮快似马，晚潮慢如牛。
初七、初八、二十三，月出月落半天夜。
初五、二十赶早潮。

七死、八活、九不退，初十赶海尽遭罪。
（庄河地区）

初一、十五，正晌满。
二十四五，两头堵。
初三水，十八汛。
海猫叫，潮来到。
月出月落，退半滩。
初八、二十三，正晌干。
（瓦房店地区）

捕鱼谚

雁过鱼行。
春过三天鱼北上，秋过三天鱼南行。
三月“清明”鱼在前，二月“清明”鱼在后。
三月三，鲈鱼上岸滩。
（庄河地区）

罗锅子（虾爬）抢“寒食”（清明前一天）。
臭椿嘟噜嘴，廷巴来喝水。
（瓦房店地区）

马莲一寸，蚆蛸一盆；
马莲开花，银针鱼回家。
（长海地区）

布谷鸟叫，鲅鱼要到。
葛子伸腿，黄鱼张嘴。
四月里，开桃花，海参、鲍鱼岸上爬。
槐花开，刀鱼来。
（大连地区）

深水潜水捕捞

黄花满山开，牙片靠岸来。
麦子秀穗，海螺成对。
麦子黄，蟹脚痒。
（庄河地区）

大麦上场，波螺（红里螺）上床。
南风蟹子，北风虾。
蚧巴鱼张嘴不吃饵，鲅鱼起水不咬钩。
鳝鱼鬼，鳝鱼鬼，不到天黑不张嘴。
涨潮蟹子，落潮虾。
大鱼喜海深，小鱼喜海浅。
要想多打鱼，跟着潮流转。
不顶千里浪，哪来万斤鱼。
开店不怕大肚汉，钓鱼就要放长线。
春天钓海湾，秋天钓海边。
绕边追鱼，迎头下网。
韭菜不怕割，蚬滩不怕翻。
海蛎离不开石棚，蚆蛸离不开泥洞。

木帆船行船喜歌

行船诸神有神灵，俺把喜歌念几声：
船头无浪行千里，舵后生风送万程。
九曲三弯随舵转，五湖四海任舟行。
宝船载着有福人，人船平安海太平。

出海敬酒歌

打鱼郎啊离开乡，举碗敬酒请喝光。
一杯酒啊敬龙王，让俺打鱼装满舱。
二杯酒啊敬娘娘，给俺施灯不迷航。

三杯酒啊敬大船，船行千里人平安。
四杯酒啊敬风王，顺风相送莫掀浪。
五杯酒敬赶鱼郎，赶来鱼群驱妖忙。
六杯酒啊敬爹娘，儿子祝您身板壮。
七杯酒啊敬贤妻，在家织网莫哭泣。
八杯酒啊敬妹妹，哥不在家陪嫂睡。
九杯酒啊敬亲戚，常来常往多接济。
十杯酒啊敬邻居，互祝平安皆欢喜。
杯杯米酒喝肚里，爆竹声中扬帆去。

渔工号子

拔锚号子

哎嗨哟，哎嗨哟！
使把劲呀，快拔锚呀。
拔起锚来好上流呀。
撒下网来再睡觉呀。
养好神呀，有力气呀。
哎嗨哟，哎嗨哟，
哎嗨哟，哎嗨哟。

围网作业

撑蓬号子

哎嗨哟，哎嗨哟……
使劲拽呀，把蓬撑呀！
乘上风呀，快下网呀，
多捞鱼虾呀，好换粮呀，
全家老少饱肚肠呀。
嗨哟嗨，嗨哟嗨，
嗨哟嗨，嗨哟嗨……

拖网作业

上网号子

哎嗨哟！哎嗨哟！
摇起那个辘轳呀，滴滴溜溜转呀。
叫声那个伙计们哪，快快降下帆呀。
大伙加把劲呀，赶快把网上呀。
这网拉的鱼呀，定能装满船呀！
嗨哟嗨！嗨哟嗨！
嗨哟嗨！嗨哟嗨！

赶海谣

一

赶海老婆跑得欢，拐着小筐一溜烟。
趿破鞋，衣露肩，蹲在礁石腚朝天。
大海大海不敢闯，打碗蛎子尝尝鲜。

二

赶海老婆乐颠颠，骑着摩托冒青烟。
嘟嘟嘟嘟跑得快，踩着潮印下海滩。
哼着曲，谈着天，换上水衣浪里穿。

做彩船

三月三，艳阳天，做条彩船一尺三。
天涯海角去打鱼，站在船头把家盼。
心急火燎快撒网，载着鱼虾回家转。
见了她，泪涟涟，又苦又甜又心酸。
脸儿贴脸儿说句话儿，心里别提多舒坦。

口鲜谚语

加吉头，鲅鱼尾，刀鱼肚子，唇唇嘴（黑鳍髭鲷）。

开凌鲅，卖黄鲈，秋吃蟹子，春吃鲈。

要吃蟹子须吃母。

冷水的蟹子味鲜，海养的虾子味美。

桃花水翻，华鱼空鲜。菊花浪飞，毛腿蟹肥。

海洋生物天敌谚语

老鼠怕猫，蟹怕蚆蛸。

宁叫洋鱼（赤虹）打一针，不叫先生（黑斑狮子鱼）算一卦（上述两种鱼均有毒针，若误触毒针，伤口会发炎腐烂）。

蚬子蛤子怕海螺，吞食嫩肉吐出壳。

獐子岛首届渔民节

商贸

精彩生活的源泉

在中国漫长的封建社会中，一向重农轻商，据《清稗类钞》记载，农家准许穿绸、纱、绢、布，商贾之家只准许穿绢和布。农民之家中只要有一个经商的，则全家都不准穿绸、纱。旧时，大连地区民间有“农不与商斗”“无商不奸”的说法，鄙视商人斤斤计较的职业习性，对商人这些必备的作风给予不公正的否定。在这种社会环境中，商人必须精打细算，并由此派生出许多商贸习俗。由于大连城乡商品经济发展较早，规模较大，故商俗尤为鲜明并极具地域特点。

商贸活动

开业典礼

商店、商场开业（开张）时，不论是解放前还是当代，都要举行较隆重的开业庆典，以提高店铺的知名度。开业之际都要张灯结彩，贴对联，鸣鞭炮，借以向社会昭示店场开始纳客开张。开业当日，亲朋好友、左邻右舍、同业同行等要前来祝贺，主家要设宴款待。至现代，店家（公司、商场、饭店、酒楼等）开业庆典规模都很宏大，以制造声势，为经营活动做舆论准备。同业友好单位和个人，多赠送花篮、贺幛、玉雕、大幅竖联（从楼上垂至楼下，上书贺词）等。有的还借助电视、报纸等新闻媒体进行宣传。有些还要举行剪彩仪式，创造浓厚的喜庆气氛。商店开业一般要由店主事先发出请帖，邀请宾客参加开业（开张）仪式。请帖有两种形式，第一种是针对尚未收到对方礼物的情形，第二种是针对已经提前收到对方礼物的情形。向已收到礼物的客友发的请帖一般写：“谨择○月○日○时敝公司正式开张举行剪彩仪式敬治薄酬候。”

三年学徒

旧时商家主人称“掌柜的”，其他人等依次为二柜、三柜、账房先生、伙计、学徒工、杂工等。商家选择的学徒工，多是精明厚道并粗通文墨的青少年，一般先从打杂学起，陆续接触业务，由生到熟，不仅掌握所经营的全部业务，还要学习经商之道，三年满徒之后方可成为正式店员（伙计）。学徒期间，一般是掌柜的管吃管住，不给工薪。商家的学徒工数量视规模大小而定，或一个或三五个不等。学徒期满，掌柜的按每人的能力分配给相应的活计，并选其中优秀者委以重任成为心腹，有的甚至成为乘龙快婿。

赶集

在商品经济不发达的时代，固定的商家店铺（坐商）较少，商品流通以行商为主，故集市贸易成为民间主要的物资交易形式，到集市交易物资谓之“赶集”。集市地点多设在较大的村镇，一般每10天或半月开一次集，约定俗成形成定制。每逢集日，远近行商都要到集市推销商品，小家小户也把多余的农副产品，如瓜果、鱼虾、粮豆，及农具、家具、工艺品等拿到集市交易。赶集也往往是亲友间相会的日子。大连地区普兰店牲畜交易市场坐落

敬老院老人去赶集

在张家炉，形成于清光绪年间，占地约 2 万平方米，每月开集两次，每次 5 天。据 1925 年统计，全年上市牛 8611 头、马 4792 匹、骡 7572 匹、驴 4467 头、牛犊 1103 头，合计 26545 匹（头），成交 4130 匹（头），时称“北有岳州（大石桥），南有普兰店”，为东北地区著名大集之一。普兰店牲口集在 1958 年和“文化大革命”中曾两次关闭。1979 年重新开市，当年牲畜成交量 3000 匹（头）左右。随着城镇的发展和固定店铺的增多，旧时以集市为主的交易形式渐而被城镇固定店铺取代，现存的集市主要以交易农副产品、牲畜为主，其交易种类五花八门，规模不减，仍然是居民生活中物流的重要渠道。改革开放以后，集市贸易空前兴盛，各乡镇均设有固定的大集。

庙会

庙会民俗演出

庙会是集市贸易的另一种形式。居民赶庙会实际上是通过逛庙会进行交易。逢庙会日，四方商贾云集，或搭建临时棚厦，或设专门摊位，其交易的品种可谓无所不包。在清代，普兰店地区有大大小小庙会 60 余个，其中规模最大的为夹河庙庙会，年客流量为 20 万人次。瓦房店地区有大型庙会 13 处，庄河地区有大型庙会 6 处。庙会少则 1 天，多则 7 天，主要交易的物资为农副产品和水产品，其价格比平日要便宜些。赶庙会既可逛庙又可交易，既可卖货又可购物。解放后，特别是“文化大革命”期间，庙宇多被拆除，庙会也随之消失。20 世纪 80 年代以后，庙会渐次兴起。金州大黑山观音阁庙会在大连南部地区规模最大，每次参加者达 10 万人次以上。旅顺水师营蟠龙山庙会规模也十分宏大。

舞狮

店铺

店铺伴随小集镇的发展而诞生，可谓有镇便有店。店铺有出卖各类物品的，也有饭店、酒馆，还有澡堂子、旅馆、理发店、成衣店、印染店、修表店等。大连地区店铺均有字号，开酒馆的多以“某某居”为号；开饭馆和百货店的多以“某某园”为号。规模较大的店铺设有东家（股东）、掌柜（经理）、账房先生（会计）、伙计（店员）。有的东家自兼掌柜，伙计多是雇用的。每年农历正月十六是给伙计算账的日子，其前一天晚上东家要请伙计吃顿饺子，当天给伙计发

解放前卖豆腐脑摊点

大连老街巷商户

工钱（年薪）。掌柜想继续留用的伙计，工钱给得多，伙计满意就留下继续干；掌柜不想留用的伙计，工钱给得就少，伙计不满意就卷起行李离开。无论何业，伙计在营业期间不准坐，只能立着，接待客户要笑脸相迎，不准得罪客户，多是百问不厌、百拿不烦。店家一般允许赊账，年终结账。在日本统治末期，当局实行经济统制，商家如触犯“经济法规”，就要掌柜或管事的大伙计去坐牢，替东家挨打受刑。1955 年大连地区实行公私合营后，商家或转为国有企业或转为集体企业，实行经理负责制和薪金制，职工在企业里具有平等地位，旧时的许多商俗被打破。20 世纪 80 年代后，商店实行承包或租赁，私营的个体商店重新发展起来，投资者（法人代表）称“老板”。为了商机的需要，渐而形成送货上门、跟踪服务、包退包换、登门维修等新的商业习俗。

货郎

货郎是指流动出售小杂货的商贩。解放前，农村店铺极少，货郎肩挑商品货担走街串巷叫卖。为了招揽生意，货郎根据所卖商品的不同，采取不同的招揽方式。通常，卖糖果和针头线脑等小商品的货郎，手摇一柄带边槌的小鼓，称“货郎鼓”，摇鼓发出嘣唧、嘣唧有节奏的敲击声。沿途的居民听到这种鼓声便知道卖杂货的货郎来了。卖布匹的货郎将布匹斜背在背上，手摇带两个边槌的小鼓招揽顾客。卖布货郎的鼓与卖杂货货郎的鼓相比较，后者的鼓声比较厚重，频率较低，前者鼓声清脆，频率较高。有些则直接喊叫，俗称“卖什么吆喝什么”。1958年，农村建起合作社后，货郎的历史使命被供销社取代。20世纪80年代以后，有些城乡居民用自行车、手推车、手扶拖拉机、小型汽车、货车等运载货物，沿街用音箱喇叭播喊叫卖，旧时摇鼓招客之习俗绝迹。

推车卖大饼的行商

钱庄

钱庄是解放前民间金融信用机构。一般的钱庄只办理汇款和存款业务，规模大的钱庄还发放钱帖，也称“银票”，在一定的范围内流通。钱庄讲究信誉，在社会上享有较高的声誉。钱庄可以解居民遭受突发事件的燃眉之急，也可为经商活动创造契机，曾在居民生产和生活中发挥了一定作用。解放后，钱庄被国有和集体金融机构取代。

民间借贷

旧时大连城乡钱庄规模小、本金少，居民应急用钱一般选择在民间进行，称作“借贷”。一般年息三至七成，个别的高达本金一倍。逾期不还的，利息加倍，利上加利，俗称“驴打滚高利贷”。1931年前后，大连北部为伪满统治地区，因“奉票”

旧时钱币兑换商

（张作霖发行的货币）贬值，民间借贷利息常为月息十分至十二分，利等于本或大于本。新中国成立后，民间高利贷盘剥被取缔，但在城乡民间相互倒借资金行为至今尚存，这种相互借钱应急行为多在亲属和友人之间进行，主要是在建房、购房、红白喜事和医病时因急需用钱而暂时借用，一般不收利息，属于帮忙性质。除借钱外，民间还有借物的。旧时有些困难户缺粮断炊，便向亲属或左邻右舍有余粮者借些粗粮或薯类以解燃眉之急，这种情况多是口头协议，春借秋还。借房居住的多属临时性暂借，一般借住有余房家的厢房、门房，按月或年付给一定租金。20 世纪 90 年代以后，随着农民工进城，租用城市居民余房居住的情况十分普遍，多是双方议定租金，自行交易。也有的通过房屋中介租用民房，租金相对高一些。

当铺

当铺是以收取衣物、用品等不动产作为抵押，向急用钱者放款的高利贷机构。抵押物拿到当铺作价成交后，当铺按低于实物价五成左右付给交押人抵押款和当票（收据），载明抵押物的品名、押价及期限，当票由抵押人收执。抵押期为 6 个月、12 个月或 18 个月不等，过期不赎或不缴纳利息，抵押物即被没收。当铺的柜台较高，抵押物呈上柜台后，由谙熟各类鉴赏

解放前当铺（东关街）

业务的伙计进行评估付款，贵重物品（如珠宝等）则由老板（掌柜）亲自作价。解放后，当铺全部停业，代之出现一些寄卖商店，对寄卖物收取少量的寄存费和代卖费，比较公道。新中国成立后，寄卖商店逐渐减少，最后基本消失。改革开放以后，典当业又开始出现。

修脚

修脚为浴池行业的一种传统服务项目，修脚工实为“土郎中”，会修治由于磨、硌、挤、压等原因生成的脚垫、脚疔、茧子、鸡眼等脚病。修脚者先用刮脚刀把脚趾上的死皮刮除，再用手指垫着，用拧干的毛巾在每个脚趾缝中来回捏挤，直到捏得流出黏液为止，再用软纸把脚趾缝包起来。这种服务项目在“文化大革命”时期被视为资产阶级享乐行为而取缔。改革开放后，洗浴行业普遍开展修脚服务项目，受到消费者欢迎。

搓澡

搓澡是用拧干的毛巾将浴客浑身上下全搓一遍，适当对一些穴位进行拍打，然后打肥（香）皂，用清水冲净。改革开放以后，绝大多数澡堂子被改造，既设热水池，又设淋浴、桑拿房，搓澡之风大兴。除搓澡外，澡堂子还设捶背、足疗、按摩等项服务。

耍手艺

旧社会匠人做工称“耍手艺”。耍手艺人有两种务工方式，一种是在工厂或作坊工作，一种是带上工具游动作业或由用户带料到匠人家中加工。对带料加工的活，允许匠人对来料有赚头，谓之“十匠九赚”。只有石匠不赚，因石匠无须赚料。游动工在用户家干活，用户要管餐管宿，晚饭还要给酒喝。耍手艺人讲究艺德，不管计件还是日工，一般都抓紧时间，谓之“靠工”。旧时农村居民普遍比较贫困，请匠人来家里做家具、车棚（车架）、农具等，需要筹备很长时间。匠人多能体谅主家的困难，每餐四盘菜，匠人只动两盘，这样没动过筷的菜主家下一顿还可端上桌，反映了匠人的质朴和善良。

解放前，农民冬季穿乌拉。在宰杀年猪之后，将猪皮剥下撒上盐叠起来，送到皮匠家里存放并制作皮革。皮匠则按送来的先后安排制作时间。为示区别，皮匠收活时，用刻刀在猪皮正面的一角刻画上顾客的姓名。顾客要向皮匠申明需要制作的乌拉尺寸和数量或车马挽具。成品完成后皮匠便通知客户取货，顾客要按商定的制作费向皮匠交制作工本费。除猪皮外，皮匠还接牛皮、马皮，牛皮主要用来制作挽具。

在清朝末年，大连地区居民多穿“家织布”，即由机匠制作的粗布衣。农民收获棉花后，家中妇女就不分昼夜地纺线，缠成线球，达到一定数量后将专门从事织布的机匠请到家里织布。机匠将自带的织布机安放在用户家里，把用户事先纺好的线织成布，用户按织出布的数量付给酬金，亦可按工日付酬。

泥瓦匠在施工时，多是由四五人或五六人组成一个“班底”，领头者称“掌尺”，相当于现在的设计师兼工程师。掌尺负责房屋建筑的尺寸、门窗安放位置等技术性工作，其他工匠负责砌墙、抹灰、上瓦等。在一般情况下，掌尺是班底中技术最高的人，备有水平仪（尺）、拐尺等工具，是工程优劣的关键性人物。建房付酬有两种形式，一种是包工，即提前商定价码，按房屋间数付报酬；另一种是按工日计酬。付酬方法多种，有的一次性付给，有的分若干次付给，多数是春季施工，年终付酬。

木工（匠）

户外铁匠炉

行业标识

旧时大连地区商家为区别行业，提高商机，均按各自经营的项目，在店、铺、馆门前挂特定的标识，俗称“幌子”。行商也各备响具，通过敲打响具吸引顾客，同时也为居民购物提供商品种类信息。这些标识及响具约定俗成，世代相袭，成为重要民俗内容。

饭店（馆）幌子

旧时凡开饭馆的商户，均在店铺门前显眼处挂幌子。竖一立杆，上方架一根横杆，下面吊红色罗圈，圈下缀红布条。罗圈有四个、三个、两个或一个不等，串成一串。罗圈的多寡经营品种的多少和规模的大小，其意与现在星级酒店的级别相似。望到幌子便知是饭店。罗圈越多表明饭店档次越高。挂一个，多是简易小吃店；挂四个，则表明各种菜肴应有尽有。回族的清真饭店幌子是蓝色布条。至 20 世纪 90 年代，城市中的大型饭店已不再挂幌子，而是用霓虹灯装饰门面。在一些偏僻小巷或村镇，饭店、旅馆仍悬挂幌子。

酒馆幌子

旧时酒馆幌子与饭店幌子不同，是用一根长杆挑出门外，杆头挂一块长条形布帘，上书“酒”字或店名，以招揽顾客。解放后，专营酒的酒馆已不多见，一般副食品店均经营酒，酒馆幌子也随之消失。

解放前有钱人在酒店办宴席的场面

糕点铺幌子

旧时糕点铺多是按出产的糕点形状雕刻一些小木牌，穿起来吊在店铺门前。自20世纪50年代以后，糕点铺因粮食统购统销而逐渐实行国有或集体经营，糕点铺幌子随之消失。

糕点铺幌子

旅店（馆）幌子

旧时旅店幌子是用木块竖挂在立杆上，上书“某某老店”，或用数块小木方块对角穿起来吊挂在立杆上，每块木牌上各写一个字，组合成店铺名号。解放后，旅店业多为集体经营，幌子被门面牌匾取代。至20世纪90年代，旅店旧式幌子只在较偏僻的乡村能够见到。

理发馆幌子

在城镇理发店门前，常常有一个旋转不停的红、白、蓝三色围绕的灯柱，这是中外理发行业特有的标识。这个标志源于欧洲，大约在12世纪中叶，欧洲的理发师还兼任外科医生的业务。这个标志的含义为：圆柱代表受伤的手，红色代表血，白色代表纱布、绷带，蓝色表示安静，外面的套筒代表装手术血污棉和纱布的器皿，灯具转动表示里面正在进行手术，灯具停止转动则表示手术完毕。至现代，一些较大规模的理发店（美容店），尤其是城市理发美发店，均装有能够旋转的霓虹灯标识，而农村有些小理发馆只在墙面上涂画红白蓝相间的平面标识块，以招揽生意。

卖豆腐敲梆子

卖豆腐敲梆子之俗已有数百年历史，至今农村仍用。梆子用硬木制成，中空，呈“丁”字形，用时一手握柄，一手敲击，声音可传至很远。20世纪

50年代实行合作化以后，私家开的豆腐房渐少，梆子声消失了近20年。改革开放以后，农村生产豆腐的个体户渐多，梆子声又响了起来。梆子一般是走街串巷时使用，设固定摊位或在集市卖豆腐则无须敲梆子。

理发匠敲振子

旧时理发匠肩挑剃头挑子走街串巷给人理发。剃头挑子由两大件组成，一个是带旗杆吊斗的三层圆笼，底层是小火炉，中层是盛热水的铜锅，上层是洗头的铜盆；另一个是长方形小凳，既是工具箱，又是顾客座椅，箱有两层抽屉，放理发工具。行走时，敲击振子招揽顾客。振子用金属片制成，长约30厘米、宽约3厘米，横向铸铆数十道细条纹。理发匠左手持振子，右手持铁尺自上而下快速划动振子，发出噔啷噔啷的声响。居民听到振子声，便知是理发匠来了。20世纪50年代实行合作化后，沿街串巷的理发匠被服务行业的理发店取代。改革开放以后，又出现个体理发匠，多是在城乡街头设简易固定摊点为顾客理发，其收费标准较低，亦不用振子。

耍把式敲锣

旧时一些民间艺人靠走街串巷耍把式维持生计，有耍猴的、耍刀的、走钢丝的、舞拳踢腿的、劈砖头表演硬功夫的。艺人每到一地，选街巷宽敞之处，画地为场，以敲锣招揽看客。在表演过程中，除讨要赏钱外，还通过推销膏药赚点小钱。

商贸禁忌

经商经常会面临赔本之虞，故在长期经商活动中，商界便形成了许多避凶趋吉的禁忌习俗，并以特有的形态存在于社会生活之中，其中不乏迷信成分，有些逐渐被废弃。

经商禁忌

商人赶街忌踩别人脚后跟，否则总落人后，赚不到钱。坐商忌早上第一个客人不成交而去，恐带来一天倒运。在店堂忌伸懒腰、打呵欠、坐门槛、敲账桌、把门枋、玩算盘、反搁算盘等，俗以为这些行为举止对财神不恭，对经商不利。打扫店堂须往里扫，忌往外扫，意在扫进金银财宝。卖布匹的忌敲量具。卖酒的忌晃酒瓶。理发匠端盆打水时，须在脸盆上搭块毛巾，否则被认为无礼。饭店忌三人一桌酒席。药店初进货须进胖大海和大莲子。卖猪头要说卖“利市”。顾客买结婚用品失手打碎器皿时，要说“先开花，后结子”。来买棺材的忌问谁死了，称棺材为“寿材”或“长寿席”，送客忌说“再来坐”。卖药忌嗅，俗信嗅过的药会失效。卖乌贼要吆喝卖“墨鱼”。店员忌坐在柜上，俗信柜台为储钱之器，坐上会影响生意。店员不准在店内看书（忌“输”之意）。店员忌面朝里坐，店中无论有无顾客，店员均不得面里而坐，意在礼貌待客。屠夫忌亥日杀猪，忌杀两刀。行商扁担忌别人从上面跨过，尤忌女人跨过。赶牛马车外出做生意，忌说“豺狼虎豹”等字句。挑担出门经商者忌初三、十四、二十三日出行。出门忌见乌鸦、尼姑。

工匠禁忌

工匠业一般都敬祀祖师神灵。木匠、泥瓦匠敬鲁班，铁匠敬老君，理发业敬罗祖、吕洞宾，磨坊业敬河神、老君。因鲁班小名称“双”，故泥瓦匠盖房上瓦时忌双行；铁匠因忌祖师爷老君小名“吹儿”，在老君生辰这天（农历九月九日）忌吹哨子。木匠做活有“留尾巴”的习俗，一般是干完活后，

古代财神像

在新做的柜箱里或家中地下留些许刨花，让主家自己收拾。其意有二，一是表示“还有活干”，二是祝主家富足有余。但在做棺材活时，完活时要不留任何尾巴，收拾得干干净净，否则便被认为是咒人家再死人，犯了大忌。石匠打钻眼忌打空锤，否则不吉。石匠凿石料时忌言语，否则凿不成。油漆工忌说“油漆干了”，要说“油漆离手了”。行医忌敲患者家门，谓之“医不叩门，有请才来”，并有“施药不施方”的说法。理发业忌给同是“下九流”的伶人娼妓理发。一般商家不雇姓“黄”或“裴”的店员，如雇用则称其为“王先生”“皮先生”。

附一：陶朱公（范蠡）经商十八忌

生意要勤快，切忌懒惰，懒惰则百事废。
价格要定明，切忌含糊，含糊则争执多。
用度要节俭，切忌奢华，奢华则钱财竭。
赊账要认人，切忌滥出，滥出则血本亏。
货物要面验，切忌滥入，滥入则货价减。
出入要谨慎，切忌潦草，潦草则错误多。
用人要方正，切忌歪邪，歪邪则托付难。
优劣要细分，切忌混淆，混淆则耗用大。
货物要修整，切忌散漫，散漫则查点难。
期限要约定，切忌马虎，马虎则失信用。
买卖要适时，切忌拖误，拖误则失良机。
钱财要明慎，切忌糊涂，糊涂则弊端生。
临事要尽责，切忌妄托，妄托则受大害。
账目要稽查，切忌懒怠，懒怠则资本滞。
接纳要谦和，切忌暴躁，暴躁则交易少。
立心要安静，切忌妄动，妄动则误事多。
活计要精细，切忌粗糙，粗糙则出品劣。
说话要规矩，切忌浮躁，浮躁则失事多。

附二：开业对联

大连城乡百余年来贺开业用联内容极其丰富，难以详述，仅选录部分。

通用联

- 经商师端木 营业迈陶朱
- 诚招天下客 誉从信中来
- 财如晓日腾云起 利胜春潮带雨来
- 满怀生意春风暖 一点公心秋月明
- 赤心迎来三江客 欢颜送走四海宾
- 生意兴隆通四海 财源茂盛达三江
- 多信息重规章招财聚宝 善经营创利润益国利民
- 小店开张门迎春夏秋冬福 大宾咸集户纳东南西北财

贺百货店

- 百货风行财政裕 万商云集市声欢
- 两厢锦绣藏百货 一店春风暖万家

贺珠宝店

- 掌上珠应求合浦 市中品独识昆池
- 四时恒满金银器 一室常凝珠宝光

贺药店

- 柜中悉系延年药 架上尽是治病丹
- 但愿世间人长寿 不惜架上药生尘
- 内病外伤均可医治 中药西药各显神通
- 橘井香流散作万家甘雨 鼎炉火暖烧成九转灵丹

贺水果店

- 火枣盐梅谈可佐 浮瓜沉李暑能消
- 绿橘黄柑奇香可挹 冰梨火枣仙品同珍

贺酒店

- 对酒歌盛世 举杯庆丰年
- 沽酒客来风亦醉 欢宴人去路还香
- 座上客常满 杯中酒不空
- 画栋前临杨柳岸 青帘高挂杏花村

贺饭店

- 胜友常临可修食谱 高朋雅会任选山珍
- 酥饼油条芳香可口 蛋糕包子松软宜人
- 餐开菜至美味招来云外客 馆张酒到清香引出洞中仙
- 五味调和苦辣酸甜皆可口 四时配合肥浓清淡尽宜人

贺书店

- 藏古今学术 聚天地精华
- 东壁图书府 西园翰墨林
- 翰墨图书皆成风采 往来谈笑尽是鸿儒

贺服装店

- 喜红爱绿装春色 挑花绣朵美仪容
- 四季时装随君择选皆满意 百样衣服任你挑拣都称心

贺成衣店

- 量体裁衣针线巧 替君节料价钱宜
- 玉剪裁成漫天月 金针引出遍地花
- 刀剪千种布 针缝万种衣
- 剪千幅彩锦装点天下皆秀色 制万件时装打扮人间尽春姿

贺鞋店

- 革履时兴君适足 款头合式众称心
- 踵纳香尘登堂入室 履行花影步月凌云

贺帽店

- 孟嘉曾向风前落 郭泰还从雨中过
- 名重进贤剪云裁月 礼尊元服滴粉镂金

贺杂货店

- 货纵零星百挑不厌 物无大小一应俱全
- 七事预存供客急 一般常备解君忧

贺文具店

- 挥毫列锦绣 落纸如云烟
- 放眼橱窗尽是文房四宝 兴怀风雅广交学海通儒

贺刻字店

- 六书传四海 一刻值千金

- 铁笔谁操工成刻鹄 金章可琢艺进雕虫

贺旅店

- 萍水相逢如亲友 停车暂住似归家
- 喜待东南西北客 献出兄弟姐妹情
- 净寓能招天下客 全心款待世间人

贺浴池

- 露浥蒹葭漫怀秋水 风熏豆蔻好试温泉
- 石室春暖人宜浴 水阁冬温客更多

贺理发店

- 精心妙手妆新貌 细剪轻刀饰旧容
- 莫让白发显人走 修整红颜变年轻
- 烫发推头除旧貌 吹风修面换新颜
- 除去一头暮色 迎来满面春风

新店开张喜额

开张大吉 开张宏发 骏业宏开

宏图大展 货财恒足 多财善贾

陶朱媲美 源远流长 利路亨通

财如云集 财如川至 万商云集

环保

与生命同行

大连地区城乡居民历史上便有讲究卫生、爱护环境、保护生态的良好习惯，并代代相传。旧时，无论是城邑集镇还是穷乡僻壤，都十分重视对水井卫生的保护，重视居住周边环境的整洁，自觉保护益鸟、益虫。能否做到上述各点，成为衡量一个人品行的重要标志。

居住环境

城乡居民无论穷富，都有保持居住周边环境干净整洁的传统习惯。农民一般晨起的第一件事便是打扫庭院，有的早晚各打扫一次。临街道路也都由各家各户自觉打扫，形成定制。车马农具摆放有序；猪圈、鸡舍或栅栏或格网方方正正，禽屎畜粪随时收拾；薪柴草垛堆放整齐，院墙不坍不破，窗明几净。

旧时住房一般在院子里设“院坑”，用于盛污水、炉灰和小孩屎尿等，积攒起来用作肥料。旧时年老的农民早晨多起得很早，在大路和村屯四周拾散畜和狗的粪便，既保护了环境，又可积攒粪肥，此习已沿袭数百年而不衰。

人粪尿一般不随便堆放，多是在田边设一泥坑，将人粪尿和畜粪堆积

花香四溢农家院

起来沤制肥料。实行合作化后，住户的大粪由集体派人统一挑运到指定地点堆放。

死猫烂狗一般不随意丢弃，多及时掩埋以免污染环境。农药多设专人妥善保管。百余年来，除人为的破坏，全市广大农村很少发生农药污染及中毒事件。

水源的保护

居民饮水与粮食同等重要。在大连农村有的一屯一眼水井，有的一屯多眼水井，村民无论长幼都能自觉地保护水井的安全洁净，不在井边堆放不洁杂物，不在井附近便溺、洗衣物等，以免污染水源。定期淘浚水井。淘井工作一般由青壮年义务去干，吃水户或出零食（多是一户出几个鸡蛋）或出水果等犒劳淘井人。淘井一般在春季枯水期进行，先是将井水汲干（旧时无水泵，多采用人工汲水），将井底的淤泥或杂物清除出去，使泉眼出水旺盛、洁净。在农村，井水均可取出直接饮用。有些村屯的数眼井中，其水质有甜、
漤之分，甜水井的水供人饮用，漤水井的水因水质较差，用于饮畜或浇菜园、洗衣服。20 世纪 50 年代，政府提倡水井加盖，以少减风尘对井水的污染。六七十年代以后，随着生产的发展，农村出现“管井”（俗称“洋井”），管井属封闭式，用活塞式手压提水，因汲取地层较深的地下水，水质更为清洁。90 年代以后农村广泛饮用自来水。

古树下的古井

清末旅顺龙引泉蓄水池

益虫、益鸟、益兽

大连城乡居民具有自觉保护有益的虫、鸟、兽的优良传统习俗。

农村居民一般不捕杀蚂蚁、蟋蟀、蝈蝈、彩蝶、蜜蜂等昆虫，对杜鹃（布谷鸟）、黄雀、燕子、喜鹊善加保护。居民家屋檐下有燕子筑窝，视为吉祥。有的住户厅堂屋笆上有燕子筑窝，主人家亦不驱赶，将门上阁留好燕子出入的通道，在许多情况下，燕子翌年仍飞回原住户，在旧窝旁筑新巢产卵育雏，连续数年不变，与主人家成为真正的朋友。居民视喜鹊为吉祥之鸟，对房前屋后树上的喜鹊窝一般善加保护。因“喜鹊”有“喜”字，每天清晨喜鹊喳喳欢叫，会给主人家带来无尽的欢乐和心理上的祥和之感。猫头鹰的叫声不够悦耳，旧俗认为猫头鹰属不吉祥之鸟，听到猫头鹰的叫声会出麻烦事。尽管如此，人们从不伤害猫头鹰，只是驱赶而已。大连是候鸟迁徙的中转站，居民对鸟类都能自觉保护，为鸟类迁徙创造良好环境。个别不法之徒以营利为目的，在鸟类迁徙时节捕鸟赚钱，不仅为法律所不容，也会受到广大居民群众的强烈谴责。

大连地区居民对刺猬、黄鼬（黄鼠狼、貔子）、蜥蜴、水蛇、青蛙等小兽类和爬行类动物一般也不加伤害。在长期的生产和生活实践中还附会出一些荒诞不经的警语，如俗认为蛇是“小龙”，尤其是体型较大又色彩斑斓的蛇称作“蟒仙”，黄鼠狼称作“黄仙”，相传如若伤害了它们，将会遭

屋檐下的燕窝

到报应。这些民间说法客观上对保护有益动物起到了积极的作用。农村居民尤重保护青蛙，幼童时代，家长就教育孩子不捕捉蝌蚪，保护青蛙。相关科普读物的广泛宣传发行，对保护青蛙发挥了重要作用。

森林植被

大连城乡居民对树木花草倍加爱护，尤在农村，家家户户均有在房前屋后栽植果树的习惯，河边路旁、街巷空闲地广植槐、榆、杨、柳、梨、杏、枣、柿树等。每年开春之后，桃花、杏花竞相开放，十里八村辉映在花木丛中，显出勃勃生机。居民都能自觉地保护村子周边的树木，有些村子里生长着一百多年甚至数百年的老树，使之成为居民保护树木的一个历史见证。在长期的生产和生活实践中，居民形成了春季栽树、冬季修剪树的良好传统。每年入冬时节，居民进山将过于密集影响树木发育的幼树进行间伐用做薪柴，将成树的枝条进行修剪，促其成材。孩子们从小就受到教育，拾草时不折活树枝，爱护花草。

植树

农民还采用在山坡挖鱼鳞坑的方法植树造林，保护植被；坡地修梯田，筑田埂，田埂植草，对保护水土、增加植被起到了良好作用。

婚姻

爱就为了这一天

婚姻是人类繁衍必须要经历的，也是人生中的大事。人类社会在其漫长的演进过程中，形成了一系列约定俗成的婚姻习俗，这些习俗随着历史的发展而不断演化。

在古籍《白虎通·嫁娶》中，婚姻字常作“昏”，“婚姻者，何谓也？昏时行礼，故谓之婚也。”“婚”由“昏”演化而来，也从一个方面验证了古代氏族男子在黄昏时抢掳别的氏族女子为结婚对象的习俗。古时婚姻还有亲家之意，《尔雅·释亲》谓之“婿之父为姻，妇之父为昏”。《礼记》注疏称“婿曰婚，女曰姻。婚以昏时来迎，女则因之而去，故名‘婚姻’。”

据史料记载，早在新石器后期即有“夫妻之道”，伏羲时期即有男女嫁娶的礼仪，并规定以俪皮为礼。“俪”为双，两者相配偶之意，故称夫妻为“伉俪”。俪皮即两张鹿皮，由男方送给女方做聘礼。到夏商时期，婚礼即已出现。周代至春秋战国期间，婚礼即已逐渐完备，并要举行六种礼节和仪式，称为“六礼之仪”，即纳采、问名、纳征、纳吉、请期、迎亲。随着时代的发展，婚俗礼仪也不断发生变化。就大连地区而言，南部与北部、城市与乡村有较大差异，各民族也有各自不同的特点。

媒妁介绍

中国封建社会有“男女授受不亲”的戒律，强调“天上无云不下雨，地上无媒不成亲”。男女双方一般都要经人从中说合，由父母包办，才能“结丝罗”“偕秦晋”“结连理”“通二姓之好”。这种说合，就叫“说媒”，这种说合的人被称为“月老”“红娘”“媒婆”，俗称“媒人”，新中国成立后改称为“介绍人”。

月老

月老即“月下老人”简称，媒人的别称。旧时，民间俗信婚姻是天生命定，由月老牵线促成的。相传唐代有个叫韦固的年轻人，一次路过宋城，住进城里南店。傍晚，韦固出店散步，见一奇异老人靠坐在一条布口袋上翻看一本书，便好奇地问老人翻阅何书，老人答道："天下人婚书。"韦固又问袋中红线何用，老人道："袋中红线用来系住夫妻之足。虽仇敌之家、贫富悬殊、天涯海角、吴楚异乡，此绳一系，例定终身，即所谓'千里姻缘一线牵'。"韦固问自己的婚事，老人翻书查看后道："足下未婚，妻乃店北头卖菜瞎婆三岁的女儿。"韦固不悦，返回店中便命仆人暗中刺杀那个幼女，但只刺伤了她的眉心，就急忙带仆人连夜逃走了。十余年后，韦固从军，勇武异常，刺史王泰便把女儿许配给他。姑娘十分漂亮，只是眉心总是粘着贴花。韦固问其故，姑娘说出了原委，方知新妇正是十余年前所刺幼女，后被刺史收养，视为己出。韦固知天意不可违，遂与新妇相亲相爱至终，子孙满堂，幸福富足。月老在大连城乡有广泛的影响，人们都乐意担当月老的角色，或亲属，或同事，或朋友间，有男女年龄、条件相当的，就主动给牵线搭桥，成全美满姻缘。俗信一生中能够为三对男女撮合成婚姻，就会得到好的报应，终生无灾无难。

旧时富裕人家接新娘花轿

红娘

红娘是“媒人”的又一别称。唐代才子元稹写过一篇《莺莺传》，讲述了一个聪明活泼的婢女红娘，一再巧设计谋，终于撮合成了张生与莺莺小姐婚缘的故事。元代王实甫根据这个故事写成了《西厢记》，后人便以“红娘”代称媒人，表达对媒人成人之美的重视和好感。

媒婆

旧时指封建婚姻说亲的妇女，多含贬义，属“三姑六婆”之列（三姑为尼姑、道姑、卦姑；六婆为牙婆、媒婆、师婆、虔婆、药婆、稳婆）。媒婆一般根据男女待婚者社会地位、年龄、长相、品行等方面情况，为邻里、友人介绍婚配。在旧式婚俗中，媒婆是一个重要角色。在男女两家对婚事取得基本一致的意见之后，媒婆要引导男方去相亲，代双方送换庚帖，带领男方过礼订婚，选择成亲吉日，引导男方接亲，协办拜堂成亲事宜，一直到新人进了房，方大功告成，故有“媳妇娶进房，媒人冲南墙”之说。

介绍人

新中国成立后，对撮合男女待婚者的称谓。在现代社会，青年男女一般都是经过自由恋爱后成婚，但也有许多需介绍人牵线搭桥。青年男女经过全面衡量各方面情况，相互了解和交往，确定恋爱关系，直至结婚。

婚姻介绍所

经政府相关行政管理部门审核批准的专门为男女介绍对象的处所。随着社会的发展，男女择偶的范围逐渐由青年男女为主扩大到中年男女乃至老年男女，择偶的条件也在逐渐由简单到复杂。男女择偶范围的扩大和条件的复杂性，使社会出现一些专业婚介单位，设立固定地点，并收取介绍费用，通过媒体和社会调查等形式，为求偶者提供服务，以满足现代男女择偶需求。

征婚广告

征婚广告是寻找配偶的男女利用现代媒体寻找配偶的一种方式。征婚广告多在报纸、杂志、广播、电视等媒体出现，也有在因特网和电信网等网络上发布，内容多是以介绍人形式介绍寻找配偶者的综合条件以及择偶的要求等，也有的以第一人称的形式发布。

相亲定亲

提亲

提亲即指男方家长托媒人向女方家说亲。由媒人向男女双方家长介绍双方的属相、生辰八字及其他基本情况。女方家长同意后，便将女方的名字及生辰八字写在红纸帖上，由媒人送到男方家，也有男女双方互换小帖的（旧称“换帖”）。

相亲

相亲是指由媒人带未婚的男子到女方家做初次客访之举，也称“看对象”。旧时，女子往往“养在深闺人未识”，是妍是拙无人知晓。经媒人说合后，男方多提出婚前相看的要求。相亲时，男子只能由媒人创造机会偷偷看姑娘一眼。解放以后，男女双方可以直接见面、交谈，都有机会对对方做进一步了解。至于相亲的结果，双方往往并不直接表白出来，而是用各种暗示来表达。一般都是在男方进门之后，女方父母先给小伙子倒上一杯热茶，小伙子看了姑娘觉得中意，就把这杯茶一口饮干。然后姑娘的父母同姑娘一起商量，如果姑娘同意，就留男方和媒人吃饭；如果不同意就任由男方告辞回家，有的父母甚至还托媒人将男方带来的见面礼带走。

察人家

所谓“察人家”其实也是看亲，即男方由媒人带领到女方家看过姑娘后，女方父母对婚事暂不表态，再由媒人带领回访男方家，女方父母察看男方家并与男方父母交谈。如果对婚事认可，男方父母立即以“亲家”相称，并盛情款待客人；否则，女方父母则起身告辞，男方亦不勉强留客。

过礼订婚

过礼就是送彩礼。换帖、合八字三日之后，男方将彩礼（全部或部分）送往女方家，即为订婚。过礼订婚是婚前大事，男方给女方多少钱、给什么订婚礼物，一般事先由媒人同双方分别协商好，不能由男方（或女方）一方确定给多少。彩礼一般多为布料、被褥面料、棉絮、现金等，富户则为绸缎、金饰等高档物品。女方亦有回赠，俗称“下定礼”，大连北部地区称“换盅”。过礼订婚之后，男女双方即可商定日期举行婚礼。解放以后，像合八字、要彩礼这样的习俗逐渐废除。

婚庆仪式

择吉

结婚证办好后，男女双方在法律上已经建立了合法的夫妻关系。然而在民间，这仅仅是结婚活动中的一个环节。按照传统的做法，男方选择迎娶的良辰吉日，并由媒人通知对方，准备迎娶，称为“择吉”和“送日子”。旧时择吉一般请教星象或算命先生办理，也可以自己择日子。通常只要“六合”相应就是好日子，如“甲子年、己丑月、丙寅日”等。双方确定了结婚日期后，就要发出婚宴请柬，邀请亲朋好友参加婚礼。

妆奁

妆奁是女方父母给女儿准备的陪嫁物品。富家多以给女儿优厚嫁妆为荣耀，中下层人家一般陪送一套柜箱及衣物等，婚嫁负担主要在男方。大连地区以清末至民国初期的庄河县北部山村为例，一般农家彩礼需百元大洋（折当时玉米 3000 公斤，为长工 3 年劳动所得）。20 世纪 30 年代，城市已有自由婚姻萌芽，但彩礼仍不可缺少，只是多少不同。新中国成立后，买卖婚姻渐被破除。21 世纪以后，结婚费用一般由男女双方共同承担。

迎亲

佳期在即，男女两家都要杀猪宰羊，准备喜宴，还要请好厨师、傧相、伴娘、轿夫、账房、师爷及其他帮助办事的勤杂人员。如果妆奁较多，则于迎娶前一天送嫁妆。传统婚礼一般是女方家早晨做“出嫁酒”，男方家中午摆喜宴；如果是纳赘（男到女家）则反之。

迎亲时，男方家鸣炮奏乐，发轿迎亲。媒人先导，接着是新郎、伴娘、迎亲婆、花轿、乐队、礼盒队。迎亲婆需由夫妻儿女齐全者充当。女方家需在花轿到来之前准备好喜宴。新娘要由母亲或姐姐梳好头，用丝线铰去脸上的绒毛，化好妆，谓之“开脸”，然后穿戴上凤冠霞帔，蒙上红布盖头。等

旧时迎亲轿马车

待迎亲的花轿一到，女方家奏乐鸣炮相迎，新郎叩拜岳父岳母，并呈上以其父名义写好的大红迎亲柬帖。接着是女方家奏乐开宴，媒人和新郎要格外小心谨慎，新娘的嫂子说不定会在盛给新郎的饭碗下层埋上半碗辣椒面，新娘的妹妹也许会在斟酒时特别给姐夫另斟一杯浓醋，新娘的大侄子也会偷偷走到媒人身后，往她脸上抹一把锅底灰。对这些能增加欢乐气氛的小闹剧，俗称“挂红”“贺新客”“洗媒”。媒人和新郎均须容忍，不能生气、发火，更不能同主客吵闹、扭打。早宴之后，新郎、新娘要在媒人的引导下向新娘的祖宗牌位和长辈行过礼，之后伴娘就可以搀着新娘上花轿（或喜车）了。上轿前，新娘一般要哭几声，叫“哭嫁”，以示对父母家人的依恋，此时母亲和姐妹等家人也要哭，俗信“哭发哭发，不哭不发”。上轿时，新娘由舅舅或兄长抱上花轿。上轿后，即奏乐鸣炮，启轿发亲。乐队在前，后面是新郎（有条件的要骑马），接着是花轿和其他送亲人员。新娘在启轿时，往往要塞个红包给轿夫，以免花轿摇摆得过于厉害。

娶亲的归途须走与来时不同的路，称“不走回头路”。接亲的队伍将要到达新郎家门口时，男方家要鸣炮奏乐相迎，并由男方家长者往轿子上扣筛

20 世纪 20 年代婚礼

20 世纪 80 年代初，农村简易婚礼，亲友赠送新婚脸盆是一份珍贵贺礼

子，称“避天煞”。男方家请的伴娘（多是年轻貌美的女子）要上前掀起轿帘，将新娘搀下轿来，傧相上前赞礼，宾客向新郎、新娘身上撒花（一般用红、黄各色纸屑替代）。富户或比较讲究的人家，在新娘下轿后用席子铺道（有的用红地毡铺道），称“避地煞”。

拜堂

男方家迎娶花轿出发后，傧相就要在男方家正房布置好拜堂的场所。当花轿停在大门前时，仪式就此开始。香案上香烟缭绕、红烛高照，亲朋好友、职司人员各就各位。傧相二人分别以引赞和通赞的身份出现，新郎、新娘按引赞和通赞的赞礼开始拜堂。拜堂仪式大体按如下程序进行。引赞：新赞莅位（伫立于轿前）。通赞：启轿，新人起。引赞：新郎打躬（拱手延请新娘）。引赞：新郎、新娘至花堂前。引赞：新郎、新娘就位（至香案前，奏乐鸣炮）。通赞：新郎、新娘（向神位和祖宗牌位）进香烛。引赞：跪，献香烛。明烛，燃香，上香，俯伏，兴，平身复位。通赞：跪，叩首，再叩首，三叩首，兴。然后，是传统的“拜天地”：一拜天地，二拜双亲，夫妻对拜。之后新婚夫妇进入洞房，新娘坐于预置炕上的斧头之上，由迎送亲客捧两盅合欢酒，新郎新娘各饮一口，谓之“交杯酒”。洞房被褥多由大姑姐（新郎姐姐）或嫂子放下，并于褥下放置枣、栗、花生等干果，预示早生贵子。

喜宴

喜宴要按来客的尊卑长幼排定座位，称之为“请客”。主席摆在正房上方正中，请“大亲”［又称“上亲”“高亲”，即新娘的伯父、父亲（一般不莅席）、叔父］坐上首右边，新郎的舅父坐在上首左边作陪，其余按尊卑长幼对号入座。次席摆在新房中，请新娘的母亲坐首位，由新郎的母亲或舅母作陪。其他各席一般也要按尊卑次序排定。然后由傧相宣布奏乐鸣炮开宴，新郎要先到主席斟酒敬酒，说些表示感谢和祝福的话。之后，厨房上第一道菜，把婚宴推向高潮。各席的酒菜一般一个样，唯“男大亲”和“女大亲”所在的席位，通例必须有清蒸的猪肘子一个。而且，新郎要时刻守候在桌边，为“上亲”斟酒、盛饭、送热毛巾等，以示尊敬。喜宴结束前，媒人早已溜走，谓之“逃席”。倘若不走，“洗媒”的人会把她的脸抹成黑锅底。

闹房

“闹房”即“闹洞房”，是传统婚礼中必不可缺的一个环节。大连地区城乡都有闹洞房的习俗。闹洞房表面是为了逗乐，其内在含意是驱邪。传说洞房中常有狐仙、鬼魅作祟，闹洞房能驱逐邪气，因此有俗语“人不闹鬼闹”一说。实际上，闹房也有一定现实意义，通过闹房将婚庆推向高潮，并使新郎与新娘除却陌生、戒备的心理，为他们的新生活开了好头。另外，通过闹房还能使亲友彼此熟悉，显示家庭的兴旺，增进亲友间的感情。

闹房者一般在黄昏时进场，先到堂屋“跳加官”，唱一段“福禄寿三星到凡间庆祝新婚”的入场戏，然后开始闹房。闹房的班子入场时，主人家要送红包一个；闹房进行到一定阶段，主人家要招待晚宴；闹房过程中，一定要有《三星送子》的节目，当饰演“三星使者”的演员抱着个布娃娃送到坐在新房炕沿上的新娘面前时，新娘要高高兴兴地接过来，还要随即赏给演员一个“送子包封”。

之后新郎要到洞房来，领着新娘作揖认亲。凡是男方家的尊长都要在傧相的赞礼声中一个个进来，让新郎、新娘拜见，而且要赏一个红包给新娘做见面礼，称为“作揖包封”。与此同时，长者要拱手回个半礼。新郎的父亲（俗称“家爷老子”）要在新娘作揖认亲之后，陪闹房的人吃饭。闹房时，新婚家人不能生气，因为闹房是“三天不分大小”，大家都可以说说笑笑、打打闹闹。闹房活动一般在午夜时分结束。

回门

回门一般在新婚的第三天，由新郎陪着新娘从婆家回到娘家。女方家要隆重地摆“回门酒宴”。席间，新娘要引新郎拜见本家亲友，一般是从最年长、最尊贵的认起。被拜见者或点头，或起座相搀，或还半礼，同样要赏新郎一个红包。至此，传统的婚礼才算结束。

新式婚俗

新中国成立后，人民政府号召“婚姻自主，恋爱自由”，不许包办婚姻。城市和农村青年男女大都采取新形式来处理自己的终身大事。男女双方相互认识之后，一般是通过约会和写情书沟通情况，抒发感情，这一个过程叫作“恋爱”“谈恋爱”。青年男女谈情说爱多是无师自通，且各有特色。不论城市和乡村，绝大多数男女青年都能以谨慎的态度对待婚恋，即便自由恋爱一般也征求父母或兄弟姐妹的意见，慎重地对待自己的终身大事。结婚的形式也发生了很大的变化，新式婚庆成为时尚，结婚费用（买房、装修、照婚纱照、订酒席、租婚车、请司仪、婚宴上敬酒敬烟以及拍外景等）却不断攀升，据调查，大连平均每对新人消费为几十万甚至上百万元，故有人称结婚为“发昏（婚）”。

婚礼请柬

男女双方商定举办婚礼的日期之后，就要发放请柬通知双方亲友届时参加。请柬发放的对象有双方的亲属、朋友、战友、学友、同事、邻里等，也就是说，一般平日有来往者均要请到。

婚庆主持人

旧时婚礼，富家讲究，多是请有一定文化且伶牙俐齿的“大管事”主持各项仪程。穷困人家婚事从简，多由新婚男女的娘舅或叔叔大伯主持简单的“拜天地”仪式即告结束。20世纪90年代以后，青年男女结婚多聘请专业婚礼主持人。由此，社会上出现专门经营婚庆的礼仪公司。婚礼主持人承担整个婚礼的程序安排调度，由男方家提前预约并付给一定酬金。主持人须品貌端正，语言流畅，诙谐幽默，知书达理。

实景拍摄婚纱照

市妇联组织的集体婚礼（张成业）

集体婚礼

集体婚礼是现代社会的一种新的婚庆形式，一般由当地社区或当地工会、妇联和青年团组织举办。通常由集体婚礼举办者先发出通知，说明举办时间、地点及缴纳费用等，参加者自愿到举办单位报名。婚庆仪式由举办集体婚礼的单位组织实施。

旅行结婚

旅行结婚在20世纪六七十年代即已有之，践行者多为文化程度较高者。男女青年办理结婚登记手续后，选择心仪之地，旅行度蜜月，归后向亲友发送喜糖，宣布结婚。旅行结婚简洁节约，体现了以结婚双方为主体的理念。

结婚文书

结婚文书是结婚礼仪活动的重要环节，直接反映出结婚男女双方的文化素养和社会地位，旧时官宦、商贾及大户人家对此十分讲究，视为门面。结婚文书包括婚宴请柬、对联、题词、贺幛、包封签等。后两者在解放以后已很少使用，请柬和对联仍盛行不衰。

婚联

婚联书写一般选用楷书、隶书或行书字体，用红纸写金字或黑字，以求雅俗共赏。无论门窗，一律上联（首联）挂右边，下联（尾联）挂左边，上方正中挂横批。对联的内容一般根据结婚者双方姓名、职业、身份、地位、家庭情况、兴趣爱好及结婚的时间、地点、气氛等撰写。上、下联字数相等，结构相同，平仄协调，对仗工整。横批多由四字组成，忌与联语中有相同的字。如：喜鹊喜期传喜讯，新燕新春闹新房，良辰美景；大门用联有：双鸟鸣绿树，对燕舞繁花；头门用联有：扫净庭阶迎客驾，携来笙管接鸳舆；中堂用联有：子媳早相知同德同心密室合欢偕伴侣，岳翁原旧友有情有义明堂新喜结亲家；宴厅用联有：三杯淡酒酬宾客，一席粗肴宴懿亲。

贺词

大连地区城乡昔时一些有社会地位或富户人家在举办婚礼时，亲朋好友或师长有给新婚夫妇题写贺词的习俗，以增加婚礼气氛，提高文化含量并具有纪念意义。常用的贺词内容主要有：缔结良缘、文定吉祥、成家之始、喜缔鸳鸯、缘定三生、姻缘相配、白首成约、鸳鸯璧合、天作之合、百年好合、百年琴瑟、百年偕老、白头偕老、天缘巧合、佳偶天成、珠联璧合、永结同心、永沐爱河、心心相印、相亲相爱。

婚姻禁忌

婚姻即因结婚而产生的夫妇关系，是家庭和子嗣合法存在的基础。婚姻不仅是个人的大事，也是社会生活中的重要内容。故在民间，从择婚、议婚、订婚到嫁娶乃至离婚、再婚，无不慎之又慎，加上古时传统迷信因素，遂形成了繁多博杂的禁忌事项，即使不信邪的人，面对婚嫁大事也免不了落入俗套。

择婚禁忌

择婚的本质是禁忌乱伦，其主要标准是同宗（姓）不婚。这是一种古老的习俗，始见于周代。姓的作用在于“别婚姻（种族）”，古人早已认识到同姓、同血统婚配影响子孙后代的身体发育和智力发育。《白虎通义》云：“不娶同姓，娶同姓者一国同血脉，遂至无子孙。”《左传》云：“男女同姓，其生不蕃。”《国语》云：“同姓不婚，惧不殖也。”在大连地区，择婚不单纯禁忌同姓结婚，更关心血缘关系的远近。在现实生活中，同姓不婚早已被打破，禁忌的只是同宗近亲结婚。在一般情况下同宗不婚，如有婚配也必须是出了“五服”的，没有出“五服”的绝对禁止婚配。

表婚亲禁忌

民间针对单向舅表婚的禁忌习俗称“骨血不倒流”。舅表婚又称“中表婚”，舅为中、为内，姑为表、为外。俗以为姑母和父亲的血脉相同，娶姑家的姑娘为媳妇便是“回头婚”，“骨血不倒流”的说法是反对姑姑家女儿嫁给舅舅家的儿子。但旧时认可姑家儿子娶舅家女儿为妻，称之为“侄女跟姑姑”。同时女姊妹生育的子女可互为通婚，称两姨亲（含单向姑表亲）亲上加亲。新《婚姻法》做出近亲不得结婚的规定后，姑表亲、两姨亲的婚俗被废止。

婚恋禁忌

大连地区自古以来无论城乡对恋爱期间发生性行为都认为是不道德、见不得人的丑事。强调“童贞”，女子尤甚，失去童贞会遭到社会的谴责或被家庭所遗弃，若女子失贞往往造成婚姻破裂或被休弃甚至有生命危险。至近代，婚前性行为虽不像旧时那样看得十分严重，但仍然被视为不道德的行为，家长会因子女的行为而感到羞耻。

婚龄禁忌

“男大当婚，女大当嫁”，无论男女，到了婚龄就要谈婚论嫁，如超过婚龄很大，无论男女都会受到猜疑。故民间忌家有未婚大男大女。谚云：“男大不婚，女大不嫁，恐怕弄出大笑话。”在西周之前，男三十、女二十为合适婚龄。《周礼·地官·媒氏》称：“令男三十而婚，女二十而嫁。”《白虎通义》云：“男三十筋骨坚强，任为人父，女二十肤肌充盈，任为人母。合为五十，应大衍之数，生万物也。”春秋时期齐桓公为争天下，下令“丈夫三十而室，女子十五而嫁”。越王勾践为了复国报仇开发兵源，下令“凡男二十、女十七不嫁者，罪及父母”。至南北朝时婚龄被压降至男十五、女十三。唐初婚龄提至男二十、女十五，唐末又降至男十五、女十三。明清时期最低婚龄男十六、女十四。新中国成立后，首部《婚姻法》规定婚龄为男二十、女十八以上。1980 年修改《婚姻法》时婚龄改为“男不得早于二十二周岁，女不得早于二十周岁”。

在大连城乡，解放前男女婚龄相对较小，一般女十六七岁、男二十岁左右均结婚成家，尤其贫穷农家多早早嫁女，俗称“穷人家养不起十八岁姑娘”。农村与城市相比，农村婚龄较低，城市婚龄相对农村高出 3—5 岁。民间习俗男比女大，但年龄差超过十岁以上便会受到社会舆论的谴责，谚云“老不娶少妻”。解放前曾时兴十来岁男孩与十七八岁姑娘结婚，以解决家中缺劳力之困难，解放后被废止。

生肖禁忌

旧时婚姻忌生肖（属相）不配者结婚。千百年来此种习俗曾拆散了多少本可缔结的好姻缘。生肖是以十二地支（子、丑、寅、卯、辰、巳、午、未、申、酉、戌、亥）循环往复来计算人的生年，并以鼠、牛、虎、兔、龙、蛇、马、羊、猴、鸡、狗、猪这十二种动物按序与十二地支相配，即为每人的属相。后来，人们就把哪年出生的人与这一年的生肖的动物禀性联系起来，并成为议婚的重要依据。根据五行之间相克相生的关系，生肖之间也被赋予相克相生的关系，这种关系进而被引用于婚配的合婚中，使之庸俗化。

民间流行的生肖禁忌谚语主要有：龙虎相斗，必有一伤；两虎不同山；两只羊活不长；猪猴不到头；青龙克白虎；虎鼠不结亲；白马不配牛；鸡狗不一家；兔见蛇如刀锉等。

婚期禁忌

婚礼选择在何年、何月、何日举行，民间历来十分看重。一般忌非正常年份办理婚事，即选择无特殊情形的正常年办喜事，尤忌当年无立春日的年份嫁娶，古代嫁娶多在春天举行，认为春有男欢女爱之意。如在无立春日之年结婚，恐不生育，不吉。忌在直系亲属去世一年中举办喜事，认为在服孝期办婚事不吉。婚期月份的选定忌四、五、六、七、八、九月，多选十月至翌年三月结婚。结婚日的选定，旧时多选双日，认为“好事成双”，单日不吉，尤忌农历七月初七举办婚礼，惧畏夫妻分离。解放后，旧时的婚期禁忌已被革除。农村多选择农闲季节举办婚礼，而城市则多选择“五一”、“十一”、元旦等节日举办婚礼。结婚年、月、日均以公历计算，旧时的婚期择日禁忌大都失去约束力。

婚礼禁忌

旧时女子结婚日前两天禁饮食，防行婚礼时解手。婚礼当日，新娘不可任意躺在床上，否则长病不起。

婚服要新，忌着旧装，否则不吉或遭新人不贞之嫌。新娘的衣服忌有口袋，以免带走娘家的财运。旧时新郎可穿九品官服，新娘必用凤冠霞帔。

女方送亲者忌寡妇、孕妇，要“全活人”（直系亲人齐全）。新娘成亲出门时嫂嫂不能相送，因“嫂”与扫帚星的“扫”字同音，不吉利。

旧时新娘上轿时忌足踏土地，恐带走娘家福气，避邪求吉。新娘上轿前要蒙上盖头，直到下轿、拜天地、入洞房后才由新郎掀开，否则不吉。

旧时婚嫁走轿来回时不走重路，恐走回头路。现代男女婚嫁均乘坐汽车，不走重路的习俗仍保留。结婚行轿（车）的途中忌“喜冲喜”，即忌两家婚轿（车）相遇。旧时两家娶亲队伍相遇要比赛（吹奏乐器）相争，以求占上风求福气。后来演变为双方新娘互换手帕、毛巾等物，以祝贺代竞争，以求双方都避免不祥的兆头。

新娘下轿时要燃放鞭炮，以崩掉新娘带来的煞气。忌下轿时踏土。搀扶新娘的青年女子忌与新娘属相相妨。新娘进屋忌踏门槛。新娘入洞房坐床忌言笑、乱动。安床后到新婚夜前，要找一个男童与新郎一起睡在床上，认为空铺不吉利。

婚宴忌有寡妇（老者除外）、孕妇及戴孝者参加。酒宴时忌男女同桌，娘家送亲客要坐上席，忌招待不周。结婚当日忌无人闹洞房，谓之“人不闹鬼闹”，忌寡妇，孕妇，产妇，婴儿，戴孝者，属虎者或与新娘、新郎生辰八字相克者进入洞房。

结婚不足月，忌两新娘子见面。正月十五日忌新娘（新婚妇）回娘家看灯。出嫁女忌正月初一回娘家。新娘新郎回门看望二老忌留宿。新婚夫妇回娘家忌同房、同床。

生育

诞生与成长的洗礼

生儿育女历来是人类生活中的大事，尤其古代中国医疗条件较差，婴儿成活率较低，新婚夫妇为传宗接代、继承香火，形成许多习俗。随着社会的进步，大连城乡居民的生育观已发生深刻的变化，特别是随着工业化的进程和社会保障体系的逐步形成，城乡有固定收入的人群所占比例日益扩大，人们科学文化素质不断提高，养儿防老、多儿（女）多福的传统观念逐渐淡化，而少生优育、晚婚晚育、生男生女都一样的观念逐渐被人们所接受。但由于传统习惯的影响，大连城乡育龄妇女从怀孕到婴儿出生，仍保留着不同形式的生育习俗。

生育禁忌

在旧社会，民间对孕妇流产、难产及生残儿和怪胎难于做出完全科学的解释，就在禁食、禁视、禁做方面附会出各种迷信说法，以警示一般村妇。

饮食禁忌

旧时，孕妇在饮食方面有许多禁忌。如孕妇忌吃兔肉，怕产下的孩子长个三瓣嘴（即兔唇）；忌吃狗肉，怕将来孩子爱咬人；忌吃驴肉，怕将来孩子“驴性”；忌吃公鸡，怕孩子夜里啼哭；忌吃螃蟹，怕胎横难产，生下的孩子咂泡沫流口水；忌吃河蚌肉，怕生下的孩子呲舌头；忌吃猪头肉，怕生下的孩子生疮、生疖子；忌食生姜，怕生下的孩子有六指；忌食鳖，怕生下的孩子颈项过短。

视觉禁忌

旧时，孕妇在视觉方面也有许多禁忌。如孕妇忌看产妇分娩，怕自己将来要难产。这条禁忌颇有点科学根据，因孕妇看到正在分娩的产妇的痛苦表情，听到产妇的叫喊声容易造成一种精神压力，到自己分娩时可能会神经紧张，以致引起难产；忌看蛇，怕产下的婴儿伸舌头；忌见猴、虎等不常见的动物和丑陋的人，怕受惊吓，冲犯胎神；忌看傀儡戏，怕生无骨的孩子。忌入新房看新娘，因为“双身人”“四眼相”看了新房，新娘日后不是克夫守寡，就是丧子绝后。

行为禁忌

旧时，孕妇在行为方面亦有一些禁忌。如孕妇不应到神庙去，认为神灵至高无上、洁白无私，理应虔诚尊敬，而受胎是亵渎的结晶，倘到神灵之前，是大不敬的事；孕妇不宜攀登果树、仰高取物，认为经孕妇攀登的果树第二年不结果；孕妇不可染手屋梁上或其他较高处的东西，认为经孕妇染手后就常为猫鼠所窃。

怀孕生育

怀孕

新娘婚后数月出现身体不适等征兆，一家人便开始忙乎起来，称之“有喜”，多数家庭都能适当减轻孕妇的劳动强度，增加营养。娘家人按旧俗要给孕妇送去老母鸡或乌鸡、鸡蛋、糖、奶粉等营养品。孕妇的其他亲友视交情亦送礼品并登门探视以示关心。新中国成立后，各级政府和妇联组织制定了一系列保护妇女儿童权利的规定和措施，提倡和敦促孕妇定期检查。大连地区从 1981 年起，对妊娠三个月以上的孕妇进行登记建卡，定期检查，发现问题及时指导，以确保母婴安全和胎儿的正常发育，对提高人口质量发挥了重要作用。

分娩

解放前，助产人员极少，尤其是农村妇女分娩只能找接产婆（多为中老年妇女），或生育过孩子的长辈妇女接生。这类接生婆大都未经过专业训练，只凭经验接生。接生器具简陋且没有经过消毒，在偏远农村有的接生婆甚至用炕洞灰或炕土止血。顺产尚可，每遇难产，便用钩子钩、剪子穿，致使许多产妇、婴儿死亡。有的产妇虽生产顺利，但由于缺乏产后护理知识，即便在炎热暑期，也紧闭门窗，穿棉衣棉裤，造成产妇中暑而亡。

坐月子

旧时，妇女分娩后一般要静养一个月，俗称“坐月子”“猫月子”。其间由产妇母亲或婆母等亲近女性照顾饮食起居，俗称“侍候月子”。产妇坐月子期间主要食用小米粥、鸡蛋及其他蔬菜和营养品。解放以后，妇女保护工作受到政府的高度重视，旧式接生的传统习俗被彻底废除。城乡均成立妇幼保健站，培训一批接生员，采取新法接生。改革开放以后，居民生活水平提高，开始讲究科学健康饮食，职业女性可享受近六个月的产假。

农民画《月子》（倪真礼）

报喜

旧时，婴儿出生后，婴儿父亲便要立即提一篮染成红色的鸡蛋到岳父家报喜。按农村习俗，如生男孩，到岳父家门前就燃放鞭炮；如生女孩，则到了岳父堂屋前再燃放鞭炮。之后送上红蛋，报喜者要赶快转身往回走

（意为回家照顾母婴），如跑得迟一点，舅嫂或妻妹就会拿鸡毛掸子、床刷或扫帚跑来“打屁股”。报喜者挨“打”后不能生气，亦不能还手，还要赔着笑脸感谢他们的友好表示。报喜时，有的带上请柬（或口头表达），请娘家人于婴儿出生后的第三天去吃“三朝酒”（有的是在婴儿出生后第十二天）。

三朝礼仪

踩生

婴儿出生后，农村有的地方讲究“踩生”，即婴儿出生之后第一个家庭成员之外的人进入产妇家门就叫“踩生”，此人被称作“踩生人”。人们认为踩生人有何种性情，婴儿长大后也会有哪种性情。故乡村一些性情（性格）不好、形象欠佳并有自知之明的人，一般都注意不到有孕妇的人家串门，以免偶遇踩生，令主人不高兴。

三朝

婴儿出生后的第三天，称“三朝”日。亲朋好友携带送给婴孩的衣、帽、鞋等登门祝贺。外婆家要送一篮子染红的鸡蛋，给孩子挂“护身符”“长命锁”。

洗三

“三朝”日那天还要举行“洗三”仪式。有些地方在给婴儿洗澡时，浴盆中放喜蛋和金银饰物等。洗毕，取蛋在婴儿额角擦一擦，认为可以免疮疖；金饰物则为镇惊。之后取其父一只鞋和一块碎缸片、一根肉骨与婴儿一起称秤，叫作“上秤”，祈求长大后有钢骨，事事称心如意。在乡村，“洗三”一般由外祖父主持，边搅水试着水温边念叨：长流水，水流长，聪明伶俐好儿郎……接着用小棒槌敲打盆边并念叨：一搅二搅三搅，哥哥领着弟弟（妹妹）跑；先洗头做王侯；后洗腰，一辈要比一辈高；洗脸蛋，做知县；洗腚沟，做知州。给婴儿梳胎毛时念叨：三梳子、两拢子，长大戴个红顶子（当大官）；

左描眉，右打鬓，日后奔个好前程。之后用一根小葱在婴儿头上轻打三下，边打边说：一打聪明，二打伶俐，三打邪魔。接着还要举行“开荤”仪式，即主人请几位会说吉利话的妇女，先将黄连汤蘸儿滴在婴儿嘴上同时说：“好乖乖，三朝吃得黄连苦，来日天天吃蜜糖。”然后把肥肉、糕点、鱼、酒、糖等制成的汤水用手指蘸少许涂于婴儿唇上，并唱道：“吃了肉，长得胖；吃了糕，长得高；吃了酒，福禄寿；吃了糖，保健康；吃了鱼，有富余。”最后让婴儿尝一点讨来的乳汁，仪式结束。解放后，“洗三”之俗已渐废，一般是象征性地给婴儿洗个澡而已。

产房标识

婴儿诞生后，产妇家门庭上方要悬挂桃枝红布条或用草席等编做的弓。生男孩悬于门左，生女孩悬于门右。汉族居民认为桃枝、红色及弓箭均是避邪之物，可保婴儿平安；满族居民认为悬挂弓箭可使婴儿继承骑射民族的传统，成人后做勇武之士。产房悬挂桃枝、红布、弓箭实际上是起到标识作用。亲戚邻里见到标识后，可主动避让不来串门；过往商客车辆见到标识后，也要避免喧哗鸣鞭；乞丐见到标识后，也越门而过，以免引起狗吠，惊吓到产妇。此风俗在农村至今仍很盛行，是有一定道理的。

产房标识

下奶

产妇分娩后，亲朋好友（大多为女性）都要在月子里前去探望慰问。一般给产妇送鸡蛋、挂面、鸡、鱼、肉等，尤其看重老母鸡，认为可以“发奶”。产妇家一般不招待来“发奶”的亲朋好友吃饭，待孩子满月时再专请。

满月周岁

满月

大连地区城乡盛行给婴儿过“满月”。旧时，一般由孩子的舅舅赶着牛马车来姊妹家把母子接回外婆家，抱着孩子到街坊邻居家串串门，据说这样孩子好养活。满月时要给婴儿剃胎发，额头留“聪明发”，脑后蓄“撑根长”。剃下的胎发用红纸包好后放在大门顶上，意为步步登高；有的则将剃下的胎发揉成圆团，用彩线缠好，挂在床上避邪。这些旧俗20世纪后期渐废，但给婴儿过满月的习俗仍沿袭。一般由男方主办，女方亲属参加家宴庆贺或在宾馆饭店设席待客。旧时，参加筵席的亲戚朋友按习俗都要给孩子送些衣物、首饰等礼品。现在多为送“红包”。

抓周

婴儿过百岁（出生一百天）；姥姥要给孩子送一对鲄鱼形馒头（称鲄鲄），以祈求婴孩健康长寿

周岁礼

婴孩吊床（摇车）

周岁礼又称“周晬礼”。孩子周岁这一天，亲朋好友前来馈赠庆贺，为小孩祝福，其中最热闹的场面是举行“抓周”。此风俗早在南北朝时期即已盛行，宋代时称“试晬”，明清以后叫“抓周”。“拈周试晬”源于原始人对征兆的信仰，是一种预卜幼儿前途和职业的礼仪，《红楼梦》中即有贾宝玉抓周的精彩描写。抓周礼至今仍然盛行于大连城乡，虽然其中占卜的迷信成分少了，但作为一种特殊的民俗活动，仍带有一定的纪念性质。在孩子满周岁那一天，家人将士农工商所用的器具放在桌子上，将穿戴一新的孩童抱至桌前，任其随意抓取。若抓取的是笔或书，则预示将来是文人；若抓取的是算盘，则预示将来是商人；若抓取的是镰刀之类，则预示将来是农民。有的地方在抓周前先放一本书在孩子的枕头下面，强调孩子无论将来干什么，先要读书认字；然后将花、布、钱、笔和泥土之类摆在孩子面前，听凭孩子抓取。人们都期望孩子抓取书籍，若抓到了，宾主则欢欣鼓舞，认为这孩子将来必然学有所成。还有的地方在所放物件中加入泥制的印信或朝珠，若孩子抓取了此物，则预示长大了能够做官，亲戚朋友皆喜形于色，自有许多祝贺的话献上。抓周礼毕，孩子的父母照例要设宴招待来宾，感谢他们对孩子的关怀。

拜干亲

即“拜认干爹干妈”的习俗。过去，民间缺医少药，婴儿死亡率较高，人民群众深以为忧。小孩一有病痛，就认为是子女命不好，八字不佳。为了使孩子免灾除祸，就拜认义父义母，以求吉祥。大连地区民间昔时寄拜干爹干妈的形式多种多样，多数是上门拜认干爹干娘，也有的寄拜过路者、求乞妇、拜“树干娘”、拜“马干爷”等。

成年礼

古代，不论男孩女孩，少小时都是垂发为饰的，称之为“垂髫”。晋代陶渊明在《桃花源记》中记载说，桃花源中“男女衣着，悉如外人；黄发垂髫，并怡然自乐”。孩子到了上学年龄，才称之为“成童”。到了成童时，把头发束起来叫作“总发”“束发”。这都是男子二十岁、女子十五岁以前的称法，因为那时还不算成年，没有举行成年礼。

男子二十岁举行成年礼，称为“冠礼”，并要郑重其事地由家长发出文书，广宴亲友，举行加冠仪式。女子在十五岁举行成年礼，称为“笄礼”。笄就是插在头发上的簪子。女子十五岁时把头发盘成髻，为了使之不松散开，就用笄插上去拴稳，再挂铰子之类的首饰。笄礼的仪式与冠礼一样，笄礼之后女子就可以“以姓配字”，选郎出嫁。成年礼在大连地区流行到 20 世纪 20 年代之后逐渐废弃。

饮食

有滋有味有生活

据古籍记载，秦朝以前人们一天只吃两顿饭，且有严格的时间规定，如不守时吃饭或一天吃两顿以上的饭，则被视作失礼。汉朝以后才盛行一日三餐。至唐朝，早饭被称为“早点”，午饭称“中饭”“过中”。古时两餐制表示时间分段概念，即早饭表示一天开始，晚饭表示夜晚开始，现代人的一日三餐也是表示一日三个时间段的划分：上午、下午、夜晚。旧社会，贫苦农民一般一日两餐，主要是因粮食短缺、生活困难所致。中国素有“民以食为天”的说法，大连地区亦不能例外，彼此见面的打招呼语“吃了吗”就说明这一点。古人很早就学会烹制各种食物。大连地区依山傍海，属于粮、菜、果、渔区，居民食物比较杂，饮食品种丰富。古时食物概括说有五谷(稻、黍、稷、麦、菽)、五菜（韭、葱、薤、蒜、兴渠）、五饮（水、浆、酒、酪、酏）、六畜（牛、马、羊、猪、鸡、犬）、八珍（龙肝、凤髓、豹胎、鲤尾、猩唇、熊掌、酥酪、鸟舌，其中龙肝、凤髓只是想象出来的)。在烹饪技法上，大连地区属鲁菜和辽菜的结合部，主要技法有蒸、煮、烧、炸、烤、炖、炒、煎、焖、煨、熬、熏、卤、腌、烹、涮、熘、爆、烫等，以蒸、煮、炒、炖为主。饮食五味有辛（辣）、酸、咸、苦、甘（甜）。

主 食

大连地区近代以玉米为主食，兼食地瓜、小米、高粱米、豇豆、绿豆等粮薯豆类，大米、白面只能用于年节或待客。日本侵占时期，大米专供日本人，中国人只能吃玉米面和橡子面，吃大米即为“经济犯”。解放后，仍以玉米为主食，辅以地瓜、豆类。改革开放以后，主食中大米、白面比重逐年增加，城市居民主食现已完全被大米、白面所替代，粗粮仅做调剂生活所用，农村居民细粮比重亦超过六成。

饼子

玉米面饼子是大连地区辈辈相传的主打家常食品，其做法是将玉米面掺以少量大豆粉，和好后贴在热锅上烙蒸，种类有发面和烫面的，其色黄，味香可口。解放前后，专卖大饼子的店铺颇受欢迎。改革开放以后，随着社会经济不断发展，人民的生活水平不断提高，在饮食上亦趋多样化，粗粮细作重上餐桌，并已成为一种时尚。大连著名的双盛园创始人黄淑卿老太太就是靠卖玉米饼和咸鱼起家的，如今已成为连锁店，并在外地建立连锁店。此外，玉米面还有多种吃法。如纥子粥，又称“苞米粥”，其做法是将玉米磨碎去皮，筛出类似米粒的纥子，煮成糊状，黏滑适口。玉米面饸饹是将细玉米面团放

旧时给谷物脱粒的碾子

20 世纪 70 年代粮店

在饸饹床上轧成条，漏入锅内沸汤里，熟后即可食用。玉米煎饼是将玉米浸泡一昼夜，磨成糊状，在锅底摊成薄饼，然后包上萝卜丝、豆花、粉条和肉丁等做成的馅，再放入锅内炸烙即可食用。玉米发糕是用细玉米面加水和面引子（发酵用）发好，加碱，做成发糕，松软可口。烀苞米是将鲜嫩玉米带皮或扒皮，放锅内烀熟食用。玉米菜粥是将接近成熟的玉米用丝擦子擦入锅中，加鲜菜和调料，做成菜粥。

地瓜

地瓜是大连地区农民除玉米之外的主食之一，其食用方法有很多种。一是烀食，即将地瓜洗净放到锅中添水烀熟，营养丰富。二是烤食，即将地瓜放到烤炉中烤熟，吃起来味道甘甜爽口。三是炸食，即将地瓜切成片、丝或将熟地瓜兑细玉米面做成丸子放到油锅中炸熟，吃起来清香可口。另外，还可制作淀粉，做成粉条、粉皮，俗称“地瓜粉”。此外，地瓜叶和叶茎均可食用，地瓜叶子大棒鱼面条是长海县独具特色的食品。

米饭

大米即由稻谷磨出来的白米，可做干饭、稀粥，有黏性的可做粽子。另外，还有由谷子磨成的小米，由高粱磨成的高粱米等。在20世纪70年代以前，大连地区城乡以玉米面为主食，大米很少，居民只能在过年过节改善生活时才吃几顿。改革开放后，城市居民食物中细粮比率提高，实行粮食定量供应以后，城镇非农业人口每月只供应一部分大米。至20世纪80年代末，城镇居民定量基本全部为细粮，粗粮极少。农村居民随着生活水平的提高，饮食结构也逐渐发生变化，变粗粮为主为细粮为主。

馒头

馒头，大连城乡居民俗称“饽饽”，即用小麦面发酵蒸制而成。旧时居民只有年节时方能吃顿馒头。有些人家祭祖时用黑面（荞麦面、玉米面）外包白面做成内黑外白的馒头，足见旧社会居民生活之艰难，白面之金贵。据载，“馒头”一词源自三国时蜀国军师诸葛亮。当时是用面包肉，类似今天的包子，做供神之用，因形似头故名“馒头”。馒头形状各异，可做成花卷，切成方形的称“卷子”。

馒头

饺子

饺子是大连地区城乡居民最具代表性的传统食品，俗有“舒服不如倒（躺）着，好吃不如饺子”之说。大年三十子夜，家家户户再穷也要吃顿饺子，俚语“谁家过年不吃一顿饺子”说的就是这个意思。饺子又叫“交子”，据史料记载，此名称的来历与大年三十食饺子的习俗有关。中国传统节日春节是农历中最隆重的节日，大年三十晚上，有守夜辞岁的习俗。守夜辞岁的活动在各个地区都有所不同，其中最普遍的一种叫“包辞岁”，即在大年三十夜里把备好的肉、菜剁成馅，其中“肉”和“菜”谐音为“有”和“财”，因此在剁肉馅时要弄出大的声响，让左右邻居听见，馅调好后和面擀皮包成月牙形的食品，到午夜12点时下锅煮熟全家共食，即为包辞岁。按天干地支计时法，午夜12点为子夜，子时钟声一响人们便由旧的一年迈进新的一年，称为“更岁交子”。习俗中在子时吃这种带馅食品完全是为辞旧岁迎新年，因此人们便把这种食品称为“交子”。后来书写时，因“交子”为食品的一种，便在“交”旁加上“食”，称为“饺子”。

据考证，早在春秋中晚期时就有饺子这种食品，1978年山东省滕州出土的薛国故城的一套青铜礼器中，有一个锈蚀的铜器，里面整整齐齐排放着一些白色食品，呈三角形，内包有屑状馅料。经考察，即为今天的饺子，这说明，饺子在我国的食用历史至少有2500年了。除夕吃饺子的习俗在明代已广为流行，在《明宫史》《宛署杂记》等书籍中已有春节吃饺子的记载，到清代已成为定俗。饺子的名称在古代除了“交子”外，还有“角子”“扁食”“馄饨”“煮饽饽”等。在大连地区，群英楼的饺子闻名遐迩，曾称“天下第一饺”，并批量出口国外。在旧社会，一般居民家只在逢年过节时才能吃一顿饺子。改革开放以后，饺子已成为城乡居民的家常便饭。饺子馅有多种，肉、鱼、蔬菜皆可为馅。饺子已成为中华传统饮食文化中的重要组成部分。

面条

面条是大连城乡居民除馒头、米饭、饼子外，食用频率最高的食品。面条的种类也很多，既有龙须面、竹片面等，又分炸酱面、打卤面等。据史书记载，唐代称面条叫“不托”，意思是用刀把面饼或面片直接切成条状煮食，不用手掌托着压而成的薄片汤饼。自唐代起就风行过生日吃寿面的习俗，因面条柔而长，与人们祈求长寿同理。宋代时曾称不托为“博饦”，明清以后称“面条”。在20世纪80年代以前，居民吃面条多是用面粉和水后擀成薄片，然后用刀切成条状，放入事先煮沸的汤里，煮熟后即可食用。20世纪70年代以后，市场出现“挂面”，即机器压制的脱水面条。在城镇居民粮食定量供应时期，每月向居民供应2公斤左右挂面。粮食市场放开之后，挂面在各零售商场均有出售。

包子

包子即用面皮包馅蒸食的亦饭亦菜食品。早在魏晋时代即已出现。旧时农村居民多用细玉米面做皮，用萝卜、大白菜或酸菜做馅，其形状有两种，粗粮制作的多为半月形，白面制作的多为带褶的圆形。包子是城乡居民常吃的食品。

菜 肴

大连地区属暖温带杂粮区，副食主要以蔬菜为主，兼有猪肉和禽肉、蛋以及海产品等。解放前，大连地区农村居民生活困苦，缺粮少菜，尤其北部山区农民“糠菜半年粮”，有的农闲季节一日两餐。大连地区蔬菜品种以大白菜、萝卜为主。春季蔬菜主要有菠菜、小白菜、韭菜等；夏季蔬菜主要有芸豆、土豆、黄瓜、茄子、大头菜、葱等；秋菜除大白菜、萝卜外，还有南瓜、胡萝卜、芥菜、雪里蕻等；冬季城乡居民均有储存蔬菜的习俗。储存蔬菜主要有保鲜储存和腌渍储存两种，储存品种主要是大白菜和萝卜。农村居民多是自种自食，自留种子。改革开放以后，农村建起塑料大棚，生产反季蔬菜，城乡居民可随时买到各种蔬菜，农民只能吃应季菜已成历史。

酸菜

酸菜是东北地区城乡居民冬季十分喜爱的一道菜，其制作方法是将大白菜去掉根和帮，放在开水中轻煮一下，然后放入缸中，加放适量的盐，再用石块压紧，添水漫过顶层菜，以防腐烂。旧时酸菜的主要吃法是熬（炖），如酸菜血肠、酸菜海蛎子、酸菜豆腐、酸菜肉、酸菜粉条等。酸菜还是吃火锅的底料菜之一，也可以作为包包子、饺子的馅料，吃起来别具风味。20 世纪 80 年代中后期，由瓦房店创制的“炒鲜边”，即酸菜加粉条（丝）、海蛎子和少许五花肉炒制而成，虽然加工简单，但吃起来鲜美爽口，很快便风靡大连城乡，成为食客常点的一道佳肴。而雪村的一句“翠花，上酸菜”，更是让东北的酸菜一夜之间走红全国。

火锅

火锅的历史可追溯至唐代，时称“暖锅”，分铜制和陶制的两种，用来涮羊肉、猪肉、鸡肉等。元代，火锅传至蒙古草原。清代，火锅成为御膳佳肴之首。旧社会，只有富裕人家才有火锅；解放后，火锅渐多，改革开放以后，火锅进入寻常百姓家，并出现电火锅。火锅的吃法越来越丰富，近年来

海鲜宴

秋季大白菜上市

渍酸菜

主要以海鲜、牛羊肉为主，也可涮青菜、各种菌类、豆腐、粉丝等，其特点是经济实惠、方便随意、鲜香适口。在饮食行业中，有不少专门经营火锅的，成为大连饮食业的一大特点。

豆腐

制作豆腐始于汉朝淮南王刘安，至今已有2000余年历史。豆腐是城乡居民主要副食品之一。一般是农民将收获的大豆分成三份：一份用来做大酱，一份用作榨油脂，一份用来做豆腐。旧时农村一年只在过小年前后做一次，用于春节改善生活。其做法是将大豆浸泡12小时左右，用石磨（后用粉碎机）磨成糊状豆粕，用豆腐包（密纱布）过滤成豆浆（副品为豆腐渣），将豆浆烧开，倒入缸内加卤水成脑后挤出水分即成豆腐。可鲜食、腌或加盐晒干食，也可过油成块干食。

调味品

大酱

大酱是农民传统调味品，不分贫富，家家必备。据史书记载，早在2500年前，古代劳动人民就掌握了制酱的方法，称为“豆酱”，并有“无酱不食”之说，故酱又有“八珍主人”美称。其做法是用春节做豆腐剩下的豆腐渣做成酱块，发酵干燥备用，待春季气温升高将烀熟的大豆与酱块混合碾轧后，加盐装入缸内，经酵母菌繁殖发酵20天左右，便形成味道鲜美、呈褐黄色的粥状物，俗称“大酱”。农户一日三餐食用，是饭桌上的必备调味品。20世纪70年代以后，随着制酱的工厂化生产，居民自做大酱的渐少，但北部农村老年农民仍自制大酱食用。

酱油

解放前，酱油作坊不多见，家用酱油均由自己制作，称“清酱”。酱油平时食用较少，只在春节期间吃饺子或炒菜时用。酱油的做法有的是将大酱炒黑，加水过滤后食用；有的是将大豆（或黑豆）磨成细面，加盐和水调和后放到缸内发酵，炒黑过滤食用。

鱼酱、虾酱

鱼酱、虾酱是沿海和海岛居民喜欢的调味品，味美可口。其做法是：将鱼、蠓虾等洗净加盐放到缸内，经 30 天左右发酵后，即可食用。在沿海渔区，用小鱼小虾等制作的海鲜酱还有许多种，如蟹酱、鱼肠酱、乌鱼豆酱、虾头（对虾）酱等。20 世纪 80 年代以后，随着人民生活水平的不断提高，加之水产资源等因素影响，居民自制鱼虾酱渐少，只有极少数的老年人保留上述习俗。

醋

醋早在汉代已成为大众化的调味品，时称“醯”或“酿”。据《齐民要术》记载，魏晋时制醋法已有 10 余种。大连城乡居民喜食米醋，尤其是在吃饺子时，醋为不可缺少的调味佐料。

服饰

飘来飘去的色彩

服饰既是物质文明的结晶，又具精神文明的含义。从服饰起源的那天起，人们就已将其生活习俗、审美情趣、色彩爱好以及文化心态、宗教观念都沉淀于服饰之中，从某种意义上说，一部人类服饰史，就是一部感情化了的人类文化发展史。大连城乡居民以爱穿、敢穿著称，加之大连四季分明，各季服装琳琅满目，成为滨城大连的一道亮丽风景。

四季衣装

人们的衣装按年代、民族、性别、年龄、季节、地位、职业等各有所区别。20 世纪初，民间多用家织布（用纺线车纺线，用织布机手工织的布），用靛（绿色植物发酵制成的染料）染成蓝色，手工缝制衣服。冬季习惯穿大褂（长衫），男穿左开襟、女穿右开襟棉袄。大褂不分男女都是右开襟。夏秋季习惯穿小褂，男为对襟，女为右搭襟，男女都穿扭裆裤（前后相同）。一般，男人都系布腰带，男人和老年女人系腿带，大人小孩一年四季习惯戴兜肚，伏天穿汗褡。农民冬季穿对襟棉袄、棉套裤，破了就补，要穿几年。有地位的穿长袍，外套马褂。长袍按季节不同有单、夹之分。单的谓“大褂”，

晚清军官服装

清末逃荒到大连时妇女儿童的装束

日本统治时期讨饭妇与她的孩子的冬装

光膀子在街头下棋的老年打零工者（围腰、腰带、扭裆裤、圆口鞋）

20 世纪 20 年代码头苦力服装

20 世纪 30 年代大连时髦女郎泳装

20 世纪 50 年代女职工着列宁装

夹的谓“大夹袄”，棉的谓“棉袍”。质地有布、绸、缎等。解放前，广大工农群众生活极度贫困，衣装单调破旧，四季衣衫褴褛。长工、短工、佃户和孤寡老人，夏季光背赤脚，冬天披破棉袄、麻袋，衣不蔽体。乡绅、知识分子、商人，平时穿长袍或西服、大氅、风衣，冬季穿皮袄，夏季穿纱。太太、小姐穿旗袍。富裕家庭的妇女穿短上衣、半长裙。旗袍款式起初身袖肥大、衣领稍高、衣长近脚背，后来改为矮领、卡腰、下摆略收、两侧开衩、衣长仅及腿肚，且有长短之分。解放后，旧式服饰如马袍、大褂、夹袄、兜肚、大裆裤、腿带等逐渐减少，而以蓝、灰、黑、白色的“列宁装”、“人民装”、“中山装”和对襟小褂代之。男、女衣着款式区别不大。从 20 世纪 50 年代开始，冬穿棉大衣，衣服颜色为灰、蓝、黑等，质地多为斜纹布。“文化大革命”时期，男女青年时兴穿草绿色、灰色军装，质地多为的确良、腈纶等化纤织品。进入 20 世纪 80 年代，衣装的款式、色彩、质地也异彩纷呈，且流行周期缩短。男装有西服、中山服、夹克衫、喇叭裤、运动服、牛仔服、风衣、半大衣、羽绒服、大衣等，质地多为呢绒、混纺、腈纶、皮革等，但以灰、蓝、藏青、古铜色为多见。女装有西服套装、连衣裙、套裙、长裙、超短裙、蝙蝠衫、王子衫、萝卜裤、健美裤、马甲、夹克、风衣、呢大衣、裘皮大衣等，颜色多为黄、绿、驼、红色，质地多为呢绒和腈纶，也有不少毛线针织。大连地区旧时孩子出生时贴身穿的衬衣多是叉襟不缝边的“毛衫”，传说为明代衣饰，源于明朝兵部尚书史可法与都督刘肇基的故事。

民俗还有给过周岁的小孩（脖子）围一块小兜兜，称作“饭兜”，此俗源于北宋。传说浙江淳安人方腊因朝廷腐败而领头起义，攻州夺县所向披靡，杀得官兵四散奔逃，于是官府便造谣说义军见人就杀，欺骗百姓逃命。一日，方腊义军进入一个村庄，村民都逃光了，只有一个不到两岁的孩子被遗弃在一户农家。义军知是村民逃跑时未及将孩子带走，就安排士兵磨米粉精心喂养孩子。义军撤退时，为使孩子不饿死，就做成一个大薄饼，中间挖一个孔，套在孩子的脖子上，饿了就可以张嘴啃食。村民回村后见到孩子正在吃脖子上的薄饼。从此，村民方知义军是仁义之师。后来村妇们都喜欢用布做成圆形的围脖套在孩子的脖子上，一是纪念义军的义举，二是祈求孩子逢凶化吉、吉祥平安，并相沿成俗。

中山装

中山装曾被称为中国的“国服”，它的创制成了近代中国服装史上的一大变革。据考证，第一款正式的中山装是由“红帮裁缝”王才运根据孙中山要求于1916年缝制而成。中山装雏形面世于19世纪与20世纪之交，当时日本服装界的华侨张云诚等人设计了一款中山装为直翻领，胸前7粒纽扣。此后，西服进入中国，人们将专门缝制西装的裁缝称为“红帮裁缝”。王才运即为当时“红帮裁缝”的重要人物。1916年，王才运应孙中山之请，在此前的基础上，结合孙中山的意见对中山装进行改进：将前襟7粒纽扣改为5粒，以象征“五权宪法”；将上贴袋盖改为倒山字形笔架式，称为“笔架盖”，象征中国民主革命要重用知识分子；袖口4粒扣改为3粒，象征三民主义。中山装在新中国成立后一度成为主流服装，颜色主要为青、灰、蓝等。

布拉吉

“布拉吉”即连衣裙，是俄语的音译。1898—1905年，沙俄曾侵占大连地区，1945年8月日本投降后，苏军又在大连驻扎10年之久，其服饰着装习惯难免对大连城乡人民留下很深的烙印。至今，上了年岁的大连城乡居民把连衣裙叫作“布拉吉”的仍不鲜见。此外，把男子的衬衣称作“晚霞子”也属于此种类型。

头足首饰

头饰

清代，男人留辫子。农民冬季戴毡帽头（亦称“耳头帽”）或绒线帽、棉皮帽，夏季戴苇编小顶草帽或茅莲头草帽。商人戴瓜皮帽、凉帽。辛亥革命后，除老年男子外，中青年普遍剃光头，戴“炼头帽”。日本统治时期，知识分子开始留分头、平头，戴礼帽、草帽。太平洋战争爆发后，日本人严禁留“敌型头”（美英男人都留分头），一律剃光头，机关职员一律戴“战斗帽”。商人和一般知识分子，冬天多戴礼帽、围围脖（巾）。解放后，男子普遍留分头、平头、圆头，起初是戴“朱德帽”，后来改成“八一帽”和“前进帽”。很多青年人不戴帽子。20世纪70年代后期，男青年流行大背头及披肩长发。姑娘在清代一般脑后留一条大辫，婚后绾发髻插花、戴耳环，贵妇人头插珠翠、耳戴坠环。辛亥革命后，姑娘梳辫或剪短发，有的已婚妇女烫发。“文化大革命”期间，妇女不准烫发，老孺青壮一律“体育发”（短发）。20世纪80年代以来，妇女烫发者渐多，发型花样不断翻新，多数是烫“草坪头”或“打水卷”。摩丝流行后，妇女多烫“万能头”，并且开始戴项链、金耳环，用高级化妆护肤品，修面，描眉，涂唇，整发。

首饰

清代妇女戴手镯，有钱人家戴金镯、银镯，一般人家戴铜镯、玉镯。土地改革以后大都藏匿不戴。20世纪80年代以后，各式各样的手镯又开始流行起来。日本统治时期，官、商人家妇女戴金镏子（戒指），土地改革以后不再戴。自20世纪80年代起，不仅很多妇女又戴起戒指来，男士也有戴的，特别是结婚时新郎与新娘互换戒指。另外，幼儿过生日，有亲友给儿童送手镯及银锁的习俗，祝福幼儿好养活。

足饰

清代汉族妇女裹小脚，穿木底绣花鞋，称“三寸金莲”。满族妇女受其影响曾学着缠足，但缠得松，不如汉族妇女缠得既小又尖削，故有“在民脚”与“在旗脚”之分。辛亥革命后提倡妇女放足，缠足陋习渐废，但穿绣花鞋之风仍存，上层女士开始穿高跟皮鞋。解放后高跟皮鞋断绝，妇女多穿拉带鞋。20世纪80年代起穿高跟皮鞋之风又盛行，其中有高跟、半高跟之分。男子足饰以实用为主。清代平时穿缭底布鞋，冬天穿乌拉（有牛皮乌拉与猪皮乌拉之分），内絮用苞米窝子撕成的细草御寒。商人、职员多穿牛皮底布鞋，冬天穿棉布鞋或羊皮擀的“毡窝”保暖。日本统治时期，农民多穿“胶皮袜子”（一种胶鞋）或棉胶鞋，官绅多穿皮鞋，学生穿“五眼鞋”（类似解放鞋样式），巡捕、警察穿马靴。解放后盛行穿球鞋、力士鞋及板鞋。20世纪60年代兴穿解放鞋和塑料凉鞋，70年代时兴穿人造革凉鞋和塑料底布鞋，80年代多穿皮鞋及皮制凉鞋。

解放前到解放初期农民冬季穿的乌拉

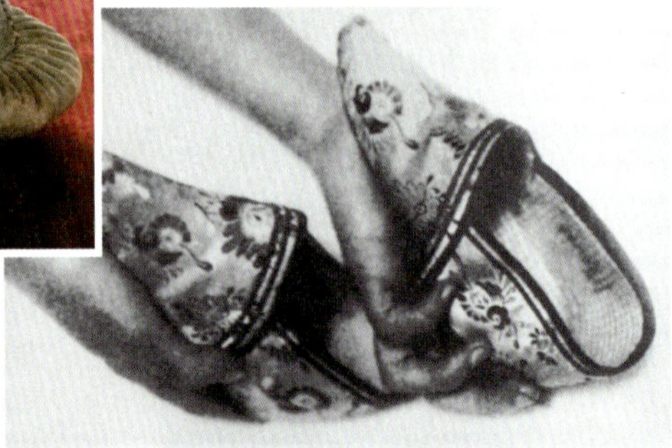

金莲鞋

服饰禁忌

人出生之后便与服饰有着密不可分的关系。风俗的异同可以从服饰上表现出来。俗话说，“十里认人，百里认衣”，这说明服饰具有社会文化的显著特征。服饰的禁忌都是由某种信仰作依据的，主要表现在服饰的颜色、衣料、款式等方面。

颜色禁忌

服饰颜色在居民中有着明确的象征意义，不同的颜色寓示着高低贵贱和好坏凶吉。故在一些特定场合和环境中，对服饰颜色有严格禁忌。在封建社会，黄色、紫色、香色（绛纱、次明黄一类）为贵色，是皇室和权贵人士的专用色，民间百姓禁止使用。因黄色与金子颜色相同，有尊贵的寓意，故称皇帝登基为“黄袍加身”。如民间百姓或一般官吏用黄色服饰便有造反、篡位之嫌。据史料记载，在中国的历史上，夏尚黑，商尚白，周尚赤，秦复夏而尚黑，汉复周尚赤；唐代服装尚黄、旗帜尚黑，宋袭唐；元尚黄，明取法周汉，服色尚赤而用唐宋旗色，清又复黄。民国尚白，中华人民共和国尚赤。以上只是社会大的趋势而言。

旧时民间常以绿色、碧色、青色为贱色。早在汉代绿服便是贱服色，只有庖人（屠夫）、卖珠人戴绿帻。唐代碧巾甚至是侮辱囚犯的一种刑罚，宋代也以着青巾为不肖子弟。元代以后，绿色成为乐户娼妓的代名词。因乐户妻女大部分为妓，故称开设妓院以妻卖淫的人为“龟”（因龟头绿色），后人便称妻女卖淫之人为“戴绿头巾”或“戴绿帽子”。旧时民间以白色、黑色为凶色。因黑白两色均与死人的事相关，代表凶祸丧葬不祥之事，故一般人忌穿纯素（全白、全黑），尤在婚嫁、生育、过年节等喜庆日子里更忌讳穿纯白纯黑的衣服。现代办丧事时戴黑纱、穿白孝衣、佩戴白色纸花等均是此俗的延伸形式。

在一些特定环境和场合中，颜色也有一定的禁忌。红色服饰一般用于婚嫁、过年、生子时穿戴，但红色又与血同色，易引起伤害、流血的恐怖感，故在丧葬期间严禁穿红色衣饰。农村居民若有长辈（祖父母、父母）去世，一般三年之内春节不贴春联，也是这种颜色禁忌的延续。

大连城乡居民忌浓妆艳抹、衣着过于艳丽。俗认同衣饰色彩应与人的年龄、相貌、职业相适应。女人艳妆过分便被视作淫荡下贱之人，男人穿着艳亮过头便被视为浪狂好淫之辈。旧时红装只限于三十岁以下女人穿着，俗称“红到三十绿到老”；男人非蓝即黑，四十岁以上的男人衣装主调为黑色，少穿蓝色，否则便会被称作“老来俏”。“文化大革命”时期，青年人以穿国防绿军装为时髦。改革开放以后，衣装颜色禁忌被彻底打破，许多老年人

1932 年，刘长春（左二）赴美参加奥运会时服装（右四为张学良）

清末小学校先生与学生服装

特别是一些文化层次较高的老年知识男女（以文艺界居多）衣着艳丽，富有个性，显得很有朝气。

衣料禁忌

大连城乡民间做寿衣用料忌用缎子，恐有“断（缎）子绝孙”之虞。旧时还忌用带“洋”字的布料，多用自家土制粗布。因“洋”与“阳”谐音，寿衣是给去世人穿着去阴间，而用“洋”布料给去世之人做寿衣，有“阳间”的含意，不吉。

款式禁忌

旧时男女服装在款式上的基本要求是“男不露脐，女不露皮”，裸露肉体是封建礼教所严格避忌的，至近代这些禁忌已被突破，款式丰富多彩，女性讲究服装合体，以显示女性人体美。旧时城乡女性已婚与未婚女在衣装款式上有明显区别，已婚女性衣装较华丽和开放，而未婚女性服装款式较封闭，颜色较朴质。忌衣服下摆有毛边，认为丧服留毛边，不吉；忌衣扣为双数，俗称“四六不成材”，俗信双扣会影响穿衣人事业的成功；忌男女服装款式不分，男女不辨；忌别人从自己的帽子上跨过，更忌别人坐在自己的帽子上，视为从自己头上跨过，等同于受胯下之辱；忌衣服穿在身上缝补，如不脱衣服缝时，嘴里须衔一截小秫秸等物以化解，俗信衣服穿在身上缝补易被盗。

居住

温馨的世界

大连城乡原始居民群体，源于清康、雍、乾三朝由山东、江浙“闯关东”来的移民，其住房基本保留原居住地的传统和样式。20世纪初，随着大连城市规模的扩大，外来人口增多，城乡交往密切，居民住房渐呈多元化态势。特别是山区农村和海岛居民，往往就地取材，建成碱土平房、海草房或砖瓦房。新中国成立后，人民群众生活改善，农民住房以瓦房为主，城市居民住楼房。改革开放以后，农民盖洋房十分普遍。

居 住

清代大连地区住房大体有三种类型：城镇多为砖石结构的起脊房，即瓦房；农村沿海地区住房主要为土石结构的海带草苫房或半截草苫、半截青瓦的“海青房”，北部山区多用稻草、麦草苫盖的呈“人”字形草房；多数地区居民的住房是用盐碱土压顶的平房。农村民房一般为三间或五间，居中开门，称为“明间”，两侧称“配间”。明间又称“堂屋”，为厨房，宽度比配间大些，多在3米左右。房子的纵向距离称“宇顺”（即长度），多为4—5米。配间为寝室，阳面砌火炕，阴面置柜箱家具。寝室均设窗户，旧时设上下两扇，下扇固定，上扇可以打开通风换气。窗户纸糊在窗棂外面。解放后，纸窗陆续更换成玻璃窗，并改上下开为左右开。木门也更换成玻璃门，北部山区居民正间外置木门，里侧设玻璃门。汉族居民以东为贵，东屋（寝室）给长辈居住，西屋由晚辈居住。满族居民则以西为贵、北为尊，在西山墙上供奉祖宗牌位，院中多设影壁。富户一般建四合院，即由正房、两侧厢房、门房构筑成一个四面有房中间为院的布局形式。旧时农村民居无论是四合院或是土平房、砖瓦房均留有后窗。后窗多设在与门相对的堂屋后墙，一是用于采光，二是用于春、夏季通风。农户大多在房屋后面建一处小的园子，种植蔬菜、果树等。后窗还可成为去后园的通道，入冬后一般用土坯将后窗堵死，以保持室内气温。解放后大连城乡居民居住条件逐渐改善，农村居民住房由既遮光又不挡风雨的木棂纸糊的窗户陆续改为左右开启的玻璃窗，盐碱土压顶的平房或稻草、麦秸苫房陆续改建为砖石结构的瓦房，小间量、小宇顺的

金州城阎福升旧居

20 世纪 30 年代大连侯家沟民居（上部苫草,下部为瓦）

华家屯镇普通居民的瓦房

民房陆续改建成房间较宽、较长的钢筋水泥捣制房，部分富裕农民建起楼房。大连地区农村居民建房尤重住房朝向，一般多取南北朝向，但忌正南正北向，俗信只有庙宇才取正南正北向，故民间建房多根据环境和地形取略偏东或偏西的小角度东南向或西南向。面街临道或傍山而建的住宅则不受此限，俗信连排住宅的朝向与吉凶无碍。

居住环境

大连地区城乡居民历史上便有讲究卫生、爱护环境、保护生态的良好习惯，并代代相传。早晚打扫庭院。车马农具摆放在车棚中。猪圈鸡舍及厕所，一般习惯于修在院中西部。若院内有水井，则畜舍、厕所要远离水井，以防污染。院墙不坍不破。旧时年老的农民早晨多起得很早，在大路和村屯四周拾散牲畜和猪狗的粪便，既保护了环境，又可积攒粪肥，此习已沿袭数百年而不衰。人粪尿一般不随便堆放，多是在田边设一泥坑，将人粪尿和畜粪堆积起来沤制肥料。实行合作化后，住户的人粪尿由集体派人统一挑运到指定地点堆放。死猫烂狗及时掩埋，不可随意丢弃，以免污染环境。

农家院（草房）

大连东关街会馆庙街

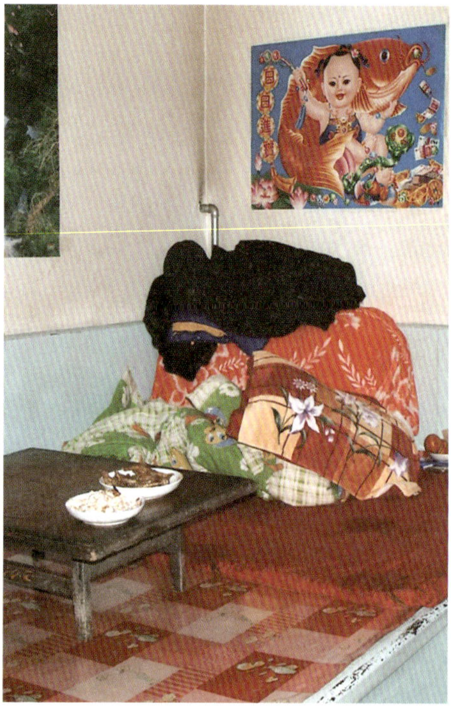

渔村土炕

旧时居民街院门

清末遗存的老式平房

水源保护

20 世纪 80 年代初农村居民院内的水压井与电泵吸水

自古以来，城乡居民都有保护水源的良好习惯。旧时村屯的水井都是沿河岸或低洼处挖井，水质甘醇、洁净。多是先辈打井，后人历代享用。所以维护水井卫生，成为村民的头等大事。为达此目的，不仅不在水井近处堆放杂物，还对水源上游善加保护，防止污物渗入地下影响水质。水源上游广种树木，河中禁倒垃圾脏物。多数水井设置围栏，防止牲畜靠近便溺，井口加盖，防止尘土、落叶吹进井中。一年中春、秋两季定期淘浚，清除淤泥杂物，保持井底泉眼水旺、清冽。在农村井水均可取出直接饮用。为调节用水，村里甜水井的水供人饮用，漤水井的水用于饮畜或浇菜园、洗衣服。改革开放以后，各级政府十分重视居民饮水问题，打深水井解决群众饮水困难。经过二十多年的艰苦努力，大部分乡镇的村屯已经安装了自来水，一大批地下水匮乏的地区群众告别了喝漤水的历史，喝上了放心、纯净的自来水。

建　房

奠基仪式

旧时个人建房称奠基叫“动工”和“动土”，仪式程序复杂并带有较强迷信色彩。动土之前，要请风水先生看地脉，确定房屋的朝向，然后选择动工的黄道吉日；与此同时要预定木匠和泥瓦匠，备好檩材、门窗框和砖、瓦、石料及水泥等建材。破土动工之日，房主人用白纸条写上“李广将军”“甲马将军”字样，贴于房场四周的墙上或墙角，以镇妖驱邪。铺地基俗称“开基”。木匠和瓦匠工头要引请土地神，燃香烛膜拜，诵念祷词，以保建房顺利。改革开放以后，开基仪式已简化，但上梁开工日燃放鞭炮之俗仍盛。单位或集体建房已摒弃了迷信成分，但奠基仪式仍要举行。奠基仪式一般要选择喜庆日子，施工现场悬挂横幅或竖幅，上书“某某楼奠基典礼”字样，四周遍插彩旗，悬彩色气球；邀请设计、施工单位和兄弟单位代表出席奠基典礼仪式，由建筑单位领导致词；燃放鞭炮，领导和嘉宾共同为奠基石培土；最后合影留念，宴请嘉宾，并借此商谈具体施工建设事宜。建筑高楼大厦一般都设奠基石，石上镌刻“奠基”两个大字。也有的奠基石不埋入地下，而是立于楼前适当位置。

上梁封顶

旧时农村民居墙体多为石砌。上梁仪式是在新房开基后砌筑至窗台的位置时进行。先由木匠将立柱、房架支起，并在框架上张贴对联，其内容多是“上梁适逢黄道日，立柱正遇紫微星”，横批是“上梁大吉”。房架最上的房檩称“脊檩”。支房架时先将其他房檩固定在斜梁（笆木）上，脊檩最后

旧式瓦房屋脊

民居脊檩吉祥挂饰

安装。脊檩中间贴八卦图和悬挂一串太平钱并系一红方巾，还有的贴“太公在此诸神退位”和“上梁大吉”横批。亲朋好友馈赠的彩色（以红色为主调）被面缠绕在房檩和前门上，称之为“挂红”。挂红数量越多越风光，标志房主人缘好。上梁时木匠和瓦匠工头要登上堂屋房架上，木匠在左，瓦匠在右，用绳子分别拴在脊檩两端，徐徐拉上房架顶部，此时鞭炮齐鸣。脊檩安装完毕后，木匠工头还要一边念“喜歌”，一边将事先准备好的约有核桃大小的小馒头、硬币往院子里抛撒，围观者及孩童们则在下边哄抢，称“抛胜梁”，俗信可以冲邪避魔，祈求吉祥。上梁仪式毕，木、瓦工程继续进行。上梁日中午，按俗，房主人要设宴招待施工人员和“挂红”的亲朋。

20 世纪 80 年代以前，大连地区城乡集体建房的上梁仪式比较简单，主要是张贴对联、燃放鞭炮。改革开放以后，城乡建房多以楼房为主，无“梁”可上，故上梁仪式改作“封顶”仪式。即在楼房框架水泥浇注完成后，于楼体四周悬挂吉庆竖幅，并在楼体的四个角上挂鞭炮，在楼顶部置礼花炮，并选择上午吉时举行封顶仪式。如属提前封顶，建筑部门要给建设有功者发“红包”进行奖励，封顶日中午宴请施工人员和其他工程技术人员及祝贺单位代表。

金州城明清街（改建）

乔迁

旧时乔迁（搬家）要请风水先生择日，住进新房后要“温锅”。解放后，大连地区的乔迁仪式主要有两种：一是新房建好之后，在正式开灶之日，宴请招待亲朋，谓之“温锅”。二是购买新楼房后正式开灶日，举行乔迁仪式。前者以农村为主，后者以城镇为主。乔迁是居民生活中的重大事件，家家户户无不重视有加。前来“温锅”的亲朋好友要给房主送鱼、粉条、火柴、筷子和葱等，鱼寓意富富有余，粉条寓意吉祥长久，火柴寓意火红旺运，筷子寓意快快发财。改革开放以后，城乡居民生活水平提高，祝贺乔迁之喜馈赠礼品档次在逐渐提高，除鱼、筷子、火柴等必备品外，多是根据房主人所需馈赠中小型家用电器或小型家具，也有的送红包。乔迁祝贺多是亲朋好友间的相互行为，有来有往，互相祝贺。只收不送者便会被认为失礼，亲属关系也会疏远。

居住禁忌

中国人称相对稳定的居处为“家”，家的所在地称“家乡”，称自己出生的家为“老家”。家是每人每天的归宿地，家乡是人一生一世的归宿地。古时家的含意是“婚姻居处”之意。《周礼·地官》注云：“有夫有妇，然后为家。”家是社会中最小的单位，称作“社会的细胞”。每个家庭都希望自己能够发展壮大，光宗耀祖，故各个家庭都有自己的努力和追求，这些努力和追求在同一个社会环境中呈现出某种共同的信仰基础，产生一些禁忌习俗。

20 世纪 30 年代旅顺一户民居院落

择地禁忌

择地即建房前选地基。大连地区建房尚坐北朝南，忌坐南面北。地势最忌南高北低，俗信前高后低，主寡妇孤儿，门户必败；前低后高，主多牛马。房舍都希望建在山南水北的向阳处，而不建在山北水南的背阴地里；忌建在干燥处，或潮湿背阴地。俗信房院正冲山丘、豁口、河流、道路不吉，旧时为避此忌讳，要在适当处埋桩立石以消灾。尚宅东喜水忌路，称宅东有水“财源茂盛达三江”“福如东海”；忌北有路，凶多吉少。

择日禁忌

旧时民间建房开基（动土）或上梁（封顶）必择吉日。择吉日主要是忌讳冲犯“太岁”，俗称“不敢在太岁头上动土”，成为大连民间普遍知晓的一大禁忌。

格局禁忌

大连旧时民居一般以一院四屋为定格，主房、偏房、门楼、厨房、厕所、畜禽舍均有定位，忌错乱。宅基地忌前高后低；宅院忌呈簸箕形，即左右配房外展，俗信会失财；宅院又忌呈四方形，尤忌呈三角形；建东西屋，俗信

“宁叫青龙出头，不叫白虎张嘴”，“宁叫青龙高一丈，不叫白虎压一头”，即西屋不能比东屋的间数多；房间数尚单忌双。

门乃家之代称，成家立业即称“立门户”，故门的禁忌颇多。《论衡·诘术篇》称：“商家门不宜南向，徵家门不宜北向。”俗信凡住家门前有双池，为哭字头，不祥；西边有池，为白虎开口，不吉；门前直冲河、井也不吉，恐被水射；门口冲大路、小巷也不吉。门前忌大树近冲，恐招瘟疫。门忌与邻家相对，俗以二门相对双方不吉；门忌正冲邻家山墙或房脊兽头；门忌正冲房檐水。门前忌有坟墓和砖瓦窑，恐阴阳相克、烧断财路。在宅院内忌两屋门窗相对。这些都与旧时的“开门卜吉凶”有关，也与“门为家防之用”的俗信相联系。

结构禁忌

结构禁忌指建房中的间架结构方面的规矩，俗信建房忌前高后低，忌中间高两头低，认为“被人欺”和“小鬼担挑”，不吉利。大连地区盖房瓦覆顶，瓦的行数喜单忌双，因鲁班名“双”，为避其讳使然。旧时房起脊后，还要在房脊上设“五脊六兽”以避邪压火。民房忌装饰龙形，因龙形饰物仅限装在宫殿、庙宇、牌坊等建筑物上。同一座房屋，门的开向须一致，忌一房多门，有朝前有朝后的被称作“鬼推磨”，大不吉。房门门扇宜一般大小，忌两扇门尺寸不一。房门忌比窗户低，门俗称“眉”，窗为“眼”，应眉高眼低。旧时民房窗户忌比门宽大，称为“眼不能比嘴大”。忌窗户一大一小，称“大眼瞪小眼”，意家庭不和睦。现代为求取采光好的效果，窗比门大之俗已被打破，但讲究对称。旧时草房铺砖喜单忌双，尤忌八层，因“八”与“扒”谐音，恐不吉。

庭院种植禁忌

大连地区旧有“前不栽桑后不栽柳，院中不栽鬼拍手”的说法。院前忌栽桑，因“桑”与“丧”同音，即出门见丧而不吉；柳一般栽在墓后方做“摇钱树”，故栽在房后不吉；鬼拍手即杨树，因杨树叶风吹哗哗作响，如鬼拍手，会招来鬼魅，不吉。民间还有屋后不植槐之俗，因古时槐树是吉祥、长寿和

至今仍存的“金镶玉”民居

官职的象征，植屋后不吉。民间还忌大树盖顶，谓之阳气不通，阴气升腾，招引灾病，不吉。院内所栽之树死亡应立即刨掉，忌枯木常立院中。

室内禁忌

俗信新房忌空屋或长时间不入住，认为可招来鬼祟。无人住时，将衣物置于梁上以示有人居住。民间又忌常关屋门，恐“关门绝户”。忌坐、踏、站门槛，尤忌在门槛上边砍东西。忌睡时头朝窗户，忌枕窗台而卧，恐生病。忌室内两把扫帚放在一起，恐招来家事不合，家败运衰。打扫房屋忌将两把椅子对叠在一起，以避有“收场”之虞，不吉。扫室内地面忌用扫室外大扫帚，俗称“丧气”。

建房文书及礼仪

奠基石

建筑高楼大厦一般都设奠基石。奠基石一般砌在建筑物正面的墙体下面。奠基石镌刻“奠基”两个大字，左右或上下两行分别镌刻单位和日期。也有的奠基石不埋入地下，而是单独立在楼前适当的位置。

大连地区所见的奠基石镌刻方式有三种：

1. 奠基石中部镌刻“奠基”二字，右侧镌刻单位或工程名称，左侧镌刻施工单位和施工日期。此种奠基石镌刻的格式如图 1。

2. 奠基石上方镌刻建设单位名称，中部镌刻建筑物名称，下方镌刻施工单位和施工日期。此种奠基石镌刻的格式如图 2。

3. 只在奠基石正中间镌刻建筑物名称，右下方镌刻施工单位和施工时间。此类奠基石一般砌在建筑物正面中部，成为建筑物的一个象征性标志。其格式如图 3。

在农村、居民建房一般并无奠基石，有的在墙基上砌一块青色的奠基石，上刻“泰山石敢当”五字，以求祥瑞。

大连○○○公司住宅楼
奠基
○○○○建筑公司承建
二○○○年十月一日

图 1

○○○○有限公司
宏远大厦
○○○○建筑公司承建
○年○月○日

图 2

○○○○科技馆
大连市第○建筑公司承建
二○○○年五月一日

图 3

请帖

新居落成，乔迁之喜，大连城乡居民比较讲究礼俗，正式向亲朋好友发出请帖。请帖多为竖式，亦有横式。请帖的格式多样。

城乡居民一般家庭乔迁贺庆规模都不大，多是以电话或口头形式通知亲属，发请帖的情况为数不多。

茅舍落成谨定于○月○日洁
治薄筵候光
○○○鞠躬
时间：○○午景
席设：○○○同启

右启
○○○先生
○○○女士

礼帖

祝贺新居落成或乔迁，旧时有些居民为表示隆重和礼貌，要在礼包上书写头衔、具名和喜庆词语，并写明所馈赠礼品的数量、品名，数量多是成双成对的，以示吉祥。

贺新居落成礼单帖如下：

谨　具
镜屏成副
床单成对
郎酒四瓶
喜炮连声
奉　申
落成之敬
○○○
○○○同贺

封包多用红纸制成封套，并写上贺词及具名。其贺词主要有：

1. 新居落成贺词

华厦落成　广厦辉煌　玉宇琼楼　华厦春暖　新居之喜　荣创之喜　轮奂之喜　燕贺之喜

2. 迁居贺词

敬祝乔迁　迁居之喜　乔迁之喜　迁居叶吉

贺联

庆贺新居的贺联多体现新居落成的喜悦。对联分为自用和祝贺两类。自用联内容含蓄、谦逊；祝贺联可以夸张进行称颂祝贺。大连地区的贺新居对联如：

1. 新居落成联

- 旭日临门　春风及第
- 斗室方正成　蜗居今甫就
- 筑室逢盛世　建宅庆升平
- 锦堂华厦　琼楼玉宇
- 好景年年好　新居处处新
- 楼台凌碧宇　堂构焕朱门
- 琼楼出勤里　玉宇生俭中
- 门庭增气象　堂构毓人龙
- 坚贞瞻柱石　巩固庆沧桑
- 一朝成就千秋业　百代安居万事兴
- 甲第新开美景　子孙大展宏图
- 满堂喜庆移旧屋　开创喜逢黄道日
- 新屋落成千般喜　草舍乐成别样新
- 万年清吉耀新居　新居欣遇紫微星
- 全家和睦万事兴　新居进住集祯祥
- 民重农田能富国　人添新宅喜齐家
- 潭第鼎新容驷马　华堂钟秀毓人龙
- 户对青山摇钱树　门迎绿水聚宝盆
- 勤俭节约筑简室　清茶淡饭宴嘉宾
- 新院新房新气象　好山好水好风光
- 新屋落成三代喜　全家和睦万般兴
- 四化宏图开新业　千秋幸福奠实基
- 旭日东升照大厦　青山含翠映华堂
- 新屋落成千载盛　阳光普照一家春
- 大厦落成宾朋满座　高楼焕彩喜气盈门

- 新屋厅堂窗明几净 阖家老幼心旷神怡
- 门外山青水流秀 家中业大财源兴
- 新居焕彩盈门秀色 华厦落成满座春风
- 喜临华堂瑞气缭绕百事顺 乐居新室祥光普照万代昌
- 创造得天时福寿财源祈并茂 安居适地利儿孙福贵冀齐蒙
- 美轮美奂建在幸福时代 华堂华构属于劳动人家
- 起新屋进新人乐业安居居万代 宴好亲酬好友开怀畅饮饮多杯
- 山村起秀楼层层宝阁层层喜 家家换新居户户丰盈户户歌

2. 迁居联

- 莺迁仁里 燕贺德邻
- 燕报重门喜 莺歌大地春
- 择里仁为美 安居德有邻
- 莺迁金谷晓 花报玉堂春
- 阳光临宝地 喜气满新居
- 燕喜开新第 莺迁转上林
- 门庭新气象 诗礼旧人家
- 地利得人和 天时庆世新
- 旭日临门早 春风及第先
- 门前绿水声声笑 屋后青山处处春
- 争贺莺适乔林 同欣燕入高楼
- 并里同风无异俗 山村接壤有芳邻
- 福地洞天斯为美 德邻仁里无所争
- 乔第喜迁新气象 儒门不改好家风
- 春华秋实盈庭灿 桂馥兰馨易地荣
- 欣逢盛世千般盛 喜进新居万象新
- 高客祥云物华天宝 小轩瑞气人杰地灵
- 喜看新住宅明窗净几 莫忘旧社会破屋残檐
- 帘卷春风重门燕喜 堂开画锦高第莺迁
- 迁新居入新房新开千秋业 迎好宾接好友好饮几杯酒

3. 新居、迁居通用联

- 今朝玉柱根基固 明日新房喜庆多

- 祥云浮紫阁 喜气绕朱轩
- 三阳日照平安地 五福星临吉庆门
- 江山聚秀归新宇 喜气常盈发富家
- 日照新居添锦绣 花栽秀园吐芬芳
- 门前绿水声声笑 屋后青山步步春
- 朴素简单新宅第 勤劳节约好人家
- 承家事业辉堂构 经世文章裕栋梁
- 春风吹暖新住宅 勤劳带来满门福
- 大块文章光吉地 山河锦绣壮幽居
- 栋起祥云连北斗 堂开瑞气焕春光
- 进华堂勤劳依旧 去陋习气象常新
- 宏图大展兴隆宅 泰运长临富裕家
- 和平宅吉人昌盛 团结居安物阜兴
- 地灵人杰千祥集 裕后先前百福临
- 栋拂云霞绕紫气 家传诗礼舞春风
- 小宅更新承党荫 阖家温暖叙天伦
- 乌革翠飞麟凤起 竹苞松茂桂兰香
- 里有仁风春意永 家余德泽福运长
- 福星高照勤劳宅 喜气长留俭朴家
- 红日舒辉临吉宅 春风送暖入华堂
- 新居面对青山屏障天然定卜人财两旺
- 斗室门朝绿水膏腴地质预占富贵双全
- 新政新人新气象 好家好舍好风光
- 斗室前朝笔架高峰地势钟灵预卜财源广进 新居后倚文头大岭天然毓秀安占瑞气长来

4. 横批

①贺新居

美轮美奂 瑞霭华堂

华厦开新 伟哉新居

金玉满堂 新基鼎定

宏图大展 堂构更新

福地杰人 焕然一新
堂开华厦 堂构增辉
千载宏图 大展宏图 百年大计
②贺迁居
乔木莺声 乔迁新居
莺迁叶吉 高第莺迁
德必有邻 良禽择木 安仁之宅
③新居、迁居通用
雅韵逸风 长发其祥
芝兰锦绣 清风明月
日映华堂 竹苞松茂
美满金荣 书香梅韵
裕逸康宁 吉星悬空
幸福华堂 地灵人杰
福地祥天 入宅大吉
福禄祯祥 庆云毓秀
富吉安康 如松斯茂
云岗福气 紫气东来
宏图盛景 蕴福潜祥
新居之庆 霁月光风

老住户家室内摆设

出行与用品

山水在我股掌间

衣食住行是民众最基本的社会和生活需求。旧时，由于广大民众生活贫困，探亲访友或入市贸易，多是肩挑手提以步当车。即便是较富裕的人家出行，交通工具亦十分简陋。在很长的历史时期中，大连农村各地一直沿用木轮“死头车”，以牛马驴骡拉车，路况差、速度慢，不宜远行。货物运输效率也很低。偏远乡村进一次复州城、金州城往往要花费一两天甚至更长时间。其时，因妇女缠足，出门走亲戚时多是男牵驴、女骑驴，晃晃悠悠，踽踽前行，成为乡间一景。20 世纪初，大连地区道路状况渐有改观，交通工具亦趋多样化。

出行工具

清朝末年至民国初期，大连地区由于处于半殖民地半封建社会，农村百姓生活贫苦。人们外出几里、几十里甚至几百里一般靠步行，中等以上人家养有畜力牛马车，车厢为木质，车轮骨架为木质，轮外缘镶铁箍，由一人驭车，车上可坐 8—10 人。驾双牛车，“驾！（发音短促）”是前进，“打——打——（重复韵长而颤）”是向右，“咧咧”是向左，“吁——”是停。驾马车，“驾——”是前进，“喔——喔！”是向右，“哕哕！”是向左，“吁！”是停。牛、马耕地与拉车口令相同，至今仍沿用。牛、马车一般腊月二十九停运，车耳板分别贴上“车行千里，人马平安”红对联。车出行到亲朋好友家，其家人走出家门迎接，进院后，协助车夫卸下牲畜，让车夫休息，然后给牛马饮水，喂草料。

官吏、富人、绅士出行，骑马或乘花轮带棚小车。20 世纪初，长春至旅顺、金州至城子坦铁路筑成后，长途出行，可乘火车，1910 年，大连地区陆续出现了汽车，有钱人出行乘汽车。30 年代，在铁车的基础上进行了改进，陆续出现了花轱辘（车轴磨瓦式外镶铁箍）。辛亥革命后期至东北沦陷期间，城乡出现了少数自行车，富人、职员和有地位的人，出行可骑自行车。同期，城乡开始出现胶轮车，乡村富人出行乘马拉胶轮车。1925 年后，城乡客运汽车逐渐增多，此后，汽车逐渐成为人们的重要交通工具。新中国成立初期，农村普通民众出行仍靠步行。随着国民经济建设的发展，人民的生活水平不

20 世纪 20 年代铁轮车与穿乌拉的车夫

20 世纪 20 年代，等候在金州城门外的客马车

20 世纪 30 年代客马车

20 世纪三四十年代城市客马车

畜力轿车

木轮“死头车”

断提高，铁车、花轱辘车逐渐被淘汰，胶轮车开始普及，乡村人们出行乘马车的逐渐增多，骑自行车的为数不少。改革开放以后，私营运输业兴起，人们出行更加方便。个体小型出租汽车也在不断增加，自行车普及至城乡千家万户，成为出行的常用交通工具。城乡公干人员和富裕农民远行还可以乘飞机。进入 90 年代，摩托车进入平民百姓家庭，职工上班和农民出行办事更加方便、快捷。出行形成立体化的格局，出门远行可乘火车、汽车、客船、飞机。

用　品

炊具餐具

清末民初，大连城镇居民多用石料、砖砌锅灶，农村居民多用石块和土坯砌锅灶。使用木制风匣（风箱），秫秸锅盖。在偏远山区，居民用火镰打火，麻秆（青麻）引火。主要以薪柴和农作物秸秆为燃料。冬季用树叶、茅草烧炕取暖。农村用电普及以后，农户开始用小型鼓风机（吹风机）替代风匣，部分农家在冬季用火炉或土暖气取暖。

农家一般必备一口陶制水缸和数口渍菜缸和酱缸，生活所用有大盆、中盆（也称“二盆”）、小盆。大盆用于洗菜淘米，二盆用于盛粥，小盆用于盛菜。饭碗早期用陶泥碗，解放后改用蓝花饰纹瓷碗，20 世纪 60 年代后普

座钟

水壶

纸缸

马灯

菜盒与铜汤罐

旧时做饭用的风匣及计量容器——升与斗

遍用“和平鸽”碗和白瓷碗。改革开放后，居民多用彩绘细瓷碗，缸、盆全部改用陶瓷缸，泥陶制缸、盆、碗已成历史。旧时饭勺多为铁制或铜制勺。20世纪80年代以后，多改用瓷勺和白钢勺。至现代，城乡居民使用的白钢（不锈钢）制作的锅、盆、碗、盘及刀具已十分普遍。筷子基本用竹制品，只是近代比旧时精致，有些饭店使用一次性木筷。旧时农村居民做饭炒菜均使用一口大铸铁锅。20世纪70年代末，随着家庭规模的缩小和石油液化气的广泛应用，居民开始使用铝锅和白钢制作的炒勺（亦称“炒锅”）。城市居民从20世纪50年代即开始使用小铁锅和炒勺。至现代，城乡居民还普遍使用高压锅（用于做干、稀米饭或蒸煮肉类）、电饭锅、电火锅、火锅、蒸锅、电磁炉、微波炉等。

家具

解放前，农村居民家具简陋，一般有一口衣柜（大柜）、长条板凳、米柜、堂箱、坐箱和几把屋凳。吃饭时在土炕上置放炕桌用餐，夏季在堂屋高桌用餐。富户讲究家具摆设，设有镜面柜、米柜、春凳、八仙桌、碗厨、五斗橱、椅子、长条凳、板箱（放在大柜上部，多为一对）、皮箱、柳条包等。旧时农家一般都有座钟一架、小型梳妆台和毛筒（插鸡毛掸）一对，墙上挂镜屏和配联屏，还备有保温瓶等。

解放后城乡居民家具摆设日渐增多。20世纪50年代，

脸盆架

新婚家庭多备一柜、二箱、一桌、一镜。60年代流行"三转一扭"（自行车、缝纫机、手表和收音机）、"二十四条腿"（立柜、写字台、圆桌、高低柜、两把椅子）。80年代，高档家具进入普通百姓家，主要家具有：组合柜、沙发、梳妆台、席梦思床、写字台、座椅、电冰箱、电视机、收录机、电风扇、洗衣机、甩干机、VCD机（影碟机）、照相机、摄像机等。有不少家庭安装了夏可降温冬可取暖的空调机。

旧时居室陈设（柜、箱、凳、梳妆台、镜子）

床上用品

解放前，农民用苇席或高粱篾席铺炕，盖"麻花"被，贫困人家用麻袋片御寒。多数穷人家无褥子，甚至数人盖一床被子，称"滚土炕"。有些穷苦人家被褥破旧，几代沿用。富人家用上等苇席铺炕，冬铺炕被，夏铺凉席。被褥用绸缎制作，春秋两季铺毛毯、盖夹被。居民多在夏季拆洗被褥，用淀粉浆制再喷洒适量水分，折叠后用棒槌捶平重新缝合成被。解放后，农村居民生活改善，被褥质量不断提高。50年代普遍用花布制作被面，60年代兴起灯芯绒被面，70年代后期兴绸缎被面。改革开放以后，又兴起太空棉、丝绵等被褥，并配有毛毯、毛巾被等，夏秋季节使用。

礼仪

生活的秩序

大连地区城乡居民多为山东人的后裔，民风淳朴，热情好客，重情义讲信誉，一村一屯或一巷一院，均能和睦相处，亲密交往，称之为“远亲不如近邻，近邻不如对门”。这种平和朴素的民风和人际交往关系，对推动经济发展和社会文化进步起到了积极作用。随着经济社会的发展，人际关系已成为生活和工作中的一件无法回避的大事，其作用已远远超越人际关系的本身，从而成为重大社会问题。

生活礼节

旧时礼节繁复，且需行跪拜礼。为什么要产生这样的生活礼节？这要从古代人们的物质生活条件和生活习惯谈起。

跪拜礼

在汉代以前，还没有凳椅的概念。人们在进食、议事、看书时，只是在地上铺一条用芦苇、竹篾等编成的铺垫用具（即席子），人就坐在席子上，“席地而坐”即源于此。如果客人坐正席，则多垫一重席子，表示恭敬。就连朝廷的最高统治者也是席地而坐，不过所坐的比老百姓要好一些罢了。古代坐时要两膝着地，然后将臀部坐于后脚跟之上，脚掌向后向外，实际上就是我们今天的跪。在接待宾客需要向客人致谢时，往往要伸直上半身，也就是“引身而起”，使坐变成了跪，然后俯身向下，就这样逐渐形成了日常生活中的跪拜礼。

拜，在古代就是行敬礼的意思。按照周代礼仪的规定，对跪拜的动作和对象都做了严格的规范，共分稽首、顿首、空首，称为“正拜”。行稽首礼时，拜者必须屈膝跪地，左手按右手，支撑在地上，然后缓慢叩首到地，手在膝前，头在手后，这是“九拜”中最重的礼节，一般用于臣子拜见君王和祭祀先祖的礼仪。后来僧人举一手向人们行礼，也称“稽首”。

行顿首礼时，其他和稽首礼相同，不同的是拜时必须急叩首，其额触地而拜，一般用于下对上的敬礼。“顿首”后来也用于书信中的起头或末尾，也有首尾都用的，表示对人家恭敬。

行空首礼时，双膝着地，两手拱合，俯头到手，与心平而不到地，故称“空首”，又叫“拜手”。这是“九拜”中男子跪拜礼的一种。

另外，还有振动、吉拜、凶拜、奇拜、褒拜、肃拜。振动，不仅要跪拜、顿首，拜后还要“踊”，即跳踊，一般都在丧事时，拜者往往捶胸、顿足，跳跃而哭，表示极度悲哀。吉拜，则在行礼时先空首，后顿首。凶拜，即行礼时先顿首，后空首。奇拜，奇为单数，即一拜。褒拜，即再拜，三拜，古代以再拜为重。肃拜，是古代女子跪拜礼的一种。肃，手到地的意思，拜时跪双膝后两手先到地，再拱手同时低下头到手为止，故又称“手拜”。所以后来在书信来往中，往往写上“谨肃”，以表示尊敬；妇女行礼称“端肃”，即源于此。

到了汉代以后，凳椅相继问世，人们不再席地而坐，但跪礼仍然存在，并变成了等级差别的标志，主要运用于官场之中。如臣子拜皇帝、小官拜大官、奴才拜主子等，有时都要行三叩九拜之礼。后来又增加了打千（行礼时左膝前屈，右腿后弯，上体稍向前俯，右手下垂）、作揖（两手合抱，拱手为礼）、鞠躬（弯身行礼）等礼节，直到辛亥革命后，才结束这种跪拜礼。但在民间如祭祀、祝寿等风俗中，仍世代相传。“文化大革命”期间，跪拜礼被作为“四旧”遭批判而废止。20世纪80年代以来，大连城乡尤其是农村，在祭祀及春节拜年中，重新恢复了跪拜礼节，谓之行大礼。

待客

客来敬茶是指客人来了首先要敬茶以示礼貌、热情，其方式又因地而异。敬客斟茶通常以斟半杯为礼貌，俗称“茶七酒八”，或称“酒要满，茶要浅”。有的地方则流行三道茶仪式。现今来客敬茶仍风靡城乡。客来递烟，汉族及许多少数民族均行此俗。旧时吸叶子烟者多擦净烟杆吸口并装上烟丝再递给客人。现代，吸烟有害健康已成为共识，故待客时一般只礼节性让烟，悉尊客便。大连人以热情好客著称，有客临门，必以茶烟款待，否则被认为是不热情。

宴客

在宴请入席时，大连城乡讲究请客人先进，宴席的座次是餐桌靠墙，对着门的一侧，为主宾席。首先应请主要客人入主宾席，然后按自己的身份选择适当位置。接着是点菜，主人一般先请主宾点菜，其余的客人也要一一让到。客人往往不好意思点名贵的菜肴。客人点完，主人应拾遗补缺增补几道有本地特色或比较名贵的菜肴，以体现真诚宴请之意。点菜时一般照顾主宾的口味、喜好。有老年人和孩子参加时，一般单点几道适合老幼的菜肴。再次是敬酒，大连人待客祝酒以真诚著称，有“要把客陪好，先把自己灌倒”的说法。通过健康有益的祝酒词来表达良好的祝愿。碰杯时，先与主宾碰杯，然后逐一碰杯，再以后则穿插进行。让菜应以主宾为先，然后依次恭让。说话时忌嘴里嚼菜，等嘴里空时再说。主人、客人不能只同一两个人交谈，要尽量照顾全面。吃东西讲究文雅，少夹慢吃，忌发出咀嚼声响。最后是送客，客人告辞时，主人出门相送，城市居民一般送至楼道口，农村居民则送到大门口，亲切道别，以示恭敬。一般等客人走远后方返回，忌客人刚出门即关上门。

馈赠

以礼品相馈赠是亲戚朋友、邻居乡里联络感情的重要方式。大连城乡居民在人际交往中有馈赠礼品之俗，尤其逢年过节更重赠礼。结婚、探病、访友送礼品，春节送挂历、年画、贺年片，端午节送粽子，中秋节送月饼等。随着居民生活水平的不断提高，礼品的质量和类型亦在发生重大变化。旧时送礼以糕点、罐头、糖果为最普遍并受欢迎，现代馈赠礼品多以奶粉、蜂蜜、高档水果、保健品和服装为主。有些至亲密友在乔迁新居或婚嫁时，送家用电器等贵重物品，有些则馈赠现金，收者可根据所需自购物品，更为方便实际。大连地区赠送礼品数量和品种以“四六”为吉，取四平八稳、六六大顺之意。另外是取汉字“有福有禄”之意。“禄”与“六”谐音，“四”又有成双成对之意。故民间礼尚往来均以四件（种）或六件（种）为吉数，“赶人情”送现金亦是四六整数为佳。

社交礼节

社交次序

中国乃礼仪之邦，凡事讲究尊卑、大小、高下之分，这就使得社交中出现次序问题，虽无一定之规，但一些约定俗成的规则，无人可改，若违背之则被认为不敬，或缺乏修养。通常社交中的礼仪次序原则是：二人同行，右为尊；三人并行，中为尊；三人前后行，前者为尊；进门，上车，尊者先行。一般情况下，应让女士坐高位。上车时，尊者由车右边上，其他人待尊者上车后，自己再由车后绕左边上车，坐在尊者的左手位。车中后排中间为大位，右边次之，左边再次之，前排最小。至现代，办公用车渐多且近于普及，人们已不再计较尊长之分，只是在接待宾客时仍讲究上述礼仪。

打招呼

熟人相遇都要打一个招呼以示友好和尊重，即便仅一面之交也会点头示意或微笑致意，否则会被对方视作冷淡或不友好，架子大。如双方距离较远，则以招手的方式示意。一般情况下，晚辈和年轻者先向长辈和年长者打招呼；男女之间，男士先向女士打招呼。旧时打招呼的常用问候语是“吃饭了？”这是因为在温饱时代，对朋友和亲属的最大关怀是果腹问题。至现代，这种问候已不常见，最通用的问候是“您好”“你好”。根据时间的不同还常用“早上好”“中午好”“晚上好”等。如是熟人也用平时的称谓招呼一下，如“老王”“小张”“楠楠”等。与外国人打招呼一般不用“你吃了吗？”，而是“用过晚餐了吗？”见面需要打招呼，告辞也要打招呼，不辞而别被认为是大不恭。但告辞一般都讲究“火候”，既不能

瓷盘上的古人物画

黏黏糊糊，不管对方是否有时间或心情如何，赖着不走，也不能风风火火，仓促告辞。一般是离去时与主人礼貌话别，说些后会有期的话。

介绍

介绍分两种类型，一种是自我介绍，另一种是把某人介绍给某人。大连人自我介绍一般是直截了当，介绍自己的名字或与对方熟人的关系，如“我叫张勇，你弟弟的朋友！”介绍别人，大连人习惯先提某人的名字，以表示敬意，如把一位张姓男士介绍给一位李姓女士，大体顺序是：“李某某，让我把张某某介绍给你好吗？”介绍时基本遵循两条，一是把年轻者介绍给年长者，二是把男士介绍给女士。

握手礼仪

握手礼是流行于许多国家的一种见面、离别、祝贺或致谢的礼节。此礼源于原始社会，是人们扔掉棍棒武器而相握结好的动作。现代的握手礼，双方往往先打招呼，然后相握致意。关系亲密的人，可各伸出双手久握、用力握；关系一般时，可各伸出一手轻握即止。男女相握时，男士应轻握女士手指部位；晚辈与尊长相握时，晚辈宜稍躬身迎握。握手礼的顺序，应是主人、尊长、女士先主动伸手，客人、晚辈、男子再予迎握。多人握手时，且忌交叉相握。男士相握时，要先脱帽，并示以微笑，忌戴手套相握，更忌边握边注视第三者。军人戴军帽时，必须先行军礼，然后再行握手礼。与男士握手，女士可不摘手套。握手礼还可以表示向对方进行鼓励、赞扬、致歉等。正确的握手方法是：时间宜短，要热情有力，要目视对方。女士同外国人握手时，手指与肩部要自然放松，以备男宾可能要行吻手礼。

握手的坏习惯主要表现在手心出汗、手腕无力、握得太紧或缺少眼神交流。还应该注意：客人准备告辞时，主人不宜主动握手，这里的握手有逐客之嫌；男士不宜双手握住女士的手，时间不能过长，以免给对方留下轻浮的感觉；看望老人时，握手用力要轻，但时间可以延长些，让老人感到更多的关爱；身强力壮的男士之间握手，可以适当加些力度，摇动幅度可以加大，展现阳刚之气。

敬老爱老

旧时鞠躬礼

鞠躬礼

鞠躬是中国古代的礼节之一，《论语·乡党》有“入公门，鞠躬如也”的记载。鞠躬礼不仅中国有，其他一些国家也常用。一般是下级对上级、服务人员对宾客、初次见面的朋友之间、欢送宾客以及举行各种仪式时所行的礼节。行鞠躬礼时，先立正站好，戴帽的脱下帽子，面带笑容双目注视受礼者，然后上身向前倾斜20度左右，视线随之自然下垂。男士鞠躬时，双手放在裤线稍前的地方，女士则将双手放在身前下端轻轻搭在一起。鞠躬动作不宜太快，幅度根据实际情况而定。在很隆重的场合或为表达自己强烈的感情和深深的谢意时，行90度的大礼。一般情况下，幅度不宜过大，同时还可以微笑地说些表示欢迎、问候、祝愿的话，或是感谢与告别的话等等。

举止着装

穿衣戴帽是一个人的爱好、情趣和文化修养的直接反映。大连人比较重视在各种不同场合的装束，尤在串门做客时，讲究整洁得体，尽量与自己的职业、年龄、性别、身份相协调。大连地区曾有“苞米面肚子，料子裤子”的习俗，说明大连人注重穿戴和爱美的心态。

旧时大连男性均穿中山装，视为正装。至现代，无论城乡男性出门做客或参加集体活动，均以西装领带、革履为正装，有时也穿夹克之类休闲装。女性则款式多样化，春夏秋以裙装为主，其服装款式均不刻意苛求。老年人出门串亲访友装束旧时以中式为主，喜欢宽松合体。女着男装者在现代已司空见惯，均能被礼俗接受，而男着女装则始终被社会所排斥，被认为有悖常理而受到指责。在一些庄重的场合都有严格的着装要求，有的在请柬上就明确提出要穿礼服（即男西装、女裙装）。有的宾馆、饭店正门标示“衣冠不整者谢绝入内”。尤忌穿牛仔裤、短裤、背心和超短裙、拖鞋等出席正式场合。男性穿西装要系领带，如西装里还有马夹，领带放在马夹里面。裤线要直，皮鞋要亮洁。穿中山装时扣好领扣、领钩和裤钩。穿长袖要将前后摆塞进裤内，忌揎拳捋袖和卷起裤脚。女性忌赤脚穿凉鞋，穿长筒袜子时，袜口不露在衣裙外面。男性进入室内后须摘下帽子。

在着装颜色方面，一般在正规庆典场合，男性服装以深色为多，或有条纹和小暗格。女性在庆典或公众场合一般喜穿色彩亮丽的服装，并通过围巾、手提包等饰物变幻色彩，力求给人耳目一新的感觉。儿童服装一般讲究色彩斑斓多样，崇尚红色、黄色、绿色。旧时无论男女平时均不穿素服，在悲伤场合（葬礼、扫墓、祭祖、吊唁等）男女均穿深色衣装。至现代，夏季素装已十分普遍。

礼仪禁忌

礼仪与禁忌共同构成礼俗，人们在交往活动中既重礼仪的规范又重禁忌的把握，遇忌不禁便会被视为失大礼，影响团结甚至引发矛盾和冲突。礼仪是生活的一种惯制形式和民俗化生活准则，是一种民众祈吉祛凶心态的行为外化，很难用迷信与科学、先进与落后等是非标准来评判，应视为整体民俗文化的组成部分。

语言禁忌

大连城乡的语言禁忌主要表现在吉凶、礼教、功德、荣辱等方面，具有地域方言和社会方言特色。

凶语即不吉利的词语，在日常生活中，人们忌讳听到凶语，唯恐这些字眼会招致凶祸的真正来临。人际交往中，难免表达一些不祥的内容，为了避讳便改用另一些褒义词或中性词变通地予以表述。在凶语中，除死亡及疾病的字眼最为令人恐惧、忌讳外，还有些破财词语。因为财运的好坏直接关系到人们的命运、生活的贫富，所以民间很看重此事，时时处处惦念着发财，也时时处处避免着破财。春节期间，各家各户要祭财神，请福字。购买时忌说“买”而说“请”，如不想买，不说“不要了”，而说“已有了”。解放后，这方面的禁忌语越来越少。

交往禁忌

人与人之间的种种微妙关系，特别是亲戚、朋友之间，法律往往鞭长莫及，无能为力，在一定程度上靠禁忌来限制调节。

在接客待客方面旧时有上朔不会客的习俗。认为上朔会客必斗争。年纪大的人，忌留住宿，恐有不测，俗云“七十不留宿，八十不留坐”“七十不留饭，八十不留宿”。在人际交往中还忌与和尚、道士、尼姑等来往，俗话说，“前门不进尼姑，后门不进和尚”“会交朋友，交些铁匠、木匠；不会交朋友，交些道士、和尚”。

在待客方面，以尊重客人为基本原则，给客人倒茶水时，壶嘴不要对着人家，因为“壶嘴”谐“虎嘴”音。递烟、酒、茶都要双手，忌单手。主动给客人点烟，点烟时忌用一根火柴连点三支烟，因亡人烧香是三根，故忌。酒以敬客多次为荣，忌自饮不敬客。客人进门的第一顿饭忌吃水饺，因为水饺是送行的食品，俗称“滚蛋饺子（包子），缠腿面”。宴客席间主人始终陪坐，忌讳提前离席。吃饭未完忌讳将空碗空碟收走，忌讳抹桌扫地，俗以为这是“驱客”之举。宴客时，禁忌子女上桌共餐，尤忌媳妇、女儿，否则以为待客不诚、不敬。

到别人家做客时，客人要主动向主人打招呼，否则，以为无礼貌，轻视主人。在别人家做客吃饭时，忌把鱼翻过来，谓之“客不翻鱼”。饭桌上忌说蒜和醋，因为蒜的方言与“散”同音，吃醋有嫉妒的意思。到别人家串门，忌入两房，即生意人的“账房”和女人的“绣房”。

在馈赠礼物时，忌以手巾送人，俗语有“送巾，断根”“送巾，离根”，且在丧俗中有以送手巾前来吊唁者，以示与死者“断绝”往来。忌以扇赠人，俗语“送扇，无相见”，且因扇子用过即失。忌以刀剪送人，以免有要伤害对方之嫌。给病人送的物品忌送四种，因为“四”与“死”谐音。一般给病人送水果，要送含有平安吉利寓意的苹果、橘子、桃、栗子等，切忌送梨，因“梨”与“离”同音。忌下午去看望病人，下午属阴，看过反会加重病情。忌带剑兰，因“剑兰”与“见难”相谐。给商人送礼忌送茉莉、梅花，因为“茉莉”与“没利”谐音，梅花的“梅”与“霉”同音。

行为禁忌

大连地区的行为禁忌并无系统记载，均由上一代老人向下一代口耳相传继承下来。这些禁忌多是在不科学的理论的支配下发生并延续至后代。旧时忌拔白发，认为拔一根会长出许多根，而白发与老有联系，青年人特别忌反常地出现许多白头发。忌向火中、木柴或烧过的炭末谷灰小便，认为火中有火种，犯忌会使生殖器和膀胱感染肿疼。忌小便后不洗手，否则指甲会裂开。忌在坟地大小便，否则被鬼作弄病死。忌将两把扫帚放在一起，恐败家。忌打扫时将两张椅子对叠，因丧俗中常将椅脚翻上。忌用竹扫帚扫客厅，因丧家才用竹扫帚在客厅中“除秽”。

有禁忌就有避忌与破忌的办法。如“灯下不讲鬼，灯下不谈贼”，理由是说鬼招鬼，说邪招邪。有的说鬼时把皇历（时宪书）放在桌上，然后可以放言无忌了。灯下说贼也有禳解之术，说时把茶杯倒扣放在桌上，也可以使梁上君子不敢光临。小儿夜啼旧时以为是不祥之兆，家长就自己写一张帖子，贴在大路边的墙头或树干上（不具名）：“天皇皇，地皇皇，我家有个夜哭郎。行路君子念三遍，一觉睡到大天亮。”这些禁忌和避忌习俗无科学依据，已逐渐被城乡居民所舍弃。

文化

深度智慧的活法

大连地区古代属中国海疆边陲之地，居民流动性较大，故文化比之中原地区略有滞后。19世纪末叶开始，沙俄和日本先后侵占大连长达47年，民族文化虽遭到冲击，但民间风俗及传统文化仍与关内一脉相承，占人口总数绝大部分的山东移民及其后裔，齐鲁遗风犹存，各种民间娱乐风俗与河北、山东类似，同时也糅杂着东北地区所特有的粗犷豪放风格，形成独具内涵、丰富多彩的民间文化娱乐风俗。

歌舞音乐

大连地区民间歌舞丰富多彩，其特点是豪放、激越。大连北部地区（瓦房店、普兰店、庄河）受东北地区民间歌舞风格影响较大，而南部地区近200年来因驻军较多，又是城市密集区，其民间歌舞呈现多元化特点。

旱船与推车秧歌

秧歌

据史载，清代咸丰年间金州、旅顺一带就有“跑地会”的文娱形式，又称“过街秧歌”。每逢农历春节，由民乐伴奏的秧歌队便走街串巷，载歌载舞。主唱者见景生情即兴演唱，故又有“唱秧歌”之称。扭秧歌解放后从老解放区传入大连城乡，故称“陕北大秧歌”。扭秧歌实为劳动人民粗犷、明快劳动动作的舞蹈化，易于表演，可不化妆，用简单的道具（小红绸或系在腰间的长绸带）即可，

群众自发组织的街头秧歌

锣鼓一响，男女老少均可闻乐起舞。现今，扭秧歌仍然为城乡居民最常见的娱乐形式之一。

跑旱船

跑旱船是传统秧歌的主打表演项目，几乎城乡每个秧歌队都有。表演者男扮女装，双手扶道具彩船，前摇后摆，左晃右动，如同小船浮水，优雅悦目。装扮艄公的多长须飘飘，头戴戏曲中的彩色大檐帽，随船持桨做各种滑稽的撑船姿势，如行水中，节奏明快，悠然自得。

跑驴

跑驴也是传统秧歌的主打表演项目。因驴的体形较小，适合人的操纵，故跑驴这一表演形式常见。表演者扮女装丑角，道具驴置腰部，腰部以下用绸布遮挡，双手把持腰部道具架，表演骑驴的各种动作，有转圈、甩头、尥

花棍舞

蹶子等生活中常见的形态。跑驴由两人表演，另一丑角或牵驴或赶驴，表现生活中的各种情趣和人物心理活动，令人赏心悦目。

推车

推车，亦称“老汉推车”，也是传统秧歌中的表演项目。表演者多为一男一女，女为年轻女性或男扮年轻貌美女性，男为老年车夫。道具车在女性腰部以上，腰部以下用绘制的轮状绸布遮掩。表演时，女性要根据推车老汉的动作来表演坦途或是坎坷，主要有推、掀、抬、拉等动作，表现劳动人民生活中不惧危途的达观气魄。

腰鼓

解放后腰鼓传入大连，曾盛行一时。解放之初，许多厂矿、学校都成立腰鼓队，其节奏明快，表演洒脱，多在节庆日表演。腰鼓队少则几十人，多则上百人，多由女性组成。舞时以鼓系腰间，双手执槌，交替击鼓，伴以舞蹈动作，其声响铿锵有韵，舞姿多变，催人奋进，百看不厌。

高跷

大连地区城乡踩高跷历史悠久，以庄河地区最为著名。庄河旧属岫岩州，早在明清时期就有扮成八仙形象的八人高跷队。表演者手持代表八仙的道具，脚踏木跷，随锣鼓、唢呐节奏，载歌载舞，奔放有趣。至清末，高跷队又增加了“憨柱子”“丑婆”等角色，并能演出《唐僧取经》《打渔杀家》《断桥》等折子戏。大连南部地区高跷形式是从冀东引入的，亦称“天津跷”，至今已有百余年历史。其舞蹈韵味稳健中显出活泼，摇摆晃动幅度较大。所扮形象多为历史传说中人物，如头跷姜太公，次为黄天霸，再次为三国演义中的刘、关、张及西游记中的唐僧、孙悟空、猪八戒等。

瓦房店的复州城和李官、许屯等乡镇是著名的高跷之乡。复州城高跷被称作“南派高跷”，是清光绪年间由河北沧州来复州定居的马姓回民传入的，后来被称作“复州跷”。其基本扭法为走趟地式——拖步，头部与上身摆动

高跷

挑花篮

较大，入场时队形呈大鹏展翅状；转慢板后，大扭大浪，大摆大晃，以浪中求稳见长，轻柔稳健，缓慢抒情，婀娜优美。其动作有舞水袖、整冠、甩髯口、耍大刀等。在“小场”中，老师与马童同场，表演“脚柱”“拿顶”“劈叉”“前后滚翻”等绝活。旧时高跷只在春节时演出。解放后表演的内容日趋丰富，不仅春节表演，而且在一些大型节庆活动中也经常有高跷队助兴表演。大连市开始举办服装节、赏槐会以后，多次邀请营口、海城高跷队参加演出，有时高跷队成员可达上百人。

四大海

四大海又称“闹海秧歌”，始于清咸丰年间，盛行于小平岛、凌水等沿海村镇。每年农历十一月之后，泊港的渔民便以鱼、鳖、蛤、蟹等海产品作为供品，到龙王庙祭祀，祈求海事平安。至清光绪年间逐渐演化成头戴四种形象面具，模拟水族洄游的舞蹈，在祭祀时助兴。渐而不光是在祭祀时表演，节庆时也参与表演，成为大连沿海地区独具特色的一种民间娱乐形式。

太平鼓

太平鼓艺人表演

太平鼓又称“单鼓”，原为满族萨满祭祀舞，后演变为民间舞蹈。旧时每遇天灾病祸，便打单鼓烧香许愿，祈求太平。后经演变发展，与当地的民歌、二人转、影调音乐相交融，形成成熟的单鼓音乐。其表演方式为舞者左手持单鼓，右手执短鞭击鼓。据考证，单鼓舞于清初随八旗军的驻防而传入大连地区，至今有200余年的历史。其舞姿粗犷、唱腔豪放嘹亮，击鼓兼摇串铃，以轻重疾徐不同的节奏，边舞边唱。解放后舞蹈工作者经过加工整理，改编为太平鼓舞。太平鼓舞在继原来特点的基础上，剔除迷信的成分，赋予新的舞蹈语汇和思想内容，成为群众喜闻乐见的一种文娱形式。瓦房店著名太平鼓民间艺人姜治邦（邓屯偏坡村人）于1952年演出的反映现实生活内容的太平鼓歌舞《歌唱十二月》，其表演欢快流畅、蹿蹦跳跃、刚劲有力、洒脱奔放，耍鼓技艺娴熟稳健、妩媚多姿，鼓点有时铿锵，有时轻盈，从内容到形式都有出新，多次参加县、省会演，受到专家和观众好评。金州石河镇的太平鼓舞表演达到较高水平，多次参加大型文化娱乐会演活动，深受欢迎。

龙灯舞

旧时，每逢新春佳节，舞龙队便活跃在大连城乡，一边唱着吉利词语，一边舞耍着彩龙，民间称“龙灯迎春”。舞龙灯，俗称“耍龙灯”，在我国已有1000多年历史。西汉董仲舒在《春秋繁露》中就有为求雨治水而舞龙的记载，说明当时的舞龙是为了宗教祭祀、求雨娱神。至于舞龙灯则与《西游记》里讲的魏徵斩泾河老龙有关。传说泾河老龙骄横，错把雨行，玉帝问斩。

老龙求救唐天子。李世民失信没有保住泾河老龙，又经不起它的纠缠，为超度它，还它三个半龙头：一是正月耍龙灯，二是二月龙抬头（算半个龙头），三是端午划龙船，四是六月龙相会。于是才有了唐天子打排灯、魏徵丞相耍龙头的传说，舞龙灯因而代代相传。大连地区龙灯舞以金州为最，由清光绪十一年(公元1885年)淮军所部“铭字军”马步十二营驻防大连湾时传入金州。当时舞龙只会跑圈子，后经民间艺人李田英、陈德员仿制清军龙形，又经舞龙高手吕逢春再加工，于1887年元宵节组织表演，获得成功，传承至今已有八代。新中国成立后，金州民间老艺人邵振卿在龙身、龙头制作上又有发展，并将舞龙技艺传授给一些专业艺术团体。20世纪50年代，经前进歌舞团李秋汉等人进一步加工，把舞龙搬上了舞台，列入舞蹈表演系列。

舞龙灯的表演，有单龙戏珠、双龙抢珠和群龙呈祥等数种。龙身有的是由一人扮演，有的是由多人组成。龙体有草扎、纸糊、布绷、板凳几种。金州龙舞的表演套数主要有：龙摆尾、龙出海、双龙戏珠、金龙盘玉柱等27种。1957年3月，金州龙舞参加全国第二届民间音乐舞蹈调演，获集体创作奖、导演奖和表演奖，并受到周恩来、朱德、邓小平等党和国家领导人的接见。1995年，金州区可变化舞龙获国家专利，并在比利时第44届布鲁塞尔世界发明博览会获尤里卡金奖。20世纪90年代，金州东部濒临黄海的正明寺村组织了女子舞龙队，所舞的荷花龙曾进京演出，并获全国民间艺术节金奖。

舞狮

舞狮起源于三国，盛行于南北朝。据传，南北朝宋文帝元嘉二十三年（公元446年）五月，交州刺史檀和之奉命伐林邑，林邑王范阳使用了象军作战，使宋军败北。后来，先锋官振武将军宗悫提出百兽都害怕狮子，大象大概也不会例外。于是，连夜用布、麻等做成了许多假狮子，涂上五颜六色。每一只“狮子”由两个士兵披架着，隐伏草丛中。他还在预定的战场周围挖了不少又深又大的陷阱。敌方驱象军来攻，宗悫放出了假狮子，个个张着血盆大口，张牙舞爪直奔大象，大象吓得掉头乱窜。宗悫又趁机指挥士兵万弩齐发，受惊的大象顿时四处奔跑，不少跌入陷阱，人和象俱被活捉。从此，舞狮便在军队中流行，后又传到民间。

舞狮有北方狮子舞和南方狮子舞两大流派。北方狮子舞相传是在1500年前的北魏时代由胡人从塞外传入中原的。魏太武帝将它改称为“北魏瑞狮”。北狮的外形全身由狮被遮盖，舞狮者只露出双脚，下身穿着和狮被同色的裤子和花靴，由两人合作扮一只大狮，或称“太狮”；一人扮作一只小狮，或称“少狮”。另一人扮武士，手持绣球作为引导，并先开拳踢打，以球引诱狮子起舞。舞狮动作有跌扑、翻滚、跳跃、搔痒、抓耳等，还配有滚绣球、过跳板、上楼台等技巧动作。舞狮时配以鼓、钹、锣，乐声抑扬、动作合拍、生动活泼、惟妙惟肖。大连地区舞狮虽不及龙灯舞火爆，但到20世纪中后期也有多个舞狮队在节庆或开业时表演，属北方狮子舞。

二人转

旧称“蹦蹦”，于清道光年间传入复县（今瓦房店市）一带。清同治年间出现了高三（高日常）等有影响的二人转艺人，高晚年又收高徒赵文义。解放前先后涌现出王元贵、毛连太、姜治帮、姜振和、乔元珍、刘德玉、王连喜、李廷新等数十名有影响的二人转艺人，瓦房店也因此被称为“辽南二人转之乡”。解放后，二人转演出十分活跃。改革开放以来，瓦房店地区先后创作了《接媳妇》《过河》等数十个节目，并分别在市、省和全国会演中获金、银奖。

吹鼓乐

吹鼓乐传入大连地区已有200多年历史，乐曲、演奏技法随山东、河北移民流入境内，主要乐器为唢呐，俗称“喇叭”（有大、中、小之分）、笙管（单管、双管）、笛、箫和牛角匏等，与堂鼓、皮鼓、大小锣、钹、镲等打击乐器相结合，组成独具特色的吹奏乐。旧时，鼓乐班（社）多为婚嫁、丧葬、庙会、庆典等活动提供服务。从事鼓乐的艺人多数艺能全面、

身怀绝技的民间吹奏艺人

民乐吹奏

解放前打击乐器表演

小学生民乐表演

讲究流派、崇尚师承，但他们的社会地位却很低，而且收入勉强糊口。

流行的鼓乐曲有：旱（汉）吹、水吹（两曲多用于丧事）、小牌子曲（有的用于婚事，有的用于丧事）、小牌子曲（多用于婚事）、杂曲等不下 300 余支；有的曲牌专场专用，有的一场多用。20 世纪 40 年代吹鼓乐走向衰落，解放后移风易俗，婚丧事简办，部分曲调失传，但多数曲调被抢救下来了。传统的《工车谱》已被译成现代乐谱，许多曲调已被收入《中国民族民间器乐曲集》等书中，有的被国家档案馆所收藏。至 20 世纪 90 年代以后，随着老艺人相继谢世，民间鼓乐班基本消失，只有个别山乡的居民出于爱好，组成了父子兄弟帮的鼓乐队，在夏季乘凉或春节期间自发地进行非商业性的娱乐演出。

劳动号子

劳动号子是渔工、盐工、装卸工等劳动人民在生产劳动中创造的，其音乐节奏鲜明、音调高亢，情感奔放。在生产劳动中起到协调动作、振奋精神的作用。大连地区劳动号子丰富多彩，有长海县的《撑篷号子》《摇橹号子》《打锚号子》《拉船小调》《拉网号子》，有金州的《捞鱼号子》《拉纤号子》《拖船号子》，有普兰店的《推船号子》，有旅顺盐场的《盐工号子》等。1949 年，由大连港码头工人刘开增领唱的《装卸号子》，曾进京为第一次全国文代会献演并录制了唱片。

唢呐

大连地区在清初颇盛民间鼓乐，瓦房店素有“辽南民间鼓乐之乡”的美称。解放前，有影响的唢呐艺人有关希仁、曲春江等数十人。1953 年，民间艺人李永昌参加辽东省民间艺术会演，演奏唢呐独奏曲《单鸟》，技压群雄，名列榜首。1958 年 9 月，在辽宁省文艺会演中，由李永昌等人演奏的《社会主义革命歌曲联奏》轰动省城。

改革开放以后，由瓦房店市青年魏俊祥创作、宋喜平等人演奏的唢呐独奏曲《山乡的喜悦》《喜讯传到山乡来》等优秀曲目，先后在省和国家会演中获金、银奖。

打鼓表演

喇叭与管子

民歌小调

旧时，民歌小调在民间流传极广，多是口耳相传，可随时哼唱。民歌小调有反映旧社会劳动人民苦难生活的，如长海县的《打鱼人十二月》等；有反映婚姻爱情生活的，如金州的《鸳鸯扣》、庄河的《大小姐做媳妇》等；有反映民间生活的，如长海县的《十二月道花》、普兰店的《小逛庙》、大连的《打秋千》、金州的《探病房》等；还有以神话、民间传说为内容的《绣八仙》《梁山伯五更》《喇叭娃子》等。

八角鼓

八角鼓是满族民间说唱演出中用来伴奏的一种乐器。八角鼓的起源很早，距今已有数百年的历史。据说，昔时满族行围打猎闲暇时，便以击打八角鼓自歌自娱。演奏时八角鼓既是乐器，又是舞具和领弦指挥，其声音悠扬动听，人们随着八角鼓声载歌载舞。八角鼓的形状又和满族的八旗军事组织寓意相

民俗表演

关，即用八块硬木镶银边、蒙蟒皮面而制成，八边象征着八旗，其七边开七个梅花孔，每孔有一铜柱穿三个小钹，七孔共二十一个小钹，代表二十个旗佐和一个空纛旗，鼓下方拴一个流苏穗。八角鼓这一民间说唱形式，不仅在满族中广为流传，同时也受到汉族的欢迎和喜爱。白凤鸣在《单弦史话》中说："乾隆命掌仪司（礼官）给制造八角鼓这种乐器发一种龙票，悬挂在排练场所，这个房子就叫'票房'。明令允许二品以下官员到票房唱岔曲，不算失官体。在票房里活动的人都叫'票友'。后来无论学京戏或其他戏曲，只要是业余的都叫票友了。从此，岔曲因为用八角鼓伴奏，就被称为'八角鼓'。"清代旅顺、金州等地的清军兵营附近，都有八角鼓演唱。沙俄和日本侵占大连地区以后，这一演唱形式渐衰。

戏曲杂艺

梆子（山西梆子、河北梆子）

梆子这种艺术形式是19世纪中叶随山西、陕西、直隶（今河北）等地商人来大连地区经商而传入的。起先出现于金州、复县、庄河等地，最后进入市区。梆子以其曲调高亢、粗犷，深为群众喜爱。山西梆子剧目有《杨棚气》《先凤戏叔》《大走雪》《三阳阵》等；河北梆子剧目有《八蜡庙》《大登殿》等。进入 19 世纪末，河北梆子在大连地区全面普及。在京剧出现的初期，往往出现京、梆“两个场”现象，即两个剧种有时混合演出，有时交错演出。旧时，农村的“野台子”戏，许多场合是这样。解放初期还有个别地方演出，甘井子区营城子镇自编现代河北梆子《老来红》，参加全市会演获奖。20 世纪六七十年代后，梆子这种艺术形式逐渐萎缩直至消失。

评剧

评剧原称“落子”（lào zi），清末民初传入大连地区，1929 年始有评剧名称。评剧起源于河北，20 世纪二三十年代盛行于东北各地，涌现出不少业余爱好者。大连市区、金州以及北部地区的县镇都有评剧演出活动，经常上演剧目有《茶瓶计》《花为媒》《打狗劝夫》《马寡妇开店》等，每年农历七月初七必演《天河配》。评剧以其内容通俗、唱词易懂而赢得市民阶层欢迎。

20 世纪 50 年代为配合宣传《婚姻法》，各评剧团（队）排演了《小女婿》《刘巧儿》《小二黑结婚》等剧目，在社会上掀起了评剧热。20 世纪 80 年代以后，评剧团先后撤销。

京剧

京剧于光绪二十年（公元 1894 年）传入金州等地，20 世纪初流入庄河。早期戏班多为京、梆“两下锅”，艺人也多兼演京、梆两剧，后来又出现京、评“两下锅”现象。旧时多在“野台子”演出。传统剧目有：《古城会》、《空城计》、《武家坡》、《四郎探母》以及全本《玉堂春》等。

1927 年 10 月，振雅社名票老生王鸿叶、青衣郭盛亭及全体社员于宏济大舞台演出全套《群英会》和《孔雀东南飞》等剧目。抗战胜利后票友界更为活跃，参加各种文艺晚会演出。1947 年 6 月 1 日，大连京剧界为庆祝关东公署的成立，于宏济大舞台公演 6 天，盛极一时。20 世纪 60 年代京剧发展极不平衡，“文革”期间京剧被“革命样板戏”所垄断。改革开放以后逐渐恢复了传统剧目，进入 21 世纪，大连京剧团在全国有很大影响。

皮影

皮影戏

皮影戏俗称“驴皮影”“灯影戏”，是通过用兽皮或纸板做成的人物剪影来表演故事的戏曲。表演时用灯光把剪影照射在幕上，艺人在幕后一边操作剪影，一边演唱，并配以音乐。因旧时剪影多是用驴皮制作，故称“皮影”。其制作方法首先用生石灰把驴皮熏出来，然后进行抻刮，直刮到半透明时再进行雕刻，人物刻画出来后涂上颜色，最后进行拼接。初时用油灯照明，后来用电灯照明。据传，皮影戏是在300年前由直隶乐亭传入金州，经当地民间艺人吸收民歌和鼓乐艺术，形成有独特风格的“辽南影调”。大连北部的皮影是从冀东滦州等地传入辽东，再由盖州的归州传入。后期的辽南影调是南北两派交融而成，以复州地区最为兴盛。解放前，复县皮影艺人有43盘影箱（即可组织43个皮影戏班子）。“文化大革命”前，瓦房店地区农村由19个民间艺人组成的皮影戏班，为半职业性质，农闲演出，农忙种地。常演出的卷目有：《穆桂英大破天门阵》《杨家将》等民间流传很久的故事。长卷可演一个月，短篇也可演几宿，犹如今天的电视连续剧。戏曲高潮迭起，结尾更为精彩，故有“开台戏，末台影”之说。“文化大革命”后，瓦房店地区仍有8个戏班，并走街串巷进行演出。此外，普兰店有4个戏班，庄河有3个戏班。在辽宁省第三届皮影戏调演中，瓦房店杨家乡皮影班演出的传统皮影戏《镇阳关》获银奖，瓦房店艺术团皮影戏队演出的新编神话皮影戏《红莲仙子》荣获编剧、编曲、导演、操影、演唱、舞美全部金奖，列全省第一。随着电影的普及，皮影戏逐渐衰微，但其悦耳的乐曲、优美的艺术表演仍留在老一辈农民的记忆中。在瓦房店一带，以皮影戏唱腔为基础形成了一个新剧种，称为“辽南影调戏”，后定名“辽剧”。

木偶戏

木偶戏又称“傀儡戏”，俗称“葫芦头戏”。表演者一人，挑担串乡，选择村屯中的宽阔地方，利用墙隅撑起扁担，挂上幕帐，演者蹲在幕帐里，牵动木偶线，木偶伸出幕上侧表演各种民间故事，艺人兼说唱奏乐，剧目主要有《王定宝借当》《猪八戒娶媳妇》等。开台（开演）前，艺人自喊：“好戏台，好戏台，一根扁担撑起来！”并敲锣招徕观众。人聚多后便开演。演过一个剧目或一个段落后，出来收钱。收完钱回幕内继续演，待收不到钱时便收场离去。这种戏曲解放前在农村时有演出。解放后木偶戏渐少，一些民间文艺工作者将部分优秀的木偶戏加以改进，搬上电视屏幕，使这一艺术形式得以保存。1984 年，西岗区正式成立木偶剧团，以演出杖头木偶为主，也有杖头布袋结合、人偶戏等形式。剧团先后演出传统或创作剧目 20 余部 400 余场，其代表剧目《麻雀之死》《三只鸡》曾在 1989 年全省首届文化艺术节中获演出奖。

评词

评词俗称“说评书”或“说书”，旧社会一些城镇茶馆中专设艺人说书，客人可边品茶边听评书，成为市井生活中小憩的理想去处。也有些村屯大户人家在夏、冬农闲季节把评书艺人（多是盲人）请到家里，每天傍晚连续说唱，四邻老幼均可观听，成为昔时农村一景。艺人在说书期间由所请之户提供食宿，少则三五天，多则半月。每场结束时通常卖个关子说：“欲知后事如何，且听下回分解。”第二天再接着讲。说书艺人属于“吃百家饭”的社会底层人群，每说完一场由主家赏给一点小钱，以养家糊口。解放后请人到家说评书已少见。改革开放以后，民间说书已消失，但电视台经常播放评书节目，使这一艺术形式登上了大雅之堂。

东北大鼓

东北大鼓在瓦房店地区已有100多年历史。据查，最早表演东北大鼓的艺人是关永安，他走乡串户演唱东北大鼓并先后亲授了李德奎等5个徒弟，号称“五虎上将”。解放后，东北大鼓演出活动遍布瓦房店市城乡各地。有影响的艺人有赵文义、林正信等数十人。2000年，由瓦房店市艺术团青年新秀金佳蕊演唱的以环保为内容的东北大鼓《鱼塘风波》（冯秉全词，那涛曲），在辽宁省第四届戏剧、曲艺调演中获一等奖。

霸王鞭

霸王鞭一般用长三尺左右的竹竿，中间掏空竹节，串进古铜钱制成，亦有在木棍上绘上彩纹的，主要流传于瓦房店市农村。表演时通常以右手握住

解放前街头耍猴艺人

旧社会艺人

（也有左右手一起握的）霸王鞭中部，以其两端上下左右敲击自己的肩、背、腰和四肢，或敲地，或与他人对打，和着铜钱发出有节奏的响声且歌且舞，动作有“黄龙缠腰”“里外掏花”等。解放前后，瓦房店市民间艺人姜治帮表演的霸王鞭舞最为著名，其特点是上身灵、下肢沉、手腕活、手指巧、转身稳、转棍平，整体动作矫健优美、生动活泼、欢腾火热。新中国成立后至今，每逢年节瓦房店地区有些单位便组织优美健康的霸王鞭舞队，在街头、广场翩翩起舞。

耍猴

旧时，有民间艺人为养家糊口以耍猴为业。艺人身背道具箱，手牵小羊，而经过驯化的猴则趴在箱上或艺人肩上浪迹街头或在卖艺场所设摊表演。表演时给猴子戴鬼脸、穿衣裤，指挥猴子做翻跟头、爬竿等动作，吸引观众，乞讨报酬。解放后，耍猴艺人已不多见，20 世纪 80 年代后，随着农民大量流入城市务工，耍猴艺人也重现街头。

耍把式

解放前，常有江湖艺人来大连城乡表演拳脚武术杂耍等，俗称“耍把式”。耍把式者多有一技之长，或表演吞剑、吞铜球、缠线丝、劈砖头，或表演刀、枪、剑、棒各种器械套路，还有表演蹬缸盆、走钢丝及各种拳法的。表演前选择城乡街巷宽敞处划地为场，鸣锣招人，先自报门户流派，然后表演，有时还在表演间隙推销膏药等药品。耍把式的多由父子、兄妹组成家庭式班子或由同乡近邻组成家族式班子，班主兼师傅（教练），走乡串镇，居无定所，靠观众自动施舍维持生计。旧时农村上演“野台子”戏时，往往有耍把式艺人占地献艺。20 世纪 20 年代，大连市西岗区的博爱市场经常有艺人耍把式。

乘凉晚会

每年夏季农村村屯居民多有夜晚乘凉的习俗。男女老少围坐一周谈天说地、道古论今，有时请年轻人唱歌或吹奏乐器，十分热闹。大连地区城

解放前在街头卖艺的一家三口

镇居民自20世纪80年代起，每年夏季由街道组织举办乘凉晚会，即在公园或广场搭台，组织居民中文娱爱好者登台表演，吹拉弹唱，形式多样。90年代以后，乘凉晚会越办规模越大、质量越高，成为群众文化生活中的重要组成部分。

放风筝

风筝的起源可以追溯到2500年前的春秋战国时期，当时由于战争需要，古人以鸟为形、以木为原料，制成可在空中飞行的“木鸢”。据《鸿书》记载，鲁班也曾制作过木鸢，说“公输班制木鸢，以窥宋城”。汉时韩信剖篾扎架，糊纸引线，乘风飞空，始有“纸鸢”之称。五代时，李邺在纸鸢上装竹笛，置丝舌，风动笛鸣宛如古筝，从此才有风筝之名。风筝作为人们喜爱的娱乐玩具是从隋唐时代开始的。唐时，宫廷里太监、宫女们扎制各种风筝，竞放游戏，视为“放晦气”。有时还将五彩灯笼挂在风筝上，放入夜空，因而有李商隐的“西楼一夜风筝急”的诗句。宋代放风筝成为群众性的娱乐和节日纪念活动，张择端的《清明上河图》、苏汉臣的《百子图》，都有放风筝的生动场景。明、清时期，放风筝风俗更盛。由于风筝的普及，社会上出现了一种专门制作和放飞风筝的艺人，他们和杂剧、杂技演员一样，竞技斗巧，被称为“赶趁人”。

北京、天津、潍坊、南通被誉为中国风筝的四大产地。大连地区风筝种类很多，从结构上分有硬翅、软翅、串式、桶形、板子、立体等六类；从形

农民文娱队

象上分有动物和物品两种；从用途上分有特技、装饰、娱乐玩具、科研（用于气象探测、通信等）四类。大连地区城乡放风筝多在立春之后，因阳气升腾，利于风筝起飞。民间还有一个风俗，即在清明这一天把风筝放高放远，然后把风筝线割断，让风筝随风飘逝，可把一年来积下的郁闷之气彻底放出去，保证一年不生病。大连市曾在星海湾广场举办过风筝比赛，有“风筝之乡”之称的山东潍坊也派艺人参加表演，放飞风筝已成为滨城一大景观。

捏“豇米人”

旧社会有民间艺人以豇米面为原料，配以各种色素，手工捏制“豇米人”。所谓“豇米人”主要以各类戏剧角色人物为主，也有捏各种动物的，惟妙惟肖，生动可爱，既可作玩具，亦可作为室内陈设品。艺人肩挑道具担，边捏制边卖。改革开放以后，捏“豇米人”行当重新兴起，多为外地艺人。此外，还有艺人以蒲草编制蚂蚱等昆虫或各种小器具出售的，其造型精美，技艺精湛，深受少年儿童喜爱。

娱乐游戏

解放前，城乡居民生活困苦，可供娱乐活动的场所和器械极少，尤其是少年儿童多是根据各自所处环境，传承上一代人的“土法”自娱自乐。改革开放以后，跳排、打坑等土玩法逐渐被打台球、晃呼啦圈等取代。

跳排

在平地上画出长约 4 米、宽约 2 米的长方形外框，中间画一道竖杠，四道横杠，把长方形框区分成十个小格。从右方第一格开始用单腿跳进格内，左脚不准落地，右脚踢“排”（男孩玩的“排”是一片扁石块，女孩多做成立体形小布袋，内盛高粱粒当“排”）逐格前进。若右脚踩杠或“排”压印、出格，便被罚掉，让给第二个人来跳，逐次轮流，适合 2—4 个儿童玩。后跳者当跳到前者已占去的格子时，“排”要踢越过去，单腿要从被占格边侧（划杠隔开）跳过。最后，当所有格全被占有后，此局便结束。这种玩法过去在农村儿童和小学生间很盛行，到20世纪50年代仍不衰，60年代后很少有人再玩。

跳绳

民间青少年的一种体育活动。绳长有二三米至六七米，短者适宜3人玩，长者适合四五个人玩。玩时由2人扯绳甩起波浪，其余人进入绳波中，每当绳波下来时，跳者就要跳起，让绳从足下过去。这种活动多适合女孩子玩，20世纪60年代后虽渐少，但一直延续至今。

踢毽子

旧时，毽子多用有孔铜币二三枚拴上鸡毛做成。踢时左足立地，用右足踢起，不使毽子落地，边踢边数，连续踢数多者为胜。女孩多制作立体形小布袋（内装高粱粒或苞米粒）代替毽子，用同样踢法比赛，适合2—4人玩。这种玩法在20世纪50年代很普遍，后来渐少。

打尜

尜是用三寸左右长、拇指粗木棍刻成，两端削成锐形。玩时在地上画个圆圈，甲方手持木板朝尜的一端把尜击起来后，再一板把尜击向远空。在尜落地点画道印记,向乙方喊出"丈"数(实际是用步量的步数)。乙方若回答"要"字，就由乙方由印记处大步量到圆圈处，乙方若是按甲方要的"丈"数以内量到，就算乙方赢，改换乙方来打，若是量不到，仍由甲方再打。这种游戏适合冬季土壤冻结时玩耍。过去农村少年玩得很多，20世纪60年代后渐少，现已不见。

打坑

打坑的玩法是在冻地上挖个小坑，四五人各用铅饼从远处投坑。投中者赢，不中者输，先投中者的铅饼被后投中者的铅饼击出者亦输。20世纪50

年代以后，许多幼童用琉璃蛋（玻璃球）仿照打坑玩法用指弹球投坑。至今，农村儿童仍有这种玩法，但玩铅饼者很少。

骑“马”打仗

解放初期，男孩喜玩骑马打仗游戏。玩者分甲乙两方，每方2—4人，1人当马，1人骑在其脖子上；或1人当马头，2人用臂搭起马腰，让另一人骑在马腰（2人的臂）上，与对方相扑，先倒者为输。这种玩法在20世纪70年代渐少。

下棋

旧社会下象棋、围棋的人较少，多数人是“走五乘”、“下大天”或“和拳走棋”。“五乘”也称“五子”，是用两种颜色的棋子各5枚，棋盘是纵横交叉各画5条杠，形成正方形。两人对弈，各占一边，各执一色棋子，当走成在一条杠上只有两色棋子2比1相换的棋局时，多方将少方的棋子吃掉，一方只剩1枚棋子时告负。“下大天”的棋盘也是纵横交叉各画5条杠，形成正方形共16个小方格、25个交会点的棋盘。对弈双方各执一色棋子12—13枚。对弈时轮流在不同的交会点上每次放上1枚棋子，直至把25个交会点布满为止。之后根据各方形成的棋势(分为“大天”“四福”“巴棍”“斗”“斜”五种棋势)，任意选择吃去对方棋子数枚（不同棋势吃子数量有一定数）。吃完后，继续走棋。若再次形成棋势，再吃对方棋子，直到对方认输为止。解放后象棋、围棋被多数人所喜爱，“走五乘”“下大天”等简易棋法渐被淘汰。20世纪50年代开始出现军棋、跳棋、海陆空军棋、五子棋等棋种，使民间娱乐活动越来越丰富多彩。

跑马城

原本是满族孩子所做的一种游戏，后来汉族孩童亦玩这种游戏。游戏时孩子们要等数分成两伙，然后各自挽手为阵，开始唱《跑马城》歌：“激激灵，跑马城。马城开，打发妞妞阿哥送马来！要那个，要红缨。红缨没在家，要你青格萨！青格萨不会喝酒，要你大青狗。大青狗不会吃食，要你小叫驴。小叫驴不会拉磨，要你干草垛。干草垛插兵刀，我的兵马由你挑！”这时便开始点将，被点的人要用足劲冲过去，如果能把对方的阵脚冲断便可“俘虏”对方一人归队，如果冲不断便被对方扣留。这种游戏能够从小培养孩子的勇敢精神。至 20 世纪 80 年代以后此游戏渐少。

打陀螺

大连孩童称“招陀螺”，是 20 世纪初期至中期最为普及的儿童游戏。据考证，中国在宋朝时就已出现了类似陀螺的玩具，名字叫“千千”。千千为四寸象牙制的圆盘，当中有一个一寸长的铁针，用手拧转铁针，使针尖立于桌面旋转，快停时再用衣袖拂动它，为宫女们在帝王深宫内的游戏。“陀螺”一词最早出现于明朝，并成为儿童的玩具。陀螺为木制，空心无柄，用绳子绕好了，一抛一抽，陀螺便在地上无声地旋转。当其缓慢下来时，再用鞭子抽它，便可继续旋转。

抓嘎拉哈

满族的一种游艺习俗。“嘎拉哈”是满语，意即猪腿上的小骨头。每当杀猪时，孩子们便把嘎拉哈骨收存起来，染成红色或黄色，闲暇时以此做游戏，不仅孩子们喜欢玩此游戏，有时候大人也来玩一把，尤其是姑娘们最喜欢做此游戏。嘎拉哈分坑儿、肚儿、云儿、轮儿四面，玩法有“抓子”“掷子”等多种，在《红楼梦》中所说的“抓子”，即指此类游戏。在“抓子”时，姑娘们常常唱《抓嘎拉哈歌》：“呼俄云，喊嫩嫩，都来抓这嘎拉哈。嘎拉哈，挺美的，看咱谁能争第一。三加三，加十一，百花点将一十七。我们十七学针线，百花十七闯大敌。闯大敌，打胜仗，打了胜仗犯猜疑。猜疑东，猜疑西，马前将军死得屈。死得屈，没有罪，这事只怪姜败类。姜败类，害了怕，百花要他嘎拉哈。嘎拉哈，带油珠，我全赢来你全输。七个坑儿，八个肚儿，谁要输了得算数。九个云儿，十个轮儿，看我抖神不抖神。”至现代，此种游戏渐少。

打麻将

麻将又称“马将”“麻雀牌”，是从明清直到现代久盛不衰的赌具，也是最具大众性的娱乐牌。麻将的起源众说纷纭，一种认为是马吊牌、宣和牌、花将牌互为影响的产物；一种认为马将是“马吊”的转音；一种认为是马吊与碰和牌的结合物。据说，麻将是元末明初学者万秉超发明的，因为他崇拜水浒英雄，以 108 张牌隐喻 108 将。

麻将打法原理一样，但各地有各地的玩法。不仅在中国大有市场，民国时还流向外国。20 世纪二三十年代流传到英、美、澳大利亚，1937 年美国还成立了麻将联合会，在日本的东京、京都等城市有不少麻雀馆。胡适在《漫游的感想》中还专门写了《麻将》一节，称“中国的国戏是麻将”。麻将在中国“日兴月盛，没有一点衰竭的样子”。在赌博合法化的澳门，麻将不太流行，而在禁赌的内地却成为最具大众性的民间娱乐。

打扑克（打滚子）

扑克也叫纸牌，起源有多种说法，其中最被认同的说法是中国，至少在公元 969 年时已经出现。当时中国的一副纸牌有四个花色，每个花色有 14 张牌，既作为纸币使用，又用来进行牌戏。传说有一个威尼斯商人从中国把纸牌带回他的家乡，所以威尼斯是欧洲最早有纸牌的地方。也有人认为印度比中国更有可能是纸牌的起源地。无论如何，打扑克已经成为大连城乡居民最为喜爱的游戏方式之一。据统计，大连的每年扑克消费达三四千万人民币，足见其普及程度之广泛，尤其是大连独创的“打滚子”玩法，已经风靡全国，并且成为网上主打游戏品种之一。

民间艺术

剪纸

剪纸是中国古老的传统民间艺术，历史悠久、风格独特。唐朝崔道融曾有“欲剪宜春字，春寒入剪刀”的诗句说的就是剪纸艺术。民间剪纸艺术的

旅顺水师营前夹山村小学生剪纸作品

韩月琴剪纸《虎头》

出现首先是生产的需要，因为木匠、铁匠、鞋匠、裁缝在生产中都需要用剪纸的形式做出一个比照物件，久之便增添了装饰，产生出一些花样，其功能转变为审美欣赏，故剪纸又称“铰花”“鞋花”。大连地区的剪纸艺术源于齐鲁文化，主要是由闯关东的山东人带来的，世代流传，并与东北文化相融合，形成独特的风格。现今大连城乡有成千上万的剪纸爱好者，拥有韩月琴等一批国内知名的中老年剪纸艺术家。剪纸是采用剪、刻、撕、烧等方法在纸或薄板材料上使之镂空形成图案的民间艺术，其方法一是用剪刀剪制，俗称“铰花”；二是用刻刀刻制，俗称“刻纸”，有单幅单色和分色、套色、染色之分。

盆景

盆景是中国一门独特的艺术形式，其历史悠久并形成诸多流派。20 世纪六七十年代，大连劳动公园的“一・二九”苗圃曾产出部分盆景，多以引进为主，尚无创作人员。从 20 世纪 90 年代起，以甘井子公园盆景园为主，建起了当时东北地区最大、品种最全的盆景园。其中高级园艺技师衣宝泰研究培育的多头铁树盆景填补了全国空白，盆景《古城春色》在建设部、大连市政府主办的“’97 大连国际园林花卉博览会”上获精品奖，衣宝泰被辽宁省文化厅授予“辽宁省优秀民间艺术人才”称号。

面塑

面塑俗称“捏面人”。旧时大连民间有用豆面制作成象形的生肖、面灯等，在正月十五元宵节点燃、祈福，其制作粗糙，尚构不成艺术品。20 世纪 90 年代以后，普兰店女工路奎波先后从师北京面塑大师张宝林和天津面塑大师王玓，创作出有自己特色的面塑作品，栩栩如生，成为大连第一名面塑师，在辽宁省第四届民间技艺考评暨精品展览会上获金奖，被誉为“面人路”。

铜艺

铜艺是指用铜工艺进行主题性创作的一种现代民间艺术。近年来，大连铜艺人孙德忠自学研究铜工艺并取得了显著成就，其铜艺作品特点是主题鲜明、形式独特、工艺娴熟，其创作手法坚持写实与夸张相结合，主要表现海洋生物和昆虫两大系列，作品曾在国内外展出并受到广泛关注，他本人先后被授予“特艺大师”“优秀艺术家”称号。

孙德忠铜艺《桃花水》

微雕

微雕即微型雕刻，是在极小物体上刻出字或图像的一门艺术。大连地区代表人物韩志耀自幼受家庭熏陶，酷爱书法绘画，师承微雕家艺，8 岁就开始学习雕刻，掌握了微雕的各种刀工技法。20 世纪 90 年代，他将只有文献记载而实物已散失 500 余年的“核舟”重现于世，使中华民族这一项传统艺术瑰宝之珍品重放光彩。此外，他还创作出《好汉》《太极炼丹》《鱼跃》《笑口常开》《池上》等微雕作品。

韩志耀再现明代久远的桃核微雕《核舟记》

民间楹联（对联）

民间对联应用广泛，是节庆活动、婚丧嫁娶中一项重要的内容。对联的内容有些是民间代代流传下来的，有些则是自撰的。大连市民间文艺家协会所属的大连市楹联学会，有市、区、县各级会员 200 余人，先后举办“星海杯”“海鸥杯”等 40 多次楹联大赛，有数万名楹联爱好者参加楹联征撰，其中还有加拿大、马来西亚、澳大利亚等国家和中国香港地区的楹联爱好者参赛。

信仰和寿诞

另一个长寿秘诀

民间信仰是围绕着对超自然力的信仰而形成的观念、态度和行为，不仅有着深刻的社会背景，而且深深地根植于民间。与宗教相比，民间信仰没有明确的创始人，也没有固定的信条、教规、组织形式等，并不形成一个社会实体。但民间信仰源于宗教的早期形态，受道教、佛教的影响也是相当深远的。其核心是信仰鬼神，相信神灵支配人生、福佑信仰者。在信仰活动中，又有神庙、神像的建造以及相应的崇拜礼仪等，从而具有一定的宗教信仰属性。明、清两代，大连地区城乡建有数百座寺庙宫观，信徒甚众。城乡居民基本秉承中原地区居民的信仰习俗，尤重海神崇拜。城内敬老尊贤之风浓厚，寿诞之俗独具特色。

祖先崇拜

原始社会的人们对于一些自然现象茫然无知，既敬且畏，神灵鬼魂的观念遂油然而生，祖先崇拜更有其特殊的地位。因为在原始社会里，经验常识往往是统治者的必备条件，而祖先长辈生前与子孙生活在一起，以经验、权威指导人们如何自己谋生。所以，当部落长者死后，经过时间及语言口传的渲染，祖先遂被神秘化。祖先俨然有一股神秘的能力，可以在冥冥之中视察子孙的行为，加以护卫或惩罚。子孙们亦深信经由祭祀的仪式及祭品的供奉，可保佑后世子孙及家族免于灾祸，祖先崇拜由此而生。有关中国的祖先崇拜起源极早，据考古显示，在山顶洞人时代（距今约一万八九千年前），就有埋葬仪式，应属于某一特殊“死后信仰”的行为。到了龙山文化时期，已有象征祖先崇拜的陶祖塑像，可称之为中国祖先崇拜的雏形。据史料所记：“黄帝崩，其臣左彻取衣冠几杖而庙祀之。”说明当时已有正式的祖宗祭祀。周代对

村旁小山神庙

拜祖宗

祖宗的崇拜逐渐压倒对天神的崇拜，成为祭祀活动的主体。至宋代，儒、释、道三教合一后，祭祖礼俗制度化。祭祖经过长时间的沿革变迁，终成传统，并流传至今。大连城乡居民对祖先崇拜的表现形式呈多样性，虔诚有加，主要表现在如下几个方面。

建家庙祭祀

旧时城乡大姓宗族，均建立家庙（祠堂）定期进行祭祀活动。祠堂供奉家族分支中重要成员的牌位，逢年过节焚香上供，叩拜礼祭，其在世男性家族成员都要参与祭祀，场面庄重，表情虔诚。俗信对祖灵不恭会受上天的报应。

春节请宗谱

春节期间，各家都要将宗谱郑重地悬挂在堂间北墙正中，下置供桌，摆放馒头、菜肴、瓜果供奉，夜间秉烛，白昼焚香、烧纸，供奉已故父母、祖父母遗像。家庭男性成员要向列祖列宗叩头礼拜。宗谱由硬质纸张制作，宽约 1 米、高约 1.5 米。上方绘制始祖头像，以下按辈分列出已故长辈名字，一般左写男性，右写配偶。宗谱在送神后即取下，妥善恭藏，来年再用。有的地区在正月十五时再将宗谱重新“请出”，像春节一样进行祭祀。

忌日或生辰烧纸

宗谱与供品

每逢故去父母或祖父母生辰或忌日，其直系晚辈都要为故去老人举行祭祀活动，多是上坟烧纸焚香。老人生辰时，多是制作其生前喜食的菜肴瓜果，供奉一番，象征性地与故去老人“共餐”，以示怀念。

修坟立碑

为故去祖辈修坟立碑之俗自古有之。此俗在“文化大革命”中被当作“四旧”活动而遭受贬斥。20 世纪 80 年代以后修墓立碑之风重新兴起。无论是分散的坟冢还是规划的墓地，多立起墓碑，碑阳镌刻故者姓名和立碑者姓名，有的还在碑阴镌刻碑文，记录故者生平事迹。有些富户为祖先修建了大型墓地，树立高大墓碑，并在墓的四周设立围墙。修坟立碑一般由同胞兄弟姊妹共同出资。为祖父母立碑则由儿辈和孙辈共同协办，以示对先祖的恭敬和怀念，求得心理上的平衡。

编撰家谱

20 世纪 90 年代以来，城乡居民中的大家族陆续编撰家谱，记述祖辈来源、祖居地、搬迁和祖辈们艰苦创业、生产生活的历程，以表达“为人者不能数典忘祖”的情怀。一般情况下，多是一个家族中有几位热心于谱牒的成员，平日注意搜集家族的相关资料，若干年后编撰成家谱，或正式印刷出版或传抄留存。大连地区家谱有两种形式，一种是文字叙述式，一种是宗亲世系图示式。前者对宗族的记述比较翔实，后者则仅以图示形式标明世系关系。金州区大关家村关姓（关向应家族）谱书采取世系图示式记录宗亲关系。不管何种形式，只有故去者方能入家谱（或宗谱）。金州一王姓居民已撰出《〈金州王氏志〉——山东省乳山市夏村王泰后裔》族谱，22 万字，其资料翔实，记事有据，客观上成为民俗文化的重要内容。

家谱

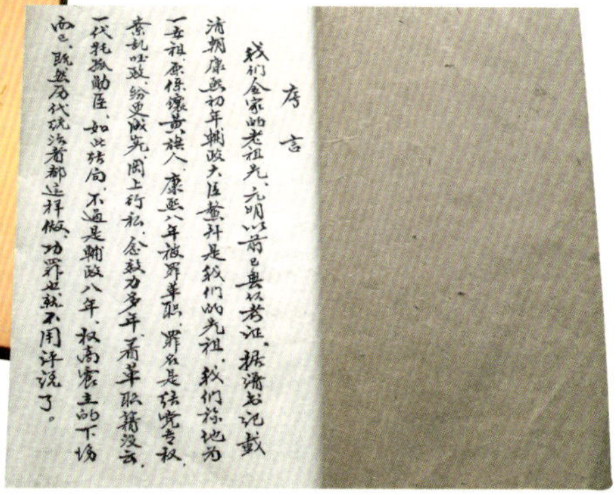

序言

我们金家的老祖先，元明以前已無从考证，据清书记载清朝康熙初年辅政大臣鳌拜是我们的先祖，我们称他为一世祖，原係镶黄旗人，康熙八年被罢革职，罪名是结党专权，紊乱朝政，纷更成宪，罔上行私，念效力多年，着革职籍没云。一代托孤勋臣，如此结局，不过是辅政八年，权高震主的下场而已，既然历代统治者都这样做，功罪也就不用评说了。

庄河鳌拜后裔金氏族谱序言

天地信仰

天地信仰是最古老、最根本的信仰。它实际上是一些自然神的综合，包括日月星辰、山川湖海、风雨雷电，这些都是人类最初的神。不过，民间也确实供奉着一位天地爷，它没有专门的庙祠，只是在过年时，人们从市面上买一张木板天地神画，上有天公地母和一班人马，中间有一牌位，写着“三界十方万灵真宰”。人们把它贴在屋檐下，有时只用黄表纸写一个天地神仙，再在两边贴上“天高悬日月，地厚载山河”的对联，以及“天地神位”的横批。下边则置供桌、放香斗、摆供品，焚香点烛而祀。在婚礼时，新郎新娘要大礼祭拜，俗称“拜天地”。

天的信仰

天的信仰不仅产生了人们直接对天的敬畏和祭祀，也同时派生或衍生出若干文化习俗。如某人做下打骂父母、杀妻灭子或不道德的坏事后，人们会说他“伤天理”，会遭到天打五雷轰的报应，会损及子孙后代。人们俗信“老天长眼”，会看到人间善恶，恶有恶报、善有善报。人们对天的畏惧和信仰，不管古今都对人们心理产生巨大影响。

地的信仰

地与天相对应，大地是人类赖以生存的载体之一。由于她顺时而使万物生长，就像母亲哺育婴儿一样给人类带来食物和生命所需要的一切，人们便称她为“地母”。在古人看来，地是一种具体的存在，有长度、宽度和厚度。神话传说中国地形特征之所以东低西高，是因为共工氏与颛顼争夺帝位时将天柱和地维弄断形成的。由于地的博大和不可预测性，使人们形成并派生出许多神秘的信仰习俗。人们俗信地有土地神，为一方乡土的保护神。旧时，农村各屯均建有一座土地庙或山神庙，多数规模不大且简陋，有的用四块石块垒搭而成。居民在祭宗祠、扫墓、破土之前均要在土地庙前祭祀一番。俗传二月初二日为土地神诞辰日，届时家家作祭，除供拜外，有些地方还演戏娱神，为“土地公公”祝寿。此外，人们还演绎出土地公公的配偶“土地奶奶”，与土地神接受同样的膜拜。此外，一些地方还崇信山有山神。《山海经·海外北经》称“钟山之神，名曰烛阴（烛龙）”。山区有建山神庙的习俗，认为山神主管一方水土、管狩猎和采药人的收获。故这些人进山前都要在山神庙前祭祀。

大雄宝殿

日月的信仰

人们对日月的信仰古亦有之，许多神话故事均有记载。《山海经·大荒南经》写道：东南海之外，甘水之间，有羲和之国，有女子名曰羲和，方浴日于甘渊。羲和者帝俊之妻，生十日。汤谷上有扶木，一曰方至，一曰方出，皆载于乌。人们想象太阳乘乌鸦巡游于天，照耀大地给人类带来光明和温暖。中国古代就有对日月、星辰的祭祀。《礼记·祭法》云："王宫，祭日也。夜明，祭月也。"关于日月的传说几乎家喻户晓，人们俗信月中有神即嫦娥和吴刚，还有玉兔。更有天狗吃月亮之说。月食时，全食复明谓之不吉，兆歉年；偏食后复明，谓之吉利，兆丰年。故旧时有的地区月食时鸣锣击鼓、敲盆打梆，以"惊吓天狗"，救出月亮。大连城乡居民有在八月十五中秋节祭月的习俗。届时，家人团聚，备月饼和各种瓜果一边赏月一边祭月。大连北部山区居民有忌讳太阳落山扫院子的习俗，认为夜里扫地会冲跑财神和其他善神，造成家道败落。

星辰的信仰

民间对星辰的信崇也很普遍，俗认为"地上一个人，天上一颗星"，天上有一颗星陨落，地上便有一个人死亡。若陨落的是一颗大星便认为有大人物故去。故城乡居民均有不用手指星、月，认为用手指星、月是对其不敬，会冒犯天神，招来灾祸。人们普遍相信彗星（扫帚星）出现会给人们带来灾祸。人们俗信，七月七日夜牛郎织女天河相会。人们还通过观天河"显"或"晦"预测年景，显则丰年，晦则灾年。至现代，随着科学知识的普及，上述信仰逐渐淡化。

风雨雷电的信仰

旧时人们俗信风雨雷电均有相对应的神，是不可抗拒的。《山海经·海外东经》称："雷泽中有雷神，龙身而人头，鼓其腹。"雷神是男性，与之相配的是"电母"。庙宇里对雷电风雨诸神均塑有具体形象。民间尤信仰雷神，认为雷神刚正火暴，遇有不平之事便手执两柄神锤以雷击之。民间长者教育晚辈时往往说：打爹骂娘、伤天害理必遭雷劈！适有不肖子孙偶然被雷击毙，便流传开来，在社会上造成深远影响。故有些做过坏事者每遇雷雨大作之时便心惊胆寒。人们对雨神的信仰则表现在祈雨活动上。

神灵信仰

在远古时代，人们对自然界发生的各种现象，均认为是有某种神灵支配着，便开始敬畏神灵，崇拜神灵，并希望神灵不要降灾祸。随着人类的进化，人们不但希望神灵不要降灾祸给他们，还要求神灵给予他们福惠。在周代，民间已流传神灵崇拜。这种对神灵的内心的渴求、愿望或理想，就是“草望春生，人望神扶”的敬神观。

财神

旧时大连城乡居民崇信财神，希冀财神保佑自己发财，成为人们普遍心理，集中反映在春节迎财神、祭财神等民俗活动中。财神爷有文财神和武财神之分。文财神据传是春秋时代越国的范蠡，其在画中为文官打扮，头戴宰相纱帽，五绺长须，手捧如意，身着蟒袍，足蹬元宝，与天官颇相似，区别是天官神态慈祥，笑容满面，而文财神面目严肃，脸庞清瘦。武财神传说是赵公明（赵公元帅）。赵公明为道教神明，姓赵名朗，字公明，与钟馗是老乡，陕西终南山人氏。秦朝时避世山中，虔诚修炼，后被汉朝的张天师收为徒，命他骑黑虎、守护炼丹炉。赵公明吃了师父赠送的仙丹，遂变化无穷。至元末明初，赵公明的形象被描绘为头戴铁冠，手执铁鞭，面黑多须，胯下一只黑虎。赵公明画像周围常画有招财童子、聚宝盆、大元宝和珍珠、珊瑚之类，以显示财源茂盛。

供奉财神

“文化大革命”时期，请财神、祭财神被视为封建迷信活动而禁绝。20世纪80年代后，请财神、祭财神作为民俗活动而重新兴起，民营、个体饮食业、服务业的饭店、酒店、商店等都供奉财神画像或座像，以求取保佑发财。居民家中，春节时也有请财神的，并焚香上供。

关圣

关圣俗称“关公”，即三国时代蜀国大将关羽。魏晋至唐代，关羽在民间影响并不大，自宋代以后名声大振，被封为“义勇武安王”，明朝时被封为“三界伏魔大帝神威远镇天尊关圣大帝”，超过人间帝王。明清时代，关羽显极，称“武圣人”，与“文圣人”孔子并立。曲阜有“孔林”，洛阳有“关林”。关圣的影响与《三国演义》的广泛流传也不无关系，因关羽是一位义结千秋、忠贞不贰的英雄好汉，成为人们心中的偶像。历代统治阶级愿意用集忠、孝、节、义于一身的关羽来教化臣民，维护封建统治。民间俗信关帝有司命禄、佑科举、治病除灾、避恶驱邪、巡察冥司，乃至招财进宝、庇护商贾等多种法力，故民间各行各业、妇孺长幼皆把关圣奉为“万能神”，顶礼膜拜。旧时，大连地区有多处关帝庙，以金州城中的

“万能神”关圣

清代张氏节孝牌坊（节妇虽非神祇，但俗信节妇立牌坊可祐护家人）

老爷庙（关公庙）最为著名，其香火很盛。20世纪80年代以后，许多民营、个体饭店、商店都供奉关公神像。

医神

旧时疾病是人类的天敌，故对救死扶伤的医生极为崇敬，视若再生父母。对那些妙手回春的名医则视若神明，加之历代统治阶级的推崇，便出现了医神。大连地区旧时曾建有数座药王庙，塑有扁鹊、华佗、张仲景、孙思邈、李时珍的神像，许多患顽疾或子女病恹的乡民，便借庙会日或平日到药王庙或其他寺观药王神像前顶礼膜拜，求药治病。“文化大革命”时期，庙宇多被当作“四旧”拆除，20世纪80年代后，部分庙宇重建重修，重新创立药神神像，并有信奉者拜神祛病。

护子神

旧时，民间将送子观音视为护子、送子神，许多久婚不育的妇女要到庙宇拜仙许愿求子。有的将五代后蜀皇帝孟昶视为护童和送子仙人。孟昶的爱妃花蕊夫人因思念丈夫绘画了一幅《孟昶挟弓射猎图》，又因惧怕赵匡胤怪罪便编造说画中人为送子张仙，此后便流传民间。张仙神采异常，五绺长须飘洒胸前，左手张弓，右手持弹做仰面直射状。“弹”与“诞”同音，暗念诞生之意，故被当作护子、送子神。解放后，医神与护子神的信仰已淡化近于消失。

护门神

解放前，护门神在农村流传极广，春节期间几乎家家户户张贴门神，俗信门神可以挡阻妖魔鬼怪的侵害，保一家人平安。门神的演变可追溯到巢居、穴居的古人类时代。当古人学会营造茅棚屋舍后便出现了用于出入的门。门可挡风雨，阻野兽，防敌袭，使古人类得以安居，故在周代就有了祭门风俗。门神的产生还与古人对鬼魂崇拜有关，认为许多坏事都是鬼怪作祟，故还需要有降鬼伏妖的神明来替自家站岗守门。最初的门神是两个桃人，即把用桃木雕成的神像悬于门上，分别叫作神荼和郁垒，传说二人奉黄帝之命把守鬼门，发现有害人的恶鬼便捆起来扔到山上喂老虎。后因雕桃像比较麻烦，渐而转用桃板一左一右钉在门上，上面绘画出神像或写上神名，此即桃符。再后来，又出现专门捉鬼、吃鬼的门神，称作“钟馗”。到唐代以后，门神又演化为唐太宗李世民的两员大将秦琼和尉迟恭。再后来，门神更多，有赵云、马超、薛仁贵、孙膑、庞涓、杨香武、黄三太、赵公明、马武、萧何、韩信，还有以孟良、焦赞为门神的。可能因孟良、焦赞曾占山为寇，故孟、焦图像多贴在牛棚、马厩门上。之后，又出现了文官门神，祈望既看家护院又能祈财求福。门神有时也配双对，天官（状元）门神常与送子娘娘匹配。祈福门神还常添画一些吉神物，如爵、鹿、蝠、马、宝、瓶、鞍等，寓意“爵禄福喜，马报平安”。

灶神

家家有灶，户户祭灶，旧时十分普遍。灶神的神龛一般设在锅灶侧墙上，多为灶王爷和灶王奶奶的画像。在母系社会里，灶由氏族中最有威望的妇女管理，故最初的灶神是位女性。《庄子》称其为“着赤衣，状如美女”。后来道书把灶神说成是昆仑山上的一位老母，称“种火老母之君”，手下有五方五帝灶君和进火神母等三十六神。唐代以后出现男灶神。《淮南子》说：“黄帝作灶，死为灶神”，又说“炎帝于火，死而为灶”。《五经异义》则认为“火正祝融为灶神”。

火神

火在人类进化史上具有划时代的意义，火可吓退野兽、熟食及取暖驱寒，使人类受益极大，故古人非常感谢火的发现者和管理者。中国的火神有祝融、炎帝、回禄（吴回），还有一位小公神叫阏伯，是火种的具体管理者，在风沙蔽日、洪水泛滥的条件下把火种保留下来十分不易，故古人非常崇拜阏伯。俗传正月初七为火神阏伯生辰，四方百姓要到庙宇中进香朝拜。解放后，祭拜灶神、火神之俗延续二十余年之后渐而消失。

庙宇香炉

庙宇壁画

麻姑

人们祈求长寿，便演绎出女寿神麻姑。旧时大连地区城乡居民家中多张贴麻姑献寿画，以求长寿健康。关于麻姑来历说法不一，《神仙传》中说，东海人王方平弃官修道成仙，其妹妹叫麻姑，年十八九，漂亮华丽，光耀夺目，能穿木鞋在水面上行走，又能掷米成丹。还有说麻姑是南北朝时期后赵麻秋之女。赵麻秋残暴无比，抓夫修城，昼夜不停，凌晨鸡叫方能停歇。麻姑十分同情这些苦工，就偷学鸡叫，让工人早些收工。后来此事被赵麻

麻姑献寿

秋知道，麻姑便逃入深山修道成了仙女。传说麻姑曾三次看到沧海变桑田，蓬莱水也浅于旧时一半，而她仍然如同十八九岁的姑娘，可见其寿龄之高。又传说王母娘娘三月初三过生日时，举办蟠桃盛会，麻姑在绛珠河畔用灵芝酿酒献给王母娘娘，即所谓“麻姑献寿”。现代，民间为女性老者祝寿时也学送《麻姑献寿图》或有麻姑献寿图案的食品。但给男性老者祝寿时一般送南极仙翁像。

彭祖

据传彭祖活了八百岁，称为男性寿神。彭祖不仅长寿还是古代一位著名房中术大师。《论语》《吕氏春秋》《庄子》《楚辞·天问》等先秦典籍中都提到过彭祖的名字。彭祖的房中术并非后世误传的专门描述各种性技巧之术，而是有关养阴治气之道，强调进行房事保健、节制房事、固守精美，避免阴精漏泄耗损，达到延年益寿的理论。《素女方》七篇为彭祖所传秘方，如今之六味地黄丸即为彭祖古秘方加减而成。民间对彭祖崇拜逊于麻姑。

寿诞习俗

大连城乡素有尊老敬老养老的传统，给老人做寿便是民间孝悌的体现。“过生日”与“祝寿”在字义上并无大区别，但实际运用却大不相同，“寿”字是别人对寿者的尊敬话，“生日”是本人本家的自谦语。年轻人 30 岁以下不能称“寿”，50 岁以前只在家里悄悄过生日。

祝寿的种类可分为：花甲寿，一个甲子 60 岁；六六寿，六六大顺 66 岁；古稀寿，人生 70 古来稀；大寿，自 60 岁开始逢 70、80、90 称“大寿”；九一寿，民间流行做九不做十，逢 59、69、79、89 做寿；冥寿，活人做寿

为百岁老人过大寿

为阳寿，死人做寿称“阴寿”“冥寿”，人死后九十则做九十冥诞、百岁冥诞。在民间一般称 70 岁为“大寿”，80 岁为“上寿”，90 岁为“长寿”，而百岁为人瑞。

庆祝寿辰一般由子女或亲戚朋友出面操办，不能由自己具名发柬邀客来给自己祝寿。大连地区通常父母到了 70 寿辰，子媳便设家宴给父母祝寿，范围是至亲好友。八九十岁高龄老人的祝寿活动规模更大一些，一方面是子孙满堂，人多势众，另一方面则通过给老人祝寿，亲属借以团聚。近些年，提倡对老年人厚养薄葬，给父母过生日、祝寿之举蔚然成风。通过祝寿给老人添置衣服、被褥，有些家庭不够和睦，可化解家庭矛盾，融洽情绪和关系。在祝寿过程中，晚辈们都顺着老人心情去做，恭顺体贴，决不能发泄不满。

寿柬

民间举行祝寿，一般在祝寿之前先发出寿柬。寿柬是专门用于邀请亲友前来参加自己长辈寿辰的请帖。其格式除了按请柬的要求书写之外，旧时还有一些固定的用语。如父亲做寿称“家严”，母亲做寿称“家慈”。男子生日称“悬弧”，女子生日称“设”。儿子自称“承庆子”，若有祖父母在，则自称“重庆子”。至现代，寿柬的内容变得更平易通俗一些。

暖寿

祝寿的前一天，寿翁或寿婆的女儿、女婿带上礼物去看望老人，并在老人家设晚宴款待宾客，为寿星庆寿，称为“暖寿”。暖寿的筵席排场不大，主要是请全家大小和一些近亲在一起相聚，为第二天盛大的祝寿场面做些必要的准备工作。

寿诞祥物

在祝寿时，礼堂里常挂寿星图。传说老寿星曾在昆仑学道，拜元始天尊为师。学成后，师父用聚宝匣击其头，聚宝匣竟如祥花一样钻进了寿星的头内，从此，他就成了人们现在常见的形象：高脑门，长脑袋，笑呵呵的，拄一根长长拐杖的白发长须老翁样。在民间，龟、鹤、鹿都与长寿相关，是贺寿中不可或缺的吉祥物，传说龟能活千万年，因而祝寿词常有“龟鹤延年”“龟鹤遐龄”等。

寿宴

民间安排寿宴一般请至亲好友，有条件的家庭还邀请有交往的社会知名人士参加，以示对寿星的尊重。在拟定菜单时，一般都围绕祝寿这个主题来安排，寿桃、寿面必不可少，有的还制作“松鹤延年”之类的拼盘。宴会之前，家人及来宾需向寿星祝贺，献上寿礼。宴会开始后，举杯向寿星祝贺健康，有“寿比南山不老松”“福如东海长流水”等语。亲朋晚辈等多借寿宴即席讲话，颂扬寿星的人生和贡献，表达对老人的崇敬之情。

寿诞《百鱼祝寿图》

寿礼

民俗中寿礼是祝寿活动不可缺少的内容，所选礼物都是根据老人的职业、年龄、兴趣、爱好而定，一般选老人平时喜爱之物，使寿星感到欣慰和满足。旧时因生活困难，寿礼主要是糖果糕点、鱼肉等。改革开放以后，礼品档次不断提高，有名人书画、书籍、盆景、鲜花、镜屏、匾等。

寿谚

书香门第和官商人家有赠送长寿谚语之俗，其内容各异。大连地区流传有以下长寿谚语：笑一笑，十年少。多笑笑，莫烦恼；天天忙，永不老。笑口常开，青春常在；遇事不恼，长生不老。吃饭先喝汤，永远没灾殃。朝食两片姜，犹如人参汤。人愿长寿安，要减夜来餐。晚上少吃一口，肚里舒服一宿。起得早，睡得好；七八饱，常跑跑。饭后百步走，活到九十九。裤带越长，寿命越短。运动好比灵芝草，何必苦把仙方找。早起做早操，一天精神好。不靠医、不靠药，天天劳动最见效。

寿联

寿联是地方文化的一种体现，亦可称作地方文化的精品。大连地区寿联种类繁多，内容大体是称颂寿者之功德、评价寿者之业绩。寿联又分通用寿联、男用寿联、女用寿联、双寿联、寿联横批等。比如：

德宏益寿、心阔延年；人歌上寿、天与遐龄；福如东海阔、寿比南山高；青松多寿色、丹桂有丛香；喜气盈门增福寿、春光满院绽梅花；长寿幸逢好社会、高龄端赖贤子孙；青松不老人不老、春色常留福常留；天增日月人增寿、春满乾坤福满门；心宽体健宏开寿域、子孝孙贤欢度晚年；恭俭温良宜家受福、仁爱笃厚获寿保年；老境多福恩归共产党、人生如饴功赖改革风。

禁忌

有些事情做不得

禁忌作为民俗文化的组成部分，它规定了人们在生活、生产及交往中犯忌讳的话或行动，是关于某种言行或事物约定俗成的一种禁制。禁忌早在原始社会就已经产生并发挥重要作用。“禁忌”一词早在汉代就见于史籍。《汉书·艺文志》云：“及拘者为之，则牵于禁忌，泥于小数，舍人事而任鬼神。”禁忌的由来大体有四个方面：一是对灵力的崇拜和畏惧，二是对欲望的克制和限定，三是对仪式的恪守和服从，四是对教训的总结和记取。禁忌的功能表现在自我保护、心理麻痹、社会整合三个方面。随着社会的发展和思想意识的变化，禁忌的形态和内涵也在发展和变化。禁忌作为民俗有机组成部分，涉及各类民俗领域，积淀着不同历史时期的社会思想内容。旧时的许多禁忌至近代已或被人们所抛弃，或在人们心理上潜伏起来。民间禁忌有许多是具有消极作用的，但有些禁忌仍具有一定的进步意义，如同姓不婚、异辈不婚、“骨血不倒流”等，至今仍具有重大的社会意义。禁忌与道德、法律有着一定的联系，原始社会尚无成文法规，禁忌实际上起到了无形的法律作用。随着科学知识的普及和人们思想观念的转变，大连地区旧时一些迷信成分较多的禁忌将会逐渐消失，而在特殊情况下还会出现一些新的禁忌。

人体禁忌

关于人体的禁忌繁多。居民俗信身体是自己的，身体以外的任何事物都是第二等的，即所谓“身外之物”，并信守“身体发肤，受之父母，不敢损伤”，人体禁忌多出于自我保护。

裸露禁忌

居民俗有忌讳裸露自己身体的风俗。除孩童可以赤裸身体在室外玩耍之外，成年人则不可，民间有“男不露脐，女不露皮”的说法。出于对男性上体无性刺激敏感区和干重体力活太热的考虑，旧时民间对男性上体裸露的限制不甚严格，但对女性要求极严。妇女从幼年起就深藏闺阁，“大门不出，二门不迈”，其目的就是将手、脸等无法包裹的部位隐藏起来，不让外人看到。俗信妇女的任何部位裸露都会产生“性引诱”，从而招致祸患。至现代，裸露禁忌已不像旧时那样拘泥了。对乳房、性器官的裸露是禁止的，对四肢及其他地方则听之任之。

骨相禁忌

骨相禁忌俗指骨相中属于“不可交”的或者相克的“对头人”，俗信能妨害或妨死人。民间有“上身长，佑君王；上身短，福分浅”，“上身长，坐中堂，下身长，走忙忙”的说法。人们对骨骼的灵气十分崇信，称之“骨法为禄相表，气象为吉凶候”。人们对意志坚强者，俗称为“硬骨头”“有骨气”，人们对故去者哀思寄托于骨灰，与灵骨信仰不无关系。

影相禁忌

民间俗信人体是由“形”和“气”二者合一而成的。形者，容也；气者，息也，共同构成物质和精神的整体。形体和元气都是人体要保护的，失一不可。民间还俗信形体与元气的完好与否直接关系到魂魄的安稳与否，故人们忌讳别人踏踩自己的影子。若身体有病或受到伤害而查不出别的原因，便会回忆是否有人踩过或伤害过自己的影子。在收殓死者往棺木上加盖子时，忌把自己的影子钉进棺材中，以防自己的健康受到危害。葬埋死者时，退离墓坑一定远的距离，用绳子把棺木续进墓坑，以免使自己的身影落进墓穴而受到伤害。抬棺人都用布条缠住手腕，以使自己的影子牵牢在自己身上。

唾液禁忌

民间俗信唾液是有魔力的，含有人的元气（元神）。如生了病一直吐口水（痰）认为是凶兆。故民间有遇到“鬼祟”或小麻烦，常用吐唾沫来化解，即用自己的元神精气去惮压小鬼小祟。如有的路段多发事故，多次有人伤亡，有的司机或行人过此处时，要吐几口唾沫消灾。遇到不顺心的事或人，也常常连吐三口唾沫或连“呸”三声以示轻蔑、鄙弃。此做法因不尊重别人，往往招致冲突。

血液禁忌

血液禁忌古即有之。远古时代人们直接接触到的是血与伤亡的关系，血的流出似乎必然伴随着伤亡，很容易形成令人惊恐的条件反射，于是血液便成为一种惊悸。民间俗信血乃受之于父母以成己身的基本元素，同血统的人血液相交合，异血统的人血液相离异（实际上并无科学依据）。人们习称精力旺盛性情刚烈的人为血气方刚。如某人面色苍白，便认为“血气不好”，为凶兆。血液禁忌包括神圣的和不洁的两个方面，俗信祭祀献荐的牲血，交拜、起誓时刺破手指所滴下的血都是圣洁的、有约束力的，而妇女的经血和分娩时流下的血水则被视为不洁，必须避忌。红色禁忌是血液禁忌的变换形式，故民间交往中用红墨水写信被禁忌，表明的意义是与人绝交。新娘子头上的红盖头也是不准乱动的。另外，用红色避邪也是血液禁忌的一种形式，是把“视血而忌，见血而避”的意识加到鬼神精灵头上，用这种法术达到人们心理上的平衡。

居民门前喜鹊安家视为吉祥，忌驱鸟拆窝

发须禁忌

旧时人们对头发和胡须十分看重。《说文解字》释："发"字为"根也"。大连城乡居民过去对新生儿胎发在百日内禁止剃去，有的地方不满周岁不剃发，否则认为小儿有夭折之危。剃胎发时不能剃正头顶上的发，认为"天灵盖"的波动起伏可能就是灵魂出入的地方，禁止拍打、手触，否则小孩会变成哑巴或痴呆。有的地方流行在小孩的后脑或头顶的一边留一小撮头发不剃，一直长到十岁左右才剃掉，认为这样可长高、长寿。有的地方还流行丧事禁忌理发、剃须的习俗，遇有家中长辈去世，男性晚辈百日内不能理发、刮脸，认为发须受之父母，不能在先辈亡故时抛弃，以示孝敬之心和哀痛思念之情。旧时还有外甥忌在舅舅家剃头的风俗，传说在舅舅家剃头要"妨舅"，因"舅"与"旧"谐音，旧指老年人，妨旧即妨老人。

头面禁忌

头即首，面即脸，头面是人的尊严之所在，故民间称有地位、有作为的人为"头面人物"。而办了坏事、不光彩的事则称作"丢脸面"。俗信打头、打脸最为损人，故有"骂人不揭短，打人不打脸"之说。教训小孩可打屁股、身上，忌打头打脸。旧时相面算命的把人的面部分为"十二宫、十三部、十四星及八卦、干支、三停、三才、四渎、五岳、六府"等一百二十个部位，玄而又玄。对于头形、面容，旧时民间曾有许多讲究，俗忌头大面小，称"头大面小，终身不了"；忌讳五官不正，称"五官不正心不正""五官不正邪气冲天"；忌脑门与下巴不对称，崇尚"天庭饱满，地阁方圆"，主大富大贵。俗信面部颜色发青、发黑、发暗，为凶兆。俗信眉毛与寿命相联系，认为眉毛浓密粗长，寿必长，忌剃掉、拔除眉毛，尤其长得突出长的几根眉毛称作"寿眉"，越长越好，即便遮住眼睛也不拔掉。俗信"人眼有方睛者多寿"，忌眼睛歪斜，认为居心不正。民间还相信眼跳是神的兆示，认为"上眼皮跳财，下眼皮跳赖"即招祸之兆，又有"左眼跳福，右眼跳祸"的说法。故民间遇眼皮跳时，往往用竹篾、草棍粘贴在眼皮上，以为破法。民间还俗信耳朵也是人体通神之窍，认为巳时左耳发烧会失财，右耳发烧事不明；戌时左耳发烧有争讼，右耳发烧有口舌；亥时左耳发烧闹是非，右耳发烧有争讼。俗信嘴关系人的祸福，相信男人嘴大吃四方（有福），女人嘴大吃菜糠（受穷），并有“唇厚忠实，唇薄奸猾”之说。

性别禁忌

性别是人类生理构成的客观存在，带有浓厚的社会生活的文化痕迹。中国男女分别的界线始终被强调和看重。男女之间存在许多严格的、不容忽略的禁忌信条。

性分别禁忌

区别男女是人们非常重要的一种需求，男女不分，一切行为方式都将失去依据，故有“阴阳不分则世理乱”之说。人们总希望男女最好一眼就能看出来，最明显的区别便在装束上。故在男女装束上忌男女不辨，不论男穿女装还是女穿男装都是犯忌讳的。男女的分辨一是形体举止，二是衣装，应该泾渭分明。就是在生产、劳作方面亦是如此。男人有男人的活，女人有女人的活，无论家庭还是社会均有明确的分工。女干男活或是男干女活都会受到非议，民间有“男做女工，越做越穷”的说法。旧时男人一般干田间地里的活和参与社交活动，女人一般从事家务活，不参与社交活动。男人干家务活会受耻笑，被认为没出息；而女人参加社交活动，会被指责“不守规矩”。新中国成立后，这种禁忌被打破，男女同工同酬，男女从事同一工种的情况比比皆是。大连地区有女火车司机、女电焊工、女船长，有男“阿姨”（幼儿教师、保姆）、男护士，但总体而言，男女分工是明确的。纺织、商业、饮食服务、教育、护士等行业，女性职工占绝大多数，而其他行业则仍以男性为主。

性诱惑禁忌

性隔离历来被当作制止、抵御性诱惑的有效措施。因为男女的标志越明显，性隔离就越易于实施。旧时强调“男女授受不亲”，男女之间相互避忌，一般不接言、不相视、不拉手、不赠物，以防止被人猜疑行为不轨。只有儿童时期不避嫌疑，称作“两小无猜”。大连地区民间奉行“男女七岁不同席”之俗，孩童长到七岁以后便分床而睡，开始了性分离。民间还有妇女不上宴席之俗，妇女不与男客同席，妻子不与丈夫同宗长辈同桌而餐。男女不同坐，不但素不相识的男女如此，即便是亲兄弟姐妹也是如此。姑、姊妹，女儿已嫁而返，兄弟不能同席而坐，不能同器而食。在清朝末年，在戏院看戏时，亦分男席、女席，即使夫妻也不例外，如不按上述规矩行事，便被认为“有伤风化”。古时还有“嫂不抚叔，叔不抚嫂”的伦理要求。在社会生活中，要求男女说话讲究分寸，一般不互相开玩笑，忌互相对视、调笑，以免“眉目传情，暗送秋波”。

在旧社会，男女地位极不平等，一般，男人从事的活动女人不能参加，对妇女的言谈举止也有严格的禁忌要求。妇女走路时不能挺胸抬头，否则认为克子克夫。平时还要求妇女目不斜视，笑不露齿，行不露鞋，外不露面。在婚姻上，男子可娶三房四妾，女子必须“从一而终”。女人最忌失节，失节便无颜面见人，称“饿死事小，失节事大”。古代社会女人甚至连正式名字都没有（平日称小名），出嫁时将父姓加在夫家姓之后，称某某氏。解放后这些旧俗和禁忌陆续被破除，但男尊女卑的观念还未彻底转变。

语言禁忌

语言是风俗和精神文化的一部分。语言禁忌最常见的一种形式就是“噤”，即“不说”。噤言时，用目视或摇头、摆手等无声语言来表达自己的意愿。如果这些都无法暗示自己要表达的意思时，就要用“避讳”这种语言禁忌形式来表达。

称谓禁忌

称谓禁忌即名讳禁忌，始于周代。最初避忌是在上层社会、权威人士之间实行，后来流行于民间，成为民间习俗。大连地区城乡向来有尊祖敬宗的习俗，祖先和长辈的名字都不能直呼不讳。直至现代，子女仍禁忌直呼长辈的名字，更不能叫长辈的乳名，与长辈名字相同或同音的字也有所避讳，尤忌晚辈的名字与长辈名字相同，或谐音字、同音字，俗称“子不言父名，徒不称师讳”。在同辈交往中，出于对对方的尊重，也不直呼其名，一般以兄、弟、姐、妹、先生、女士、同志、师傅等相称。旧时男女一结婚就改了称呼，丈夫称妻为“屋里的”“家里的”，妻子称丈夫为“外头的”“当家的”等，外人称呼他们也是“某某的女人”“某某的男人”。至现代，同辈间、夫妻间互称姓名已十分普遍，但对长辈仍保留名讳之俗。现在，这些称呼已经不单单是习俗，而是人的社会地位高低的一种必然现象。如政要之妻称“夫人”，有地位、有钱人之妻称“太太”，城里人之妻称“爱人”，而农民之妻则叫“老婆”。

年龄禁忌

在岁数上的禁忌主要是七十三、八十四和一百岁。因孔子活到七十三岁，孟子活到八十四岁，俗信这是两大关口，圣人都逃不脱，何况常人。民间有“七十三、八十四，阎王不叫自己去”之说。故老人七十三、八十四时，均少说一岁或多说一岁以避凶。一百岁暗指寿限之极，故人活到一百岁也只说九十九岁。

“死”字忌讳

民间还有“说凶即凶，说祸即祸”的畏惧心理，最忌讳“死”字。在封建社会，士大夫阶层称“死”为“疾终”“溘逝”“物故”“厌世”“弃堂帐”“迁神”“迁化”等；庶民百姓则把死称作“卒”“没”“下世”“走了”“丢了”（指婴幼儿或儿童）。在战场上为国家和民族战死者称之为“捐躯”“牺牲”“光荣了”等。另外，与死亡丧葬相关的事也忌讳提及。棺材称“寿材”，殡葬棺材进门称“官也来，寿也来，财丁（材钉）两旺一起来”，以冲不祥。

木雕鱼

谐音忌讳

乘船人忌说“住”“翻”，称“著”为“筷”，“翻过来”称“滑过来”。沉、停、破、漏之类话语也在禁言之列。民间对豆腐、鱼、年糕十分钟情，为过年过节必备食品，主要取“腐”与“福”、“鱼”与“余”、“糕”与“高”的吉祥谐音。饺子煮烂了，不能说“烂了”“碎了”，而说“挣了”（赚钱之意）。猪肝说成“猪润”，忌“干”音，干为干净，为穷之意。有的地方将“财”字的偏旁“贝”字写成“见”字，忌讳“贝”与“背”谐音，背即背运。

性事避讳

旧时民间普遍避忌涉及性行为和性器官的词语，认为此类词语是猥亵语，正经人羞于启齿。在不得不说性器官时，一般用“下部”“阴部”“那个”代替。说到性行为时，根据其性质用“办事”“房事”“同床”“夫妻生活”等词来代替。甚至连尿、屎、上厕所、月经等也在忌讳之列，要改为“出恭”“解手”“方便”“如厕”“例假”等。生活中忌“蛋”字，因为蛋指男性之睾丸，故称鸡蛋为“鸡子儿”。民间还忌说“醋”，称醋为“忌讳”，将情场上爱妒忌的人说成“爱吃醋”。民间嫁女说“出门子”，怀孕、生孩子说“有了”“添喜”等。

丧葬

生命最后的礼遇

中国人向来重视生命，所以一般人都把生和死看得同等重要。古人认为人死后灵魂要出窍，因此丧俗一般都围绕佛事举办一系列活动。子女要为父母养老送终天经地义，因此无论家境贫富与否，均要按传统丧俗安葬父母亲人并举行一系列祭祀活动，否则便被认为不孝、忤逆、大不敬或无能，为社会所不齿。新中国成立后，政府倡导对老人要厚养薄葬，改革殡葬制度，剔除封建迷信糟粕，但数千年来形成的一些传统丧葬习俗仍通过不同形式保存下来。

传统葬礼

殡葬礼仪

传统殡葬礼仪一般是人死之后三天下葬。《礼记・檀弓上》载：“丧三日而殡。”这可能一是因为亡者死时，不可能所有子女和亲属都在身边，三天之后下葬可留出时间供那些在外地的亲人赶回家见亡者最后一面；二是可以留出一定时间为亡者准备棺椁、衣物等下葬物品；三是人死之后仓促下葬，在医疗条件不发达时代可能将假死者“活埋”，故人死后三天下葬具有一定的科学性。丧葬繁简、奢俭程度主要视家境情况而定。一般人家均有本宗族的墓地，称为“祖坟”。寄籍城区与集镇的外地人，也有寄骨义地。有钱有势的人家有人故去，在家停殓 7 天，规模很大，请鼓乐班子吹奏哀乐，请僧道做通场诵经，极其奢华。20 世纪大连开埠之初，从外地招募大批劳工，其中许多被折磨致死，死后滥葬于荒山野坡，形成“乱葬岗”，记录了大连人民曾经遭受过的苦难。

亡者垂危弥留之际，子女等直系亲属必守护其侧听取遗言，为死者梳洗、着寿衣，直到亲人去世，称为“送终”。汉族习俗是在亡者断气之前移于堂间用木板搭成的灵床，如亡者死于户外，则搭在房门外，头朝外。满族则殡于西房里间屋。咽气后置发面饼于死者手中，称“打狗干粮”，意为归西路上喂食拦路野狗。为老人送终表明子女尽了最后的孝心，若未能为老人送终，则为一大憾事。有无子女送终，是否所有子女都来送终又是老人是否有福的

僧道为亡者超度

一个判别标准。亲人咽气时，家属哭泣尽哀，去最近土地庙报庙。待殓入棺，依礼设帏，暂不设灵堂灵位。将死者临终所卧床席及垫草于室外焚烧，同时还烧化纸钱，称为“烧倒头纸”。死者断气时燃放鞭炮，以示魂归西天。

报丧条

人死的当天，通报死讯的纸条，也称“报条”。长辈的丧事用白色纸条，幼辈的丧事用古铜色纸条。报丧条只通报家族、至亲及死者生前极为熟悉的好友，多用分送方式。派人登门报丧，多是选办事老练、能说会道的人前往。对死者远在异地的直系亲属如父母、子女、配偶等报丧时，一般不直接通报死讯，而是采用另外一种委婉的说法，如“病危”等，以免亲人接到死讯过于悲伤影响奔丧。

入殓

亡者入棺前，要为之整容（剃头、刮脸、绾发）、穿寿衣，再用白绸掩面。为死者穿衣物时，忌将眼泪洒在遗体上；死者的头发要梳理整洁，以示后代财源滚滚；为死者配木梳一把、镜子一面；入棺时死者头朝里脚朝外；棺材底层填充煤炭或石膏，其主要目的是消除异味，使遗体在较长时间内不腐烂。

送盘缠

送盘缠即给死者送“路费”，也是将暂去庙里报到的死者灵魂正式送往西天极乐世界的仪式。首先，将灵柩前的牌位插到木制方盘里饽饽上，由亡者长子低头顶着。然后，纸幡、纸扎车马（死者若是女性，还要扎纸牛）、纸扎童男童女、纸制金银元宝等依次排列，由帮忙人持着前行，死者家属随后，缓缓来到庙前。长子将方盘放到庙台，死者子女撕下烧纸一角，边往牌位摩擦，边连声呼道：“爹（妈），扯住！”待纸屑贴到纸牌上（意味着庙里死者灵魂已附到牌位上了），长子再顶起方盘，与亲属继续向西南行走。此时，帮忙人在事先选择的地点将各种纸活儿摆放妥当。长子把牌位顶到纸车旁，执事人将牌位隔凳子送到纸车上（凳子上筛撒草木灰可以看到灵魂登车的足迹），再用木杆子在纸车马周围画一圈，防止其他鬼神入内。

守铺

亲人死后到入殓及出殡期间，丧家亲属昼夜轮流守护死者铺侧，以表示孝心，称“守铺”。入殓之后，家人守护、睡卧在棺旁草垫上，称“守灵”。守铺、守灵均是表达子女的孝心和对死者的怀念。

吊唁

吊唁是丧葬礼俗重要内容，各地风俗略有不同。死者子女在接到报丧后，首先要哭悼，然后问明死因，并尽快上路奔丧，临到家时要“望乡而哭”。出嫁的孝女甚至一路哭来，到家后先要在灵前跪叩、哭悼。亲朋友邻前来吊唁时，一般均为故去者送去冥纸，孝子迎接并陪同在灵前哭悼。

出殡

出殡又叫“出山”，旧时多是请阴阳先生或僧道选择吉时下葬。出殡的前夜即送盘缠的当天烧夜纸，死者亲属轮流守着灵前火盆烧纸，烧“金钱包袱”（用烧纸糊成口袋状，外面写上“谨备金银一口袋故显考某公讳某某冥中收用不孝子某某叩奠”。包袱字样因人而异），一直烧到天明。接着，便着手出殡事宜。出殡的程序：先“转棺”，将棺材移出门外。再抬起棺材头，备好牲醴供祭，由礼生（俗称“杠头”）主持礼仪，丧主跪拜，礼生读完祭文后，由僧道引导孝男、孝妇“旋棺”，在棺材侧绕行三转之后，进行“绞棺”，用绳索担具捆好棺柩，并盖上棺罩，扎好抬棺材的杠架，一般有4人杠、8人杠、16人杠、32人杠不等。最后是“发引”。出棺前，丧家亲属身穿孝服依棺号哭，再次进行祭奠，发引铭旌前导，抬棺起行。此时，要举行一项很重要的礼俗——摔丧盆。摔盆者一般为死者的长子、长孙或是女婿。摔盆讲究一次摔碎，而且越碎越好。按习俗，这盆是死者的锅，摔得越碎越方便死者携带。如果死者无儿无孙，而不得不由别人来代替，摔盆者就要与死者关系亲近，甚至可由此建立财产继承关系。瓦盆一碎，礼生喊“杠上！”出殡队伍开行。棺材抬至事先选定的墓地后，由死者长子刨下“开圹”（墓穴）的第一镐（镐头用公鸡血点染，红纸包裹），本家族人和帮忙人接着挖掘，形成一长方形墓坑。

落葬

落葬时，棺材头朝着茔门，轻轻放入墓穴。墓穴底部不能踩上脚印，还要挡起两道小土岗，上面撒着高粱、谷子等，长明灯、浆水罐、粮谷囤则放在棺侧洞穴之中。棺材上面覆盖着旌铭（认为不盖旌则永不见天日），再掩上席子。死者亲属绕坟三圈，边走边撒土，口中念道：“爹（妈），躲土！”之后，长子培上第一锨土，接着家人及帮忙的一起培土，使坟墓形成二三尺高馒头状土堆，并用砖、石垒起茔门，墓前供着酒菜，燃着烧纸。执事人在坟墓周围画圈，以标明死者住地之界。往回走时，死者亲属还要在门前“迈火”、衔发糕，并将发糕和带回的坟土撒在死者生前住的土炕席子底下，以求祥瑞。

守孝

在亲人去世之后一段时间里，家人须在生活诸多方面进行节制，以表示对亲人的哀悼和思念，称作“守孝”。守孝之礼节对于孝子要求更严。古时孝子要守孝3年。须在墓旁搭棚而舍，前3日不饮食，之后7天只食粥，14

天后方可食肉。3 年之内不娶妻纳妾，不行房事。何以 3 年？因为按惯例小孩子在出生以后 3 年不离母亲的怀抱，所以，父母死后孝子应服丧 3 年，以示回报。旧时官吏在父母丧后亦须离职回家守孝 3 年，视为定制。3 年之间还有很多小的礼仪，如 1 周年忌日“做封年”，合祀于祖先牌位后才能“脱丧”。清代末年，大连地区守孝服丧之俗十分盛行，其规矩也很多。根据丧主地位、身份不同，服丧期便有很大差异，有斩衰、齐衰、大功、小功等。如对父母按斩衰规格，需服丧 3 年；夫死妻服丧，规格上跟对父母服丧相同；妻死夫服丧，规格上跟对祖父母服丧相同。穿的丧服也不一样，有斩衰服、齐衰服、大功服、小功服、缌麻服，即“五服”之分。

祭祀

人死之后第 3 天要举行“圆坟”仪式，亲属到墓上添土、修茔门、压纸、上梁，上梁即用秸秆做一“门”字形房梁，上系铜钱，插在坟冢上，撒谷黍，栽大葱，摆祭品，烧纸钱。人死之后，7 天为一忌日，称“烧头七”，依次为“二七”“三七”，共烧七次，届时亲属上坟祭祀。烧头七的祭祀活动规模较其他七要隆重些，俗信此日灵魂要回家“探亲”，家中要修“望乡台”，即用秸秆扎的梯子搭在烟囱上。去世百日要举行祭祀仪式，称“烧百日”，子女亲属上坟烧香、烧纸，供奉果品、饭食进行祭拜。去世一年，要举行周年祭，称作“烧周年”，其礼仪形式与百日祭大体类似。大连城乡民俗为故去者烧 3 个周年祭，称“三周年满”，之后直至去世 10 整年时再烧“十周年”。因“百日”是从故去之日算起满 100 天计，而周年是一年后的同月同日，即一年零一天，故有“长周年、短百日”之说。此外，在农历除夕、正月十五、清明等都要去亲人墓地祭祀，称“扫墓”或“上坟”。

葬俗

割腱子，羊头洼人在为去世的老人举行三周年或十周年祭祀时的必备祭品和全部祭祀过程叫“割腱子”。割腱子需要请专门从事丧葬祭祀活动的师傅来做。主要祭品有：用公猪头、后肘、猪蹄、肚等代表整猪；用猪肚做成大象；用公鸡做成猴子；摆上各种水果、点心、鱼等盘碗；再用各种颜色进行调配。供品布置完毕十分美观。祭祀过程：全家人在墓前跪下，烧纸烧香，长子把一把用红布包好的刀子双手递给师傅，师傅口中念念有词，用刀子割下一片肉放在供碟里，称“谢腱子”。全家人磕头、敬酒。此习俗沿袭至今。

新式葬礼

现代丧葬礼仪源于古代丧葬习俗。但随着社会的发展和人类文明程度的提高而不断演变和革新，尤其改革开放以后，城乡不断改革旧的丧葬习俗，新式丧葬礼仪已被人们所接受并变为自觉行动。

移尸

确认死者死亡后，将尸体移往厅堂式灵堂内，燃放鞭炮，烧纸钱，点燃香烛；在医院病逝者不再将遗体搬回住宅，而是放在医院的太平间冷藏。

报丧

死者死亡之后，亲属立即打电话、发电报或登门口头通报，将丧事信息尽早告知亲友。

树葬与祭祀

整容

给死者简单抹洗后，便要饰容、更衣、着装，一般用死者生前穿着比较整洁的服装，不另穿寿衣之类，整容后入流转性专用棺。

讣告

又称“讣文”“讣闻”。“讣”是告丧的意思，就是将人死了的消息告诉亲友。讣告写明死者的姓名，身份，死因，逝世日期、时间、地点，生前简历，通知吊唁、开追悼会和送花圈、挽联的时间及地点。

追悼会

追悼会是新式丧葬礼仪中的重要内容。民间追悼会一般在丧家寓所设置的灵堂举行，有的在殡仪馆举行。也有遵从死者生前的遗嘱，丧事从简，不开追悼会的。

挽联

挽联是哀悼死者、治丧祭祖时的专用对联，一般视死者的不同身份而撰写。挽联除了要符合字数相等、节奏相同、对仗工整、平仄协调等对联的格式要求之外，在内容上则要突出“情动于衷而形于言”。挽联一般由两长条素色纸质或布质的条幅组成，一幅书写衔头和丧祭对联的上联，另一幅书写署名和丧祭对联的下联。大连城乡居民治丧用挽联分为现代的和传统的两种。现代挽联所用词语通俗易懂、口语化，传统挽联用词格外讲究，重辞藻，多典故。挽联的衔头、署名也有严格规范。传统挽联分丧家自挽和别人哀挽两大类，前者是丧家办理自家亲人丧事时用，包括门联和灵前联及横批等；后者是除自家亲人以外的人哀挽死者时使用。挽长者联如音容宛在、浩气长存；流芳千古、光启后人；寿终德望在、身去音容存；高气传乡里、亮节昭后人；一世做好事、千古流芳迹。挽父母联如寿高德望、子孝孙贤；谁言寸草心，报得三春晖；生前教子干革命、死后望儿继良风；在世爱国勤劳动、临终嘱儿要节俭。挽配偶联如户听凄风冷、楼空苦雨寒；念此生何以酬君、论全格当应共苦；每思田园共笑语、难禁空房热泪流；炊白梦成空悼叹、断弦情切自悲伤。

花圈

旧时大连地区丧葬礼仪无送花圈之俗。20 世纪六七十年代，英模人物和高级领导人去世时由原单位或机关团体为逝者送花圈以表示哀悼。20 世纪 80 年代以后，送花圈寄哀思之举开始平民化，一般凡在殡仪馆举行火化告别仪式者，亲属均送花圈悼念，成为时尚。送花圈者或以集体、单位的名义送，或以个人的名义送，不分辈分长幼均可送祭。花圈一般写左右两条挽带，中间写一个大“奠”字或“悼”字。挽带为白色长纸条。

丧葬禁忌

丧葬禁忌是人们慎终追远意识的表现形式，是鬼魂观念和血缘观念的结合。在原始社会，人们便形成了“人生有阴阳两界之分，死亡便是阴阳两界的交接点”的观念。这种观念导致人们不再随便处置尸体，而是讲究葬式，并通过葬式表现出对死者的尊崇和敬畏，希望死者的灵魂得到超度，并在冥冥中佑护后代子孙。由于死亡本身总是有着一种凶厄不祥的俗信意义，人们在心理上便处在一种极度的禁忌状态，认为遵从这类禁忌是逢凶化吉的必要途径。

死亡禁忌

死亡对于人们来说是最可怕的凶祸灾难，如果不是老人、病人主动提及，一般是忌讳别人当面谈及“后事”的。老年人忌讳欲抱小孩时，小孩害怕、躲闪，俗信是不吉祥的征兆。民间俗信“男怕穿靴，女怕戴帽”（即男怕脚肿，女怕脸肿），认为是死亡的前兆。忌讳人死时跟前没有亲人或者死前见不到自己想要见到的人，俗信这样死去灵魂会不得安宁。旧时忌讳亡者死于原先睡卧的床上，亡者在原来的房间断气，出殡时需买一只活公鸡随棺抬出，方可破厄。忌讳死于偏房寝室，而要死于正厅、正寝内，称之为“寿终正寝”，俗信搬铺之前死于偏房之内，死者的灵魂就会留在偏房床上，不能马上获得转生，从而对家人有所困扰。故民间往往是把亡者的铺盖送到住地西方的岔路口烧掉，以使逝者灵魂升天。未成年人死亡，只能在偏房寝室地下铺草，移铺其上。

成殓禁忌

民间忌讳死者光着身子见“阎王”，必须抢在死者断气之前穿好寿衣。汉族讲究寿衣单数为好，五、七、九件不等，忌双数。成殓死者的棺材汉族习俗以松柏木制作，禁忌用柳木，因柳树不结籽导致绝嗣。寿材做好后不能随便移动。寿材要早早漆好，入殓后再漆，俗信亡者会摸黑路。死者身上不能带铁制东西，否则不吉。死者之妻（或夫）健在，落殓时用的枕头要低，低到看不到自己的脚，这样才不至于将配偶“带走”。亡者穿好殓衣后，须等“三党之亲”到齐应允后方许入殓。

解放前富户举行葬礼时请僧道做道场

埋葬禁忌

旧时，汉族用“不入祖坟”来区别和惩罚从事“贱业”或非正常死亡者，民间以死后能入祖坟为做人的起码条件之一。非本姓骨血者、有痼疾者、未婚早夭者、妇亡夫前者等均不可葬于祖坟。旧时汉族居民死在外乡之人禁忌回家安葬，即使遗体运回来，也不得进家门，而是直接埋葬。旧时汉族居民对葬地的选择颇为讲究，俗信葬地好坏能够直接关系到后代子孙的穷达寿夭、贫富吉凶。墓地选择总的是喜自然环境壮美，忌地理形貌崎岖古怪、歪斜险峻。

服丧禁忌

丧眷在守孝期间忌参加一切娱乐活动，禁忌与别人吵闹打骂，不能到别人家串门，尤忌到病人家串门。服孝期，春节不贴对联（可贴蓝对联），不走亲戚，不访友，不集会，不拜年，不穿红装、彩服。丧礼中禁忌饮酒茹荤。孕妇不能参加葬礼，不能祭扫坟墓。

大连话

溜鲜　海蛎子味

在电视媒体尚不十分普及的时代，大连话作为一个语系，并没有引起社会的广泛关注。随着这些年大连城市影响力的扩大和知名度的迅猛提升，大连人、大连话出现在电视上的频率随之提高。经过比对，人们深感大连话的与众不同，有些大连人甚至为大连话的土气而感到脸红耳热，似乎说一口大连话是件丢人的事情。中国有一句耳熟能详的谚语：“一方水土养一方人。”同是一国之民、一省之民、一市之民、一县之民，却操不同的口音，这是再正常不过的事情。“十里不同风，百里不同俗”，古来如此。一地的方言绝不是一朝一夕就可形成的，是受自然条件和社会环境的影响，在漫长的生产实践和生活实践中慢慢形成的。方言是一地社会文化的重要组成部分，只有差异而无优劣或先进落后之分，大可不必为大连话的“土气”而脸红。

大连自古就是沟通中原与辽东腹地的桥梁和联系齐鲁文化与草原牧猎文化的纽带。由于独特的地理位置和社会变迁，形成了独具特色的“大连话”。所谓大连话，是由语音和词语两部分组成的，其中保留了许多胶辽古话的音韵与词语。从这一点说，大连话是一项宝贵的历史文化遗产，它对研究古代人群的发音，特别是唐宋时代的韵律具有一定的借鉴作用。由于篇幅所限，本篇只能收录大连话的部分词语，个别词语加注拼音。

语音分区与声调

地区方言就是人口移徙后外来方言与土著方言相互作用的历史积淀。

大连地区方言属北方话的胶辽官话，但因受东北官话的影响，具有它自己的特色。在音系方面，由于平卷舌的有无、尖团音（含残余）的存否，以及声调的不同，可分为铁路沿线一带的旅大分片、濒临黄海沿岸的庄河分片和包括长海县大部分岛屿的长海分片。

（一）旅大分片 大连市内和旅顺口区。

金州区长大铁路沿线及其以西地区，包括金州区城区、三十里堡镇、亮甲店镇、石河满族镇、七顶山满族乡、向应乡等地。

普兰店市长大铁路沿线地区，包括普兰店市花儿山、太平、泡子、大田、瓦窝等乡镇，安波、四平、同益、俭汤等乡镇的一部分地区。

瓦房店市长大铁路沿线及其以西地区，包括市区、松树、复州城、复州湾以及南至邓屯，西北濒临渤海湾，北至永宁、万家岭等广大乡镇地区（除许屯、李官两乡镇毗邻盖县部分外）。

其地区发音与东北官话相互影响较大，无尖团、卷舌范围大、无声母、声调中入派四声基本与普通话一致。代表为大连市区。旅大分片声母 22 个。

（二）庄河分片　金普新区东南沿海地区，包括登沙河、杏树屯、华家等乡镇。

普兰店长大铁路沿线以东、碧流河下游右岸地区，包括以皮口镇为中心的广大乡镇地区，城子坦镇、徐大屯、星台、大谭、莲山（水门子）、乐甲、双塔等，大刘、四平、同益、安波、俭汤等乡镇的一部分地区。

庄河市黄海沿岸（主要是冲积海积平原一带），包括以庄河市区为中心的广大城乡地区：青堆子、大郑、明阳、光明山、桂云花、鞍子山、栗子房等乡镇，横道河子、步云山、塔岭、高岭、尖山等部分地区。

长海县所属石城（原属庄河县）、广鹿两岛及其附近岛屿。

其地发音介于旅大与长海之间——阳平声已形成，尚未稳定。代表地点为庄河市区。庄河分片声母 18 个。

（三）长海分片　长海县属大长山岛（县政府驻地）、小长山岛、獐子岛、海洋岛和王家岛及其附近诸岛屿。

其地发音尚保持胶辽官话的基本特点：有尖团音、舌叶音，三个声调。代表为大长山（四块石）镇。长海分片有声母 23 个，其中与旅大分片相同的 14 个，特有的 9 个。

旅大分片及各地新派估计约占人口 90% 以上调类与普通话特点近似：具有阴平、阳平、上声和去声四个声调；古平声分化为阴平声和阳平声；古入声消失后派入四声中。庄河（主要是老派）、长海分片同普通话比较差异较大。其特点为：仅有平声不分阴阳；上、去两声大体与旅大分片一致；古入声消失后绝大多数派入上声，少数派入去声。

行为用语词汇

- 掩起来——藏起来
- 揳窗——打开窗；揳门——开门
- 递溜——用手拎着（如递溜个包儿）
- 抠——刨。如“抠地瓜”，即从土里将成熟的地瓜刨出来；将鸟蛋从鸟窝中取出亦称“抠”
- 光溜杆子——光脊梁杆子，即光膀子
- 打滑溜跐儿——原指滑冰。意指办事不扎实、不到位，又喻道路湿滑
- 炮不拉叽——说话欠思量，不真实、有水分
- 猴气八怪——轻浮，不稳重
- 空里舞去——指小孩好动
- 酸叽——性格急躁、不合群
- 秤砣——不会游泳的人，或指短粗胖且壮实的人
- 倒三不着两——指说话不着边际、说话不明白
- 一嗖楼——喻动作麻利、快捷
- 捉索——祸害之意，比“祸害”程度略轻
- 半桩子——半大男孩
- 刹实——喻事物的程度。如“二木匠干活麻利个刹实”，即喻又快又好
- 痾了——疲倦、累了、无奈服软
- 马骗山——五马六混、没正经
- 背生子——遗腹子
- 二木天堂——浑噩，不清醒
- 黄脸丝瓢儿——面黄肌瘦、病态
- 金三火四——急急忙忙
- 衿鼻夹眼——面部表情怪异，多指食用酸味食物时的表情，或指对人蔑视时的表情
- 迷拉摸勒——好动、不老实（多指孩童）
- 前窝后嘎——再婚男女婚前各自的孩子，喻关系复杂
- 水裆尿裤——不利落、麻烦多，或指衣衫不整
- 爬下了——指妇女生孩子、坐月子
- 跑腿子——光棍儿（无妻室的成年男人）
- 粗粗——牛气
- 不坤——不理睬
- 哈水——喝水；哈酒——喝酒
- 逮饭——吃饭
- 脸——吃间食称之“脸”
- 赶桌角——指旧时参加农村家庭宴席
- 看欢期——亲友贺生育礼
- 嘎固——小气、吝啬
- 老赶——外行、不明事理
- 撒目——四处张望，搜寻
- 泼食——不挑食、胃口好
- 两路——喻人的性格乖戾，不合群
- 乍不愣——初时、初次

- 抽冷子——忽然，突然
- 硌眼——举止打扮不得体，令人烦
- 抠器——小气
- 抻头儿——逞强（多用于贬义）
- 打囫囵语——用模糊的语言进行搪塞
- 打个默眬——微睡片刻
- 打冒支——以他人名义骗财
- 远点扇——滚开，离我远点之意
- 吐口——办事呈胶着状态时，对方同意了
- 嘎乎——交往、交朋友
- 硌啦——喻搅和、捣乱
- 掖齐——背靠物体休息
- 蹽了——不辞而别
- 捡洋劳儿——讨便宜，捞不光彩之财
- 臜了——衣物弄脏了
- 徕（lǎi）了——撕
- 卷球——踢球
- 捎蔑人——奚落、嘲弄、贬低他人
- 犯夜——失眠
- 过——指疾病传染，如“我这次感冒是老孙给我过的”。另指触电
- 害气儿——嫉妒
- 搁罗——将粉末状物兑水搅和，或喻指对某件事不配合、唱反调
- 秧子——旧时有钱人家娇生惯养又无技能的纨绔子弟
- 打蔫儿——指身体不适、精神萎靡不振（常指病重）
- 拔苗——间苗
- 难缠——不好对付
- 摆搭——摆花架子、无用
- 祸执——糟蹋
- 撸了——事情办砸了，中途失败
- 罗祸——惹是生非
- 待人恨——令人生厌或憎恨
- 耍熊——有能力但不出力
- 卖单儿——看热闹；无视具体环境孤零零地显摆自己
- 咬模儿——说话正中要害
- 装假——不实在（多指到别人家用餐时不大方，放不开）
- 小脸子——小气，处事不大度
- 抬杠——诡辩或不讲道理
- 张罗——刻意表现，不稳重
- 不上线——喻指人不讲道理、胡搅蛮缠（多指女性）
- 瞪眼扒皮——态度蛮横、凶煞恶神
- 刺楞八角——不稳当、不驯服，毛病多
- 扬山舞道——物品放置混乱或干活无条理，工作无章法
- 讲瞎话——指话语不尊重事实；或指讲故事，多指鬼怪之类故事
- 犟肩——两人抬物时用不同侧肩
- 跑肚子——腹泻
- 念秧儿——迂回表达不满的情绪
- 出去趟——如厕
- 来塞——撒娇（多指孩童娇态，若指成年女子，则多含贬义）

- 臭屎美——本来很丑或不得体却自以为美
- 赖叽——性格乖戾、不讲道理
- 搂搂——贪小便宜
- 老油条——奸猾之人
- 鳖头——蔑指妻子有奸夫的男子
- 土鳖——吝啬、小气、遇事向后退
- 拉帮套——因穷困无妻而帮他人养家并共妻的男人
- 打杠子——抢劫
- 快嘴帘——饶舌之人
- 老卡儿——没见过世面或不明事理
- 五老卡——农民（源于 20 世纪 50 年代至 70 年代民间流传的“一当官，二警察，三干部，四工人，五老卡”）
- 力巴头——外行或指从事没有技术含量的体力活计之人
- 刁猴——说谎之人
- 熊人——欺骗人
- 撵活儿——赶工作进度
- 扎古病——医治疾病
- 收山——秋收农作物
- 上神——精神溜号，注意力不集中
- 栽了——失败，事情办砸了。或指被别人诬陷而落魄
- 血耳根——扇耳光
- 有章程——有本事、有能力、有谋略
- 马溜点儿——快点（多用于口语）
- 忘浑——记性差
- 伯瞪呲眼——懒散，自己应做的事情和活计不去做
- 捅毛蛋——拨弄是非，暗箱操作
- 虚赖毛桃——虚伪、不实在
- 不走字儿——运气不好
- 卡倒——摔倒
- 下绊子——暗地里整人，搞小动作
- 喘口气——歇息一会儿
- 闹悬——冒险、差点儿出事
- 闹人——添麻烦、不省心
- 舔腚沟——拍马屁、讨好他人
- 横草不拿竖草——喻懒惰，不愿干家务之行为
- 潮乎乎——智商低
- 恶悠悠——恶心
- 激刺溜——情绪焦躁
- 窝（wǒ）犯——伤口发炎
- 木滋滋——麻木、迟钝
- 不好受（不痛快）——身体不舒服或指患小病
- 反凡——发牢骚或指责批评他人
- 闹妖——出洋相或指虚伪的表现
- 叽歪——不耐烦，多指语气
- 跑风——到处乱窜或生活作风不正派的男女
- 缺——动词，同“折”，如“缺树枝”，即折树枝
- 倒粪橛——说话翻来覆去、重复无章
- 倒奔——活计干颠倒了，程序混乱
- 不打言语——不理不睬
- 不让戗——不依不饶
- 不上讲究——喻人品质低下

- 冲——说话口气严厉
- 属驴的——喻指脾气倔之人
- 属蟹子的——指蛮横不讲理之人
- 二斗黄米做的——喻人行动滞缓
- 潮炮——喻被人当枪使
- 将媳妇——娶媳妇
- 拉不丢——最后一个
- 卡睡——犯困
- 轻腚子——不稳重之人
- 打哈哈——办事情欠周密考虑，与“闹悬”意同
- 嚼人——骂人
- 不耳识——不理睬
- 下呲赖——低三下四
- 猫赖——耍赖、抵赖，多用于娱乐活动时不守规则的行为
- 展扬——洋洋得意、张狂
- 不着调——不务正业（指男）、不正经（指女）
- 腻勒——衣装不整洁，不合体
- 认生——婴儿惧怕陌生人
- 有了连毛茹，没有把嘴竖——生活无计划，过了今天不管明天
- 软面饺子硬面汤——饺子面要软，面条要硬些，这样才好吃
- 小拨撸脚子——能打杂的未成年人
- 放鸽子了——失去管束，放纵
- 划搂——将零散的东西向一起集中。或指某人贪心、聚积财物
- 糊里巴嘟——办事糊涂
- 五迷三道——糊涂，办事不利落
- 虎着——挨着、靠着、贴着，或指物与物相接融
- 二勒子——办事糊涂、精神头不足之人
- 三只手——小毛贼
- 下肚——吃相不雅，狼吞虎咽
- 上海、赶海——到海边滩涂和礁石采捕贝类或藻类海产品
- 上赶子——套近乎
- 大迷包——没本事没技能，与“草包”同意
- 老八本儿——死搬硬套，不会变通
- 尿咪——毫无本事者
- 能够儿——有本事
- 豁瓣子——兔唇
- 抗造——耐用或指人强壮有力
- 麻溜——动作敏捷
- 扑搂——用手拍打衣装尘土或指推卸责任行为
- 悄么悄——轻轻、不作声
- 图希——希望
- 瞎掰扯——没有根据胡说八道
- 反恶（wù）——发火
- 糟叽——浪费
- 主贱——喻人品行下贱、毛病多
- 破闷儿——猜谜语，说出谜面让对方猜谜底
- 得味儿——特意为之
- 打腰——显赫
- 干大力暄——形大却无力
- 挠勾——手指受冷气后伸展不便，

不好用

- 大起概——大体上差不多
- 野刺刺——粗野
- 路维——本分、文明（指人品）
- 就手儿——顺便、顺手
- 呲楞——挑衅
- 鲁生——手艺未学成，艺不精
- 榜——用脚踹
- 耍大欢——冒险或不明事理逗乐
- 固涌——四肢小幅度活动
- 搡达——推搡人或指不给人好脸色
- 理拾——整理
- 招着——扶着
- 歘开——打开，揭开
- 当意——顺心
- 穷模式样——寒酸
- 架不住——经不起、受不了
- 备不住——说不定
- 不离儿——不错
- 苟器——不大方、吝啬
- 生凡——不亲近
- 隔路——不合群或语言乖张
- 好声——认真、精心
- 拉乎——不讲卫生
- 拉疲——办事拖拉、不利落
- 文山舞躁——虚张声势，摆花架子
- 一顿把火——一鼓作气
- 二糊——神志不清或反应迟钝
- 得撒——张狂、轻佻
- 占相应——占小便宜
- 听味——用鼻子嗅味
- 哈搭——粗糙、不认真、不细致
- 下（苹果、桃）——摘树上的果实
- 起（地瓜、土豆、花生）——收获土地中成熟的农作物
- 远足——去山野游玩
- 大幅劲儿——过分、过头之意
- 吃苍蝇——因失误而懊恼至极
- 黏糊——喻办事不利落、拖沓
- 潮——喻人愚钝
- 掉链子——关键时刻出纰漏
- 姿势——打扮得体
- 调理人——整人
- 熬躁——愁闷
- 硌硬人——令人发烦
- 折腾——虐待或翻来覆去
- 来大玄——说大话、吹牛皮
- 扯绺儿——借故、找机会
- 刺毛撅腚——刺儿头
- 花拉子——二流子、不务正业之人
- 磕巴子——口吃的人
- 捡孩子——生小孩
- 老闺女——年龄很大仍没结婚的姑娘，又指家中年龄最小的女儿
- 稳（东西）——放置物品
- 泡——欺骗或怠工
- 煞楞——办事高效或指人严厉、干练
- 咔哧——办事果断、干脆
- 驴悍悍——脾气暴躁、倔犟
- 贱掰掰——轻佻、不稳重
- 抓瞎——遇突发事件而不知所为

- 小颠——不稳重，意同“轻腚子”
- 小捅古——搞小动作
- 小庙儿——指人气量小、见识少
- 没见天儿——没见过大场面
- 没皮没脸——厚脸皮，比“不知羞耻”意稍轻
- 真骚——指人的品行低下（与“真臭”同意）
- 小头巴拉精——指人的长相五官集中，而相丑
- 鼻涕鬼——没有本事遭人欺侮的人
- 二夷子——不男不女
- 造捉——小孩子的顽皮行为
- 胡诌乱嘮——胡说八道
- 二道貉子——一知半解，与“半瓶醋”同意
- 不屑理——不搭理
- 撂——扔掉
- 极好个——挺不错、很好
- 邪乎——厉害，严重
- 鼓捣——摆弄、研究
- 透亮——喻人机灵、可靠
- 浮皮潦草——不认真做事
- 下干针——中医针灸
- 撤火——消炎、降热
- 吐舌子——说话吐字不清
- 抠腚——打扑克时以挖底牌结束的牌局
- 瞎嘮嘮——无根据乱说，比胡说八道程度稍轻
- 葫芦搅茄子——办事无章法、一塌糊涂
- 祸祸——糟蹋东西
- 臭桶了——名声彻底臭了
- 趋溜——偷偷摸摸到一个地方
- 杂水——指某人品质极坏，意同“人渣”
- 猫起来——躲在家里不出门；旧时农村妇女坐月子亦称“猫起来”
- 落草——婴儿出生
- 杀材——喻无能之人
- 晒阳阳——晒太阳
- 戴灯——以日继夜，夜间工作
- 溜溜达达——无目标走动，喻清闲自在无压力
- 慢得捎遥——不紧不慢，不着急
- 不上套儿——手艺不精或指对某件事没搞明白不能进行正常工作
- 歇罕——喜欢
- 不隔乙——不见外，关系密切无话不说
- 舔巴——讨好他人的低劣行为
- 酸叽嘎溜——指某人性格急躁、不和谐；或指食品味道不正，偏酸；或指某人用蚕食的手段将他人钱物据为己有的不良行为
- 山不动——经常性
- 呜噜——故意小声叨念或吐字不清
- 扯悠悠——借故推托
- 拔闲杠——钻牛角尖
- 抽档了——瘦得不成人形
- 干气——气你没商量

- 苦瓜纽——爱哭的小孩或指没成熟味苦的瓜
- 翻眼猴——无端翻脸的行为，意同“小脸子”
- 捉大冤——挥霍钱财，特指挥霍公用钱物不痛心的行为
- 臊败人——嘲笑人
- 少面——比实际年龄年轻
- 得过来——端过来
- 搞着——放着
- 带犊——对改嫁妇女所带子女的藐称
- 撮——作动词用，多用于干活、走路。如“我一个钟头就撮了20里地”；“收割这片小麦我半天就撮了一半”。
- 跑财东——开口向别人借钱
- 荒了——本意指土地荒芜，喻指某人不学无术成了废材
- 捏咸盐儿——中伤、使坏，背地里说坏话
- 皮溜嘎叽——顽皮好动
- 突噜走——被水冲走
- 扒高粱地货——不好好读书逃学的人，喻指顽劣儿童
- 扒麻儿——捉迷藏
- 黑（hě）月头——没有月亮的夜晚
- 黑人——骗人、欺诈
- 懒腚逛——特别懒的人
- 连诌带嗙——胡说、编造
- 丧白——怒容恶言训斥人
- 手垫儿——被人当成挨打的出气筒
- 尥蹶子——由于气愤而半途中止某项工作
- 片儿汤——实指饭菜一体的面片汤，喻指玩虚的，不实在
- 大尾巴狼——拉大架子吓唬人，虚张声势
- 影死了——噪声令人发烦
- 找罐子拔——没事找事，找不自在
- 嗷嗷巴火——情绪激动，声嘶力竭
- 混球——混账、混蛋
- 操拾——收集、准备或指将某件事办一办
- 瞎聊——无根据胡说
- 水捞——渔民
- 回舅——新婚后第三天回娘家（海岛方言）
- 锅朝天碗朝地——居家过日子不整洁，乱七八糟
- 过房——将儿子送给别人当继子的行为
- 歪歪——意同“酸叽”，不好相处
- 巴壳——用手指弹脑门
- 抻（动词）——手持细荆条进行抽打（人或物）
- 拉驴子——托儿、掮客
- 拉长音儿——话中有话
- 掉了魂儿——精神萎靡不振、精神不集中
- 掉手底下——被别人控制无力反抗
- 彪勒咕叽——迟钝

- 抱谷草——隐喻初生婴儿（多指不足周岁）死亡。旧时婴儿死后遗体不埋葬，多请邻里老人用谷草将婴儿包起来，然后在荒野烧掉。有时也用来隐喻人死亡，或指某件事彻底失败了
- 小秃儿——小男孩
- 家里的——已婚男子对妻子的称呼
- 外头人——已婚女子对丈夫的称呼
- 哄颂——用善言软语进行宽慰及劝导
- 照直说——直截了当地说，直言不讳
- 坡打——拍打，轻轻敲击
- 瞎目呼眼——眼神不好或指观察事物浮皮潦草，不全面，抓不住本质
- 虾糜——指人弯腰驼背精神不振
- 棉裤腰——喻人言语发音不清、表意不明
- 打突鲁——打滑，喻指人办事不力
- 骑马打仗——一人骑跨在另一人双肩上，组成两组或多组，进行玩耍的游戏
- 出蛆了——喻指人坐姿站相不雅，身体扭动，观之不爽
- 豁牙露齿——牙齿缺失且排列不整。喻面相丑陋之人，或指物体摆放不整齐
- 昏浆浆——天色昏暗或指头脑发沉不清醒
- 打响腰——依恃某种势力而趾高气扬
- 打琉琉——原指孩童玩小玻璃球，喻指成年人不务正业或某件事劳而无功
- 打头不打尾——尚未正式开始或尚未准备就绪
- 打不离门——厚着脸皮不肯离去
- 新媳妇匝先——喻首次从事的工作或接触的事物
- 小吊儿——年少男孩
- 打牛腚——喻指不好好读书只能放牛务农
- 打递搂——双臂抓物，将身体悬起来的动作
- 打前抢——行路时身体重心前倾，几乎跌倒
- 奔啦——脚趾与脚掌间开裂
- 奔——用力向下拽的动作
- 扭叫叫——开春时，将柳枝外皮扭下一小段，成管状，做成可吹响的哨子
- 闯楞——不怯场，年少老成，或指年轻人办事能力强
- 好顿克——严厉批评
- 马六神——顽皮好动的儿童
- 不入眼——看不过去
- 花脖子——不干正事之人
- 当家奶奶——富家主妇
- 瞎话包——爱讲谎话的人
- 打溜须——讨好行为

- 难受巴拉的——身体不舒服
- 活不起了——没法活下去
- 迷糊倒眼——硬撑
- 不托底——心中无数
- 哭酒杯——借酒诉说伤心事
- 张排风——张狂爱说笑的女人
- 出坏蹬儿——出坏点子
- 闪舌头——说大话
- 瞎眼珠子——上当了
- 气死爹——不孝子
- 瞎白乎——胡说一气
- 卡头——五体投地磕头礼
- 耍秤杆子——弄虚作假、短斤缺两
- 够死人——烦人
- 打过香腰——曾经地位显赫
- 搁拉伙——捣乱
- 无赖油子——二流子、不讲理之人
- 造改人——贬低他人
- 一还一报——等价交换
- 不兴——不许
- 气鼓忿儿——打抱不平
- 吃呲——挨批评、训斥
- 听三不听四——听取意见不全面
- 雀蒙眼——夜盲眼，看不清物
- 猫狗不稀见——人见人烦
- 猴儿欺儿的——闹怪
- 喳喳话——数人聚在一起说悄悄话
- 着急巴火——非常急
- 皮儿片儿——杂乱无章
- 赖澡——游泳
- 穷典乎——出馊主意
- 糊弄鬼——欺骗人
- 不是善茬子——不好惹之人
- 老尕瘩——兄弟姊妹中最小的男孩
- 不对头——合不来
- 觉惊——别人说悄悄话时感觉是在说自己坏话
- 护小头——偏袒自己家孩子
- 惹乎——招惹
- 不怎么地——不太好
- 说黑（hě）——造谣
- 磨头——纠缠不休
- 鸡毛腚——轻浮（同“轻腚子”意）
- 哭穷——装穷
- 火烧腚——不稳重
- 笑唤人——取笑他人
- 翻小肠——发生争执时重提对方以往囧事
- 小庙鬼——小气
- 臭败人——将别人小错说成大错
- 干鼓——无可奈何只能生闷气
- 半截腰插杠子——干扰别人说话做事
- 哈呼——训斥
- 万人恨——人见人恨之人
- 干吵海——无用之话或指于事无补的争论
- 揍饭——做饭
- 弄归齐——原来如此
- 拜卡着——别跌跤摔倒

- 主囊——晦气
- 许（动词）——吸
- 绷（běng）——抱着
- 冰服——佩服

事物用语词汇

- 呼嗒——不结实的物品在风中摇晃，或动物临死前上气不接下气奄奄一息的状态
- 瞅目楞——突然间
- 磨堵——讽喻矮小的男人
- 溜房檐——指没有住房的穷人
- 回炉——重新学习
- 倒动——借钱、借物。如“到你家倒动点钱”，即借钱之意
- 老了——指老年人去世。长辈去世之讳语
- 老鼻子——非常多
- 秋橛子——指年龄较老的男女生的最后一个孩子（多指男孩）
- 净便——无烦恼、无顾虑或指环境安静
- 手巴掌——棉手套
- 个月期程——一个月左右
- 亲相——亲热、友善，多指亲友之间关系
- 素单——喻单一，或指招待客人菜肴少，不热情
- 忽撸巴子——突然间
- 洗衣裳——旧时妇女例假时隐语
- 不金不利儿——差不多
- 贼八楼搜——价格便宜
- 破狼拾虎——破败不堪（多指房舍宅第）
- 无其代数——很多，无法计算
- ×不拉叽（做词缀用）——表示程度稍差一些。如：酸不拉叽，喻酸的程度略轻一些；灰不拉叽，喻比灰色略浅；傻不拉叽，喻傻的程度较轻一些
- 嚼古儿——美味佳肴
- 癞怠——不干净
- 不侉堆儿——东西（材料、饭食、资金等）不足用
- 不见起——不见得
- 白瞎了——白忙活了
- 跐腾了——事未成，失败
- 道眼——办法、心机
- 哪旮儿——在哪里
- 头里——前面
- 吃香——多指人受欢迎、得重用
- 不对付——喻人与人之间关系不好
- 搭平伙儿——合伙
- 馇耐耐——脏，令人恶心
- 不利儿——还算不错
- 蝎乎——厉害、狠毒
- 够呛——力所不能及或达不到目标、愿望很渺茫
- 稀巴烂贱——商品十分便宜

- 踢蹬——人伤亡、物毁损或事情办砸了
- 铺衬——废布片儿
- 胰子——肥皂
- 水搔——水桶
- 日头——太阳
- 夜个儿——昨天
- 打明儿——明天
- 前儿格——前天
- 祸稠——破坏、浪费
- 膘样儿——傻（昵称），如姐妹之间交谈："膘样儿，这话还听不明白？"
- 阴天呼啦——天气阴沉、气压低
- 官道——公路、马路
- 丢儿当儿——漫不经心
- 臭死狗——非常低劣（多指菜蔬类。如"六月韭臭死狗"）
- 不起眼儿——不出名
- 不入绺儿——不合群
- 不打准儿——不一定
- 不熊——不一般
- 宇顺——住宅的纵宽
- 掌尺的——旧时建房时木瓦工匠中的负责者
- 脑浑——暖和
- 茅栏子——厕所
- 果木岚子——果树园
- 过料了——超过标准或超过界线
- 磨不开——不好意思或十分为难（窘迫）
- 二五眼——次品、质量低劣
- 不嘎舍——舍不得
- 满哪——到处
- 澎——喷溅
- 哈了——倒塌了
- 翁动——瓜熟得过头了
- 两活水——混血儿
- 蒲萝墩子——成丛的灌木或只长菜帮无卷心的大白菜
- 活旋儿——意同"丧门星"
- 泼划搂——到处占小便宜
- 下晚、下黑（hě）——夜晚，晚上
- 下地——临死之人咽气前，由炕上移正间用木板搭成的"床上"
- 河套——河边
- 布郎当——破布条
- 勒笆——也称乐巴，肋骨
- 羽齐——正派稳重，或指物品摆放整齐划一；又指办事周到、完整
- 吐橹——用开水烫后脱猪毛、鸡毛等，喻指事情没办好
- 挡害——妨碍
- 斜偏倒挂——歪斜，不周正
- 老告子——传说中的怪物
- 不下货——物品不好卖；食品不好吃
- 该然——当该如此
- 厚——多指米粥稠，与"稀"相反
- 绡——薄（指纸张、板材、布料等）
- 空——独处或房子大人口少，环境空旷感到孤独
- 精细——特别细，或指人精明

- 打不巧儿——突然、巧合
- 掉苗儿——农作物缺苗
- 老些儿——很多
- 郎当——物品下垂或指人脸色阴沉
- 堆——坍塌（多指泥沙、墙塌陷）
- 香了——木质被虫蛀朽
- 带累跟——连累人，累赘
- 墙角（jiǎ）旮儿——建筑物内角
- 款——松弛（多指弹簧、橡皮筋）
- 得济——长辈得到晚辈孝敬、服侍
- 弄归起——原来
- 到老儿——总是
- 一遭儿——全部
- 站柜子——旧时店铺里的徒工
- 腿子——走狗（汉奸）
- 张三——指“狼”
- 打了——器皿破碎
- 嘎古——厉害
- 善——指味道淡
- 面子事——请求关照
- 余富——有余
- 来面啦——来好事了，好事降临
- 挣了——煮饺子破皮露馅
- 丢了——特指婴幼儿夭折
- 遭暴——渔民船翻人亡
- 不羽作——不整洁或喻人体不舒服
- 力把头——外行
- 稀巴楞——寥寥无几
- 格当儿——秫秸节儿
- 接壁——邻居
- 毛愣星——启明星
- 扫帚星——彗星
- 将——彩虹
- 刮线风——旋风，喻指性格乖戾
- 刹风——风停了
- 潮印——高潮线痕迹
- 汛头——活汛首日潮头
- 耍龙潮——潮水正涨退时突然反向
- 满杠顶——潮水涨至最高点
- 发大海——风暴引起的大浪潮
- 假阴天——似晴非晴，似阴非阴
- 间天——天天，每天
- 在早——很久以前
- 回山——船回港
- 北帮——渔民指辽东半岛
- 南帮——渔民指山东半岛
- 海头——海边
- 塌地——秋翻地
- 晃鲜饭——做疙瘩汤
- 枕木护儿——枕巾
- 斧头眼子——烟囱
- 明间——住宅正屋
- 梢间——正屋两侧房间
- 院坑——住宅院内的垃圾坑
- 仰脸镜子——卧室挂的大镜子
- 大板车——货运汽车
- 浮柴——海上漂浮上岸的沫状木屑，晒干后可做薪柴用
- 哈喇——油脂或肉品变质有异味
- 踢拉拖搂——连续不断
- 圈（quān）——不识途而走冤枉路
- 痴水——垂涎

- 黑挣子——黑痣
- 司楞布——20世纪30年代流行的浅蓝色布料
- 溇水——带苦味的井水
- 钵子——大而浅盛食物的餐具，比碗大、比盆小
- 大门过子——进出四合院的大门
- 山岭杠子——山丘
- 豁套边子——河边附近
- 轱辘棒子——无儿无女的中老年人
- 轱辘杆子——只有一女且已出嫁的中老年人
- 重山兄弟——母携子改嫁又育之子与所带之子（即同母异父）间对外称呼
- 天老爷——天帝（对玉皇大帝、王母娘娘、雷公雨神等神祇的统称）
- 缰子——退潮出露的礁石
- 艮究——食品有嚼劲或说话正中要害
- 安眼子——设置障碍、陷阱
- 炕堰帮子——炕堰（木制）
- 刀铲子——炒菜铲子（餐具）
- 春班儿天儿——春天
- 秋班儿天儿——秋天
- 傍年——临近春节的日子
- 干滩了——多或密集
- 皮跳了——懒散或指食品失去脆感
- 锅洞——灶侧放置柴草的地方
- 锅底门——灶下方盛灰渣的地方
- 洒巴——天气较为寒冷
- 捂了——发霉变质
- 萝卜瓜子——盐渍的萝卜
- 捕搂不善——为了生计，肯出力流汗，多用于褒扬
- 突噜——毛衣开线，或指事情最终没有办成
- 老超儿——绰绰有余
- 油光腚——由于肥而不产蛋的母鸡，喻指不能生育的女人
- 打开天啦——多日阴雨转晴天
- 临秋末晚——原意指季节已到秋末，喻指人即将进入老年，蜡头不高了
- 告木（口语）——大约
- 雪嘞——马受惊狂奔，或指增长速度飞快
- 血乎漓拉——血肉模糊
- 拉拉——液体物质从容器口向下方滴巴
- 劳金——当佣人所得的工钱
- 擀樑——木帆船甲板
- 上拍子——外长山岛丧葬风俗。老人临终前要抬到搭好的木板上，此举称“上拍子”
- 插船——渔船上陆（海岛方言）
- 菱花——海岛方言，镜子
- 勾栏——妓院
- 倒挂——务工没得到工钱反而倒贴钱
- 过时八节——失去应该把握的时机
- 过火——焚烧故去亲友遗物时，将

留下来的被褥从火上扔过去，称“过火”

- 疤布溜癞——脏且不平
- 牛咩子——小牛犊
- 打圈——指各种母畜发情
- 一轱辘——一截或一部分（多指长度）
- 大肚子——解放初期对地主、资本家的称呼
- 锅咕子——苞米粥粘在锅底部的锅巴
- 当央儿——居中之意（与上下、前后相对应）
- 边拉梢头——边缘
- 骑上门找上户——被别人找到家门口进行训斥
- 骡子——辱骂不生育者
- 二骡子——喻违背伦理的成年男人
- 小不溜儿——稍微，轻轻地
- 老捋婆——旧时娶亲时男方请的接新娘的妇女，担任此者必须儿女双全、夫妇健康、人缘好，多为中年人
- 花里胡哨——颜色杂乱不雅
- 猪吹泡——猪膀胱
- 大泥包——无能、笨拙的人
- 耍物——玩物
- 巴石——拳头大小的石块
- 不斤不厘的——差不多
- 哈汤了——货物积压，赔钱了
- 逮独食——一人独占
- 猫盖屎——掩盖错误反露把柄
- 大包小卷儿——出门带物甚多
- 超容——超过需要
- 牛逼逼——说大话、摆架子
- 这块场——这里
- 落地生——成绩不及格而不能升入上一年级
- 鞋窠儿——鞋的里面
- 起哈子——众人起事
- 摸瞎乎——黑夜无光
- 夹古磊——边边角角的地方
- 涝炉了——衰败了
- 穷赶上——穷人又遇烦心事
- 没有想头——失望
- 没戏啦——没有希望了
- 钱冒了——钱贬值了
- 丧门旋儿——灾星（骂人话）
- 较真儿——认真、缜密
- 半架子——工程完成一半儿
- 满场都是——到处都有，多之意
- 小拉巴——动物一窝中最后出生的崽子，多指猪崽
- 艮艮的——行动、动作迟缓
- 一赶儿一赶儿——水管出水不匀速或指用力不均
- 回旋了——比以往差
- 纲纲——食品、水果失去水分变硬变皱
- 不挡害——不要紧、不碍事
- 掰了——关系由好变坏
- 美毁啦——非常得意

- 麻撒撒的——心里恐惧
- 雄树——松树（黑松）
- 踮现——轻浮
- 粪精——化肥
- 跑跑——运动会径赛
- 孤梢头——远离村庄的独门户
- 拉不丢——最后一个
- 脑乎——暖和
- 溜溜菜——为保苗向菜根浇少许水
- 臭油道——柏油马路
- 救复——将就
- 驴啃痒儿——对等的物质交往
- 掉脚——交通不便之地
- 人情往费——人际交往花费
- 车误了——车轮子陷泥坑或沙地走不动了
- 脚跟脚——时间很短
- 傍年靠节——临近年节
- 打缸折缸，打盒折盒——就事论事，不要牵扯其他
- 够够的——山穷水尽没有办法
- 兴许——有可能
- 够喘——难度很大
- 烧不过三七——交往不会超过20天，喻指时间短
- 下得眼儿——怎么好意思（欺侮弱者）
- 聂当会儿——那时候
- 褯子——小孩尿布
- 缺把火——喻半潮之人
- 大盆儿——旺季（渔、菜、果）
- 卷檐子——事未办成
- 不高点儿——矮
- 拜赧（nān）着——别让针或尖锐的物插着手脚
- 旮拉板——拖鞋

植物称谓用语

- 洋柿子——西红柿
- 果子——花生
- 柏萝叶子——橡树叶子
- 春伯老——小白菜
- 臭蒲——蒲苇（水草）
- 苇子——芦苇（叶片可包粽子）
- 鸡腿蘑菇——一种高柄菇，可食用的一种菌类
- 粪包——一种有毒真菌，形如麻雀蛋，包内有褐色粉末
- 狗椒——一种野生花椒
- 松树毛——黑松
- 槐树棘子——大槐树下丛生的枝条
- 棉槐条子——可用于编筐的丛生灌木，学名花木蓝
- 青杠柞——学名小叶槲，窄叶柞树。质地坚硬，其果实称“橡子”，可做饲料
- 树毛子——松树枝，叶针
- 糟棘子——酸枣树丛
- 柳树趟子——柳树丛
- 狼皮叶子——狼尾草（结籽）
- 嘎巴枣儿——野外丛生的小灌木，

秋后结实，形如高粱粒，红色，可食，味甘
- 柏拉墩子——橡树丛

动物称谓用语

- 儿马——公马
- 骒马——母马
- 犍子——指阉割后的公牛
- 乳牛——母牛
- 生蛋子——雄性公牛
- 叫驴——公驴
- 草驴——母驴
- 儿骡子——公骡子
- 骒骡子——母骡子
- 蚂儿羊——蚂蚁
- 青隈子——青蛙
- 长虫——蛇
- 咯咯当子——蝌蚪
- 黄貔子（黄鼠狼）——黄鼬
- 迷迷嘎——蝉
- 乖乖——蝈蝈
- 曲蟮子——蚯蚓
- 乐乐蛛子——蜘蛛
- 尖乐命——蝉（较大个的）
- 黑老鸹——乌鸦
- 泥乐狗子——泥鳅
- 蚧吧子——蟾蜍
- 癞蛤蟆——蟾蜍（特指体形较大的）
- 刀螂——螳螂
- 货郎子——蟑螂
- 马条子——蚂蝗
- 气鼓子——鸣叫的蛙类
- 豆曲子——田鼠
- 牙狗——公狗
- 牙猫——公猫
- 老抱子——孵小鸡的母鸡
- 泡卵子——种公猪
- 马蛇子——小蜥蜴
- 瞎眼蠓——牛虻
- 骚籽——鱼类、昆虫产的卵
- 黑（hě）马褂（缎子马树）——一种会飞吃玉米苗的害虫，学名“东方金龟”“黑绒金龟”
- 老鸦雀——鹊雀
- 老鹞雕——鹰
- 家雀——麻雀
- 鸳——鹅
- 穷等——一种长腿大型水鸟
- 沙溜子——一种在沙滩上做窝产卵孵鸪的灰色小鸟
- 毛溜子——活动于河边灌木丛的小鸟；喻指人东串西走、飘忽不定
- 水青——水蛇（多生栖在水塘河岸低洼处，花绿色居多）
- 山草驴——一种大个头的蚂蚱
- 鸭巴子——鸭子
- 云云虫——蜈蚣
- 水牛——一种长触须黑甲壳会飞的昆虫，身长约寸许，幼虫在土里，夏季孵化为成虫

- 贴树皮——贴附在槐树、柳树干上的一种与树皮同色的毛毛虫

海洋水生物称谓用语

- 鳞刀鱼——刀鱼
- 黄花鱼——小黄花
- 鳘子——鮸鱼
- 大头宝——棘头梅章鱼
- 鲅鱼食——鳀鱼
- 面条鱼——乔氏新银鱼
- 鳝鱼——鳗鲡的一种
- 劳板鱼——孔鳐
- 廷巴鱼——鲀、河鲀
- 加吉鱼——真鲷
- 鲅鱼——蓝点马鲛
- 鲐鲅——鲐鱼
- 黄犍牛——黄条鰤
- 皮匠鱼——绿鳍马面鲀
- 石江子——石鲽鱼
- 大头鱼——鳕鱼
- 长脖鱼——高眼鲽
- 黄鱼——大泷六线鱼
- 黑鱼——黑鲪鱼
- 青鱼——太平洋鲱
- 镜鱼——银鲳鱼
- 干贝——栉孔扇贝
- 海蛎子——牡蛎
- 海红——紫贻贝
- 毛蚬子——厚壳贻贝
- 刺锅子——紫海胆
- 波螺——单齿螺等类总称
- 沙蚬子——菲律宾蛤仔
- 花蛤——文蛤
- 白蚬子——四角蛤蜊
- 红里子——脉红螺
- 黄蚬子——中国蛤蜊
- 牛眼蛤——日本镜蛤
- 黑老婆蛤——青蛤
- 赤贝——魁蚶
- 飞蟹——三疣梭子蟹
- 赤甲红——日本蟳
- 海蛆——日本刺沙蚕
- 笔管蛸——日本枪乌贼
- 乌鱼——金乌贼
- 蚆蛸——长蛸
- 江帛菜——海带
- 海芥菜——裙带菜
- 谷穗菜——鼠尾菜
- 牛毛菜——石花菜
- 海带草——大叶藻
- 鲫瓜鱼——鲫鱼（淡水鱼）
- 花鲢——鳙（淡水鱼）

人体部位称谓用语

- 牙目壳子——上颌
- 嗓眼子——喉
- 腰眼子——腰
- 耳头眼子——耳眼
- 嘎臼窝——腋窝
- 伯楼盖——膝盖

- 脚麻丫——脚趾
- 后梁子——后背
- 脚目跟——脚后跟
- 鼻头眼——鼻子
- 脖庚子——脖子
- 后脊杆子——后背
- 干腿棒子——小腿前部
- 腿肚子——小腿后部
- 腚巴楼子——臀部
- 胳膊肘子——上臂
- 头脑瓜子——头
- 奔拉头——前额
- 后鸭蛋——后脑勺
- 手指盖——指甲
- 脚趾盖——趾甲
- 手丫子——手指头
- 腚片子——臀部
- 舌头根子——舌根
- 嗓头眼子——咽喉
- 下巴壳子——下巴
- 脑瓜盖子——脑盖
- 肚脐眼子——肚脐
- 胳膊肋子——手臂
- 肋巴条子——肋骨
- 尾（yǐ）巴根子——尾骨处
- 鼻涕眼子——鼻孔
- 眼眉头子——眼眉
- 心口窝儿——胃部
- 肩膀头子——肩
- 小肚子——小腹

生活用语中前修饰语

- 齁咸——咸
- 巴苦——苦
- 焦酸——酸
- 稀甜——甜
- 丝辣——辣
- 溜鲜——鲜
- 凭香——香
- 烘臭——臭
- 巴湿——湿
- 焦腥——腥
- 焦臊——臊
- 精细——很细
- 老粗——很粗
- 亭胖——较胖
- 精瘦——很瘦
- 挑白——白皙
- 焦黄——纯黄
- 彤红——鲜红
- 血（区）紫——深紫
- 鲜绿——翠绿
- 区青——深绿
- 瓦蓝——淡蓝
- 胶黏——很黏
- 亭厚——厚度大或黏稠
- 溜尖——尖锐
- 溜光——光洁
- 溜滑——滑腻
- 精窄——很窄
- 亭宽——较宽

- 亭长——较长
- 精短——很短
- 风快——行动快捷、麻利
- 锋快——刀刃锋利
- 稀烂——烂乎
- 溜直——直溜
- 透俊——俊俏
- 巴丑——丑陋
- 絮软——绵软
- 登硬——很硬
- 溜平——平坦
- 亭高——较高
- 亭大——较大
- 血壮——壮实
- 溜稀——很稀（与稠相反）
- 生痛——较痛
- 死冷——很冷
- 冰凉——很凉
- 锅（姑）热——很热
- 铮亮——光亮（物品光洁或天已大亮、灯光明亮）
- 精薄——很薄（物品厚度很小）
- 精湿——潮湿
- 咸干——物品干燥

生活用语中后修饰语

- 辣浩浩——辣味不正
- 咸嘟嘟——微咸
- 稀溜溜——稀
- 厚绌绌——厚（稠）
- 清粼粼——清
- 脏兮兮——脏
- 干糗糗——指饭食成糊状
- 苦嘞嘞——苦
- 潮乎乎——潮湿不干燥，另指人傻
- 湿嘞嘞——湿
- 凉（冷）飕飕——凉
- 腥刺刺——味腥
- 臊烘烘——味臊
- 甜兮兮——味甜
- 香喷喷——味香
- 臭烘烘——味臭
- 虎兴兴——粗鲁
- 黏叽叽——黏
- 辣酥酥——微辣
- 酸溜溜——味酸
- 煳溜溜——食品有煳味
- 轻飘飘——轻
- 蓝瓦瓦——蓝
- 绿莹莹——绿
- 红扑扑——红
- 紫乎乎——紫
- 乌啃啃——天气灰暗
- 巴赖赖——表面凹凸不平
- 笑咧咧——笑容满面
- 宽透透——较宽
- 烂滴滴——腐烂状
- 精乖乖——乖巧可爱
- 牛哄哄——狂妄自恋
- 暖呼呼——温暖
- 热乎乎——微热

- 傻乎乎——傻气
- 膘乎乎——智障者（与傻同义）
- 气哼哼——生气
- 乐（美）滋滋（颠颠）——喜悦
- 空落落——失落或肚子饥饿
- 泪汪汪——流泪、伤心
- 急卡卡——着急
- 灰呛呛——面色灰暗，呈病态
- 骂咧咧——谩骂
- 苦叽叽——哭丧脸
- 秃溜溜——光秃或指人土气
- 酸叽叽——性格急躁，言语不温雅
- 丧丢丢——脸色难看
- 笑眯眯——微笑
- 皮溜溜——孩童顽皮
- 大汪汪——大一些
- 高梁梁——高处
- 白寥寥——泛白
- 穷势势——穷困、无精打采
- 惊穴穴——受惊而紧张
- 尖溜溜——尖有锋
- 光溜溜——裸体
- 腻歪歪——令人讨厌之人
- 色迷迷——流氓习气
- 殢乎乎——潮湿、水汽大
- 弯叨叨——弯曲线条优美，多指女子和孩童眉目好看
- 凉洼洼——凉爽
- 长条条——细长
- 短溜溜——短些
- 喘吁吁——喘
- 麻酥酥——身体某部位有麻的感觉
- 病歪歪——病态
- 晌歪歪——上午已过
- 水叽叽——含水量大
- 干乎乎（巴巴）——水分少或喻量多
- 黑压压——一大片，喻量多（多指人群）
- 浪白白——自以为美，让人欣赏

家具用品称谓用语

- 坐箱子——卧室摆放的坐或盛物两用家具
- 高桌——旧时农村居民家中放置在厅堂的大型四腿饭桌
- 板箱子——长方形衣箱，一般成对使用，置于大柜上方
- 小武凳子——可随手携带的木制小坐凳，又称“小板凳”，凳腿呈“八”字形
- 风匣——旧时做饭用于吹风的风箱
- 火铲子、火钩子——向炕灶铲煤的小铲子，捅煤火的铁钩子
- 钢总锅——白钢薄铁锅
- 歪脖子——火炉向室外排烟的烟囱成 90° 角拐弯的一节
- 锅叉子——锅中放置菜食的木制“V”形炊具
- 蒲团——用苞米窝编制的坐垫

外来语演化的生活用语

- 布拉吉——连衣裙（俄）
- 馍儿——糯米凉糕（日）
- 榻榻米——铺床草垫子（日）
- 帕斯——公共汽车（英）
- 尬斯——煤气（英）
- 委代罗——口大底小的水桶（俄）
- 挽霞子——衬衫（英）
- 笆篱子——拘留所、监狱（俄）
- 别列气——壁炉（俄）
- 哨斯——带微辣味的酱油（英语日译）
- 看板——招牌（日）
- 味斯素——味精（日文汉译）
- 看护妇——护士（日文汉译）
- 苦力——苦工（日）
- 自动车——汽车（日文汉译）
- 邮便——邮寄（日文汉译）
- 拉叫子——收音机（俄）

歇后语

- 耗子戴眼镜——混充地下工作者
- 猴子吃芥末——伯瞪眼（不满意）
- 戴草帽进灵棚——混充近支（近宗）
- 河边洗黄莲——何（河）苦
- 王八屁股——规定（龟腚）
- 水泊梁山的军师——无（吴）用
- 秃子当和尚——天生这块料
- 庙后烧香——心到神知
- 兔子进磨道——冒充大耳驴
- 围棋盘里下象棋——不对路数
- 大水冲倒龙王庙——一家人不认一家人
- 去了江帛来海带——一个样儿
- 驴皮贴在墙上——不像话（画）
- 蟹子打架——嘁刺咯嚓
- 田玉珍打他爷——公事公办

（注：解放前，金州人田玉珍当巡捕。某次他发现他的爷爷在城里大街拐角小便，按当时禁例上前打了爷爷一巴掌。其祖父回头见是自己孙子便开口骂道："你他妈的……"田玉珍拍拍其祖父肩膀说："公事公办嘛！"）

- 王八过门槛——翻（番）一翻（番）
- 龙王爷的哨兵——瞎（虾）精
- 蟹子过河——戗起眼来
- 廷巴鱼咬牙——狠头的（喻下死手）
- 属波螺虾（虾怪）——出门忘了家
- 武大郎卖海蜇——人熊货拉拉汤
- 海里捞月亮——望空捕影
- 船老大坐后艄——看风使舵
- 武大郎砚海蜇——人熊活计孬
- 沙滩上的石蛋儿——滚出来的货
- 舢板子蹦高——来浪了

后　记

20世纪60年代末，我离开校门不久到乡村工作。当时“文化大革命”尚未结束，许多传统民俗活动被当作封建迷信而取缔。实际上是禁而不止，村民（时称社员）们在年节时祭祖、祭海等活动从来就没有停止过，只不过是转入“地下”而已。这种社会现象彰显了民俗文化强大的生命力。其间，我留意民间的风物传说、故事及各类礼仪形式，结合那里的古城、古迹，间或写成小文在报刊上发表或在一些内部小报上交流。

1972年，市文联民协蒋成文老师下乡调研时找到我并赠送几本民间文学书刊，同时吸收我为市民研会会员，算是将我正式带入了民间文学的大门。1982年，我调到县政府，成为专业地方史志工作者。地方志记述的范围横陈百业、纵贯古今，民俗民风亦是地方志记述的内容之一。兴趣所致，我曾利用春节假期骑着自行车满金州城转悠，抄写居民家门联。在此后近40年的地方史志编研经历中，先后在县、区、市政府、市委地方史志机构工作，走遍了本市及辽南其他地区的各类文化遗址，搜集记录了数十万字的民俗资料。随着工作空间的扩展，视野更加开阔，先后参与了区、市民间故事、歌谣、谚语三集成工作，搜集整理撰写民间文学作品40余万字。根据多年的积累，纂成《大连市志·民俗志》（70万字）、大连历史文化丛书《民俗史话》（15万字）。同时，在个人出版的几部专著中也收录了部分民间文学作品，其中撰写的有关民俗的理论文章有多篇获奖。1997年至2012年间，连续三届担任大连市民间文艺家协会副主席，并担任大连市非物质文化遗产保护工作专家委员会委员。20多年来，尽管地方史志编撰任务很重，但对民俗文化研究的热情始终未减，其动力源于对中华民族传统民俗文化的热爱。

民俗是人民在长期的生活和生产实践中，受自然条件的变化和社会环境的影响，经过漫长的积淀和洗练而逐渐形成的，是中华民族传统文化的一片沃土。民俗文化绝非下里巴人的“雕虫小技”，而是丰富且宝贵的物质和精神财富。广义上的民俗五彩缤纷，无处不在，几乎渗透于整个社会生活中人们的心理、行为和语言的方方面面。那些具有鲜明特色的民俗活动和民俗现象，实际上是中华民族特征的具体标志，由此而衍生的向心力、凝聚力，是无法用数字来衡量的。

晚清学者张亮采在他的《中国风俗史》之《序例》中说："风俗乌乎始，始于未有人类以前。盖狉榛社会，蚩蚩动物，已自成为风俗。至有人类，则渐有群，而其群之多数人之性情、嗜好、言语、习惯，常以累月经年，不知不觉，相演相嬗，成为一种之风俗。"恩格斯在《家庭、私有制和国家的起源》中说："在大多数情况下，历来的习俗就把一切调整好了。"可见，风俗的形成，是自然与社会环境同时交互陶冶于人类的结果。累代相沿成风，群居相习成俗。故风俗是融为一体的错综复杂的精神和行为现象，是一个国家、一个民族，在共同的生产实践和社会交往中形成的一种不自觉的信仰意识，反映了一个国家、一个民族对自然、社会以及人与人之间关系的一些共同观点和看法。它不仅对人们的思想、生活和行为产生潜移默化的作用，而且是人们自觉自愿遵守的民间法则，具有很强的民族性、地域性、社会性和传承性。它反映了历代的生产力发展水平和人民群众对自然界的认知能力，表现了民族的、区域的习惯心理、伦理道德，具有巨大的舆论作用和行为约束力。即便是社会制度发生剧烈的变动，民俗作为一种约定俗成的法则却并不受很大的影响，这正是民俗文化魅力之所在。

伴随着时代前进的步伐和科学技术的进步，民俗的一些表现形式也在发生变化，这是历史发展的必然。民俗作为一种广泛的社会存在，是中华民族传统文化的巨大载体，所有民俗现象无不蕴涵着丰富多彩的民族文化，将中华民族优秀的民族特征和心理、语言、行为方式，作为一种标识代代相传，进而焕发出巨大的爱国主义情愫。民俗是民族认同的纽带，而中华儿女的民族精神则是爱国主义的内核。爱国主义是中华民族不断发展壮大的思想支柱，是各族人民团结战斗、共同开创锦绣前程的精神源泉。正如列宁所说，爱国主义是"千百年来巩固起来的对自己祖国的一种最深厚的感情"。民俗的现实意义最起码表现在四个方面：民俗是凝聚民族精神的黏合剂；民俗是建立和谐社会的大舞台；民俗是展示国情地情的一个渠道；民俗是法制建设的奠基石。

总之，民俗作为一种约定俗成的社会现象和独特的心理、行为法则，其蕴涵的能量是巨大的，它不仅与教育、心理、伦理、语言、法律、文学等有着千丝万缕的联系，还在某种意义上决定人们的价值取向和行为规范，关乎经济社会发展和社会安定。民俗承载着传统文化不断延伸的神圣使命，挖掘民俗文化，弘扬民族精神，使之成为中华民族伟大复兴的动力，是哲学社会科学工作者的一项光荣使命，这也是本人撰著此书的目的所在。

本书部分图片选材于《中国民俗文化：节俗》《中华民俗节日风情大观》和《庄河图史》《大连民间故事三集成》及部分区、镇、村志书，恕不一一录出。感谢大连出版社刘明辉社长、张波编审以及范厚德、钟永江老先生等同行师友的帮助和支持；感谢卢锋同志在本书修订过程中的点拨和辛勤工作。受学识所限，本书难免有缺略失当之处，请读者朋友们不吝赐教。

作　者